Eve Melanson

Jean Boivin
Jacques Guilbault

Les relations
patronales-syndicales
au Québec

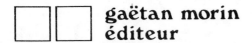

gaëtan morin
éditeur

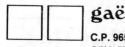 **gaëtan morin éditeur**

C.P. 965, CHICOUTIMI, QUÉBEC, CANADA,
G7H 5E8   TÉL.: (418) 545-3333

ISBN 2-89105-087-8

Dépôt légal 2e trimestre 1982
Bibliothèque nationale du Québec
Bibliothèque nationale du Canada

TOUS DROITS RÉSERVÉS
© 1982, Gaëtan Morin éditeur
123456789 ECL 98765432

Pays où l'on peut se procurer cet ouvrage

CANADA
Gaëtan Morin éditeur
C.P. 965, Chicoutimi, P.Q.
Tél.: 1-418-545-3333

Algérie
**Société Nationale d'Édition
et de Diffusion**
3, boulevard Zirout Youcef
Alger
Tél.: 19 (213) 30-19-71

Benelux et pays scandinaves
Bordas-Dunod-Bruxelles S.A.
44, rue Otlet
B. 1070-Bruxelles (Belgique)
Tél.: 19 (32-2) 523-81-33
Télex: 24899

Brésil
Sodexport-Grem
Avenida Rio Branco 133 GR 807
Rio-de-Janeiro
Tél.: 19 (55-21) 224-32-45

Espagne
D.I.P.S.A.
Francisco Aranda n° 43
Barcelone
Tél.: 19 (34-3) 300-00-08

France
Bordas-Dunod
Gauthier-Villars
37, r. Boulard
75680 Paris cedex 14
Tél.: 539-22-08
Télex: 270004

Guadeloupe
Francaribes
Bergevin
Zone des petites industries
97110 Pointe-à-Pitre
Tél.: 19 (33-590) par opératrice
82-38-76

Italie
C.I.D.E.B.
Strada Maggiore, 37
41125 Bologne
Tél.: 19 (39-51) 22-79-06

Japon
Hachette International Japon S.A.
Daini Kizu Bldg. n° 302
10, Kanda-Ogawacho 2-chrome
Chiyoda-Ku, Tokyo
Tél.: 19 (81-3) 291-92-89

Maroc
Société Atlantique
140, rue Karatchi
Casablanca
Tél.: 19 (212) 30-19-71

Martinique
Francaribes
Boulevard François Reboul
Route de l'Église Sainte-Thérèse
97200 Fort-de-France
Tél.: 19 (33-596) par opératrice
71-03-02

Portugal
LIDEL
Av. Praia de Vitoria 14 A
Lisbonne
Tél.: 19 (351-19) 57-12-88

Suisse
CRISPA
16, avenue de Beaumont
1700 Fribourg
Tél.: 19 (41-37) 24-43-07

Tunisie
Société internationale de diffusion
5, avenue de Carthage
Tunisie
Tél.: 19 (216-1) 25-50-00

Le Fonds F.C.A.C. pour l'aide et le soutien à la recherche a accordé une aide financière pour l'édition et la rédaction de cet ouvrage, dans le cadre de sa politique visant à favoriser la publication en langue française de manuels et de traités à l'usage des étudiants de niveau universitaire.

TABLE DES MATIÈRES

Introduction

L'objectif de ce volume est de présenter un aperçu général des relations entre employeurs et employés organisés au Québec. Il s'agit d'abord et avant tout d'un exercice de vulgarisation, d'où le choix de l'expression «relations patronales-syndicales» plutôt que des expressions «relations du travail» ou «relations industrielles», deux concepts qui impliqueraient une étude beaucoup plus approfondie. Toutefois, cela ne nous empêchera pas de consacrer un chapitre à la clarification des concepts fréquemment utilisés dans le domaine.

L'approche choisie repose sur le postulat selon lequel les rapports du travail sont inévitablement conflictuels, et les caractéristiques particulières de ces conflits influencent la nature des relations entre la direction des entreprises et les employés. L'une des conséquences de cette situation est le développement d'une institution ayant pour objet l'organisation de ces rapports conflictuels entre employeurs et employés, en l'occurrence la négociation collective, qui existe dans tous les pays occidentaux industrialisés.

Cependant, avant d'expliquer le processus de la négociation collective, il importe de bien comprendre dans quel contexte elle se situe. C'est pourquoi la première partie du livre sera consacrée aux sujets suivants.

Le premier chapitre présentera les caractéristiques fondamentales du conflit industriel, en insistant à la fois sur ses causes et ses manifestations, dont la grève est le signe le plus évident. Le second chapitre sera consacré à la description des outils analytiques utilisés pour comprendre le fonctionnement des rapports du travail ; ces outils sont développés, synthétisés et appliqués dans un champ d'étude que l'on appelle les relations industrielles. Le troisième chapitre explique le cheminement historique suivi par les organisations de travailleurs québécois; car il faut bien comprendre que la négociation collective ne peut exister que lorsque les employés ont décidé de recourir à la syndicalisation. Le quatrième chapitre est consacré aux structures et à la philosophie de ces organisations, de même qu'aux principaux organismes de représentation des milieux patronaux. Enfin, le cinquième chapitre situe le contexte légal dans lequel s'est développée la négociation collective, en insistant plus particulièrement sur les caractéristiques actuelles de la législation québécoise du travail.

C'est dans la deuxième partie que nous aborderons le fonctionnement concret de la négociation collective. Trois chapitres y sont consacrés : le premier porte sur la préparation en vue des négociations, le second, sur la négociation proprement dite et le troisième, sur l'application de la convention collective. Enfin, on trouve en annexe des données permettant aux lecteurs de simuler une expérience de négociation collective.

Première partie

Le contexte

institutionnel

Chapitre 1

Le conflit industriel *

La notion de conflit est au cœur même des rapports du travail. Il en est ainsi non seulement parce que chacun des agents ou acteurs possède sa propre autorité et que, comme le souligne Clegg, «*wherever there are separate sources of authority, there is the risk of conflict*[1]», mais aussi parce que le travail industriel est intrinsèquement la cause de ce que Hare appelle «industrial discontent», expression que l'on pourrait traduire par «mécontentement ou conflit industriel»[2].

1.1 LES CAUSES DU CONFLIT INDUSTRIEL

Quelles sont les causes de cette situation de conflit ou de tension qui persiste dans nos sociétés industrielles modernes? Selon l'auteur mentionné plus haut, on peut distinguer trois types de facteurs responsables du mécontentement industriel: il y a les causes

---

* Nous remercions le professeur Jean Sexton du Département des relations industrielles de l'université Laval pour les commentaires judicieux qu'il nous a fournis pour la préparation de ce chapitre.

(1) CLEGG, H.A. *The Changing Systems of Industrial Relations in Great Britain*. Oxford: Basil Blackwell, 1979, p. 1.

(2) HARE, A.E.D. *The First Principles of Industrial Relations*. London: Macmillan & Co. Ltd, 1962, p. 47.

reliées à la nature du travail lui-même, celles qui proviennent du salaire ou de la rémunération attachée au travail et enfin celles qui dépendent simplement de l'ignorance [3].

1.1.1 Causes liées à la nature du travail

Hare s'est demandé si le travail pouvait en lui-même procurer de la satisfaction ou bien si celui-ci était toujours nécessairement ennuyant et aliénant. Constatant que plusieurs activités dans la société sont effectuées par des personnes bénévoles ou encore que les travailleurs victimes de chômage éprouvent un fort sentiment de frustration du fait qu'ils sont privés de travailler, Hare conclut que le travail est sûrement essentiel à la santé mentale et physique [4]. Il se demande par contre pourquoi la plupart des travailleurs se plaignent de ne pas trouver de satisfaction dans leur travail. Pour répondre à cette question, il faut connaître les satisfactions normales que procure le travail et jusqu'à quel point les conditions dans lesquelles s'effectue le travail industriel moderne permettent de réaliser ces satisfactions. Parmi les satisfactions normales se trouve au tout premier plan l'effort physique qui est une activité fondamentale du corps humain. Cependant, cette activité doit se situer dans les limites des capacités du travailleur. Dans cette perspective, celui-ci doit être en mesure d'ajuster la vitesse d'exécution de son effort en fonction d'un rythme déterminé par ses capacités.

Un autre aspect positif du travail est la satisfaction mentale que procure l'expression personnelle et qui contribue au développement de la personnalité du travailleur. Cette expression personnelle ne s'identifie pas seulement à la nature du produit fini, mais également dans le choix des méthodes ou façons de travailler. L'individu libre d'utiliser les méthodes de travail qui conviennent le mieux à ses talents naturels peut tirer une grande satisfaction dans le travail accompli.

Un troisième élément est la fierté d'avoir développé ses talents et le sentiment d'être utile à la société. Enfin, il faut reconnaître l'aspect social du travail qui constitue un lien important rattachant l'individu à la société, d'où le prestige social varié qu'apportent les différentes occupations.

---

(3) *Ibid.*, chap. V.

(4) *Ibid.*, p. 48.

Selon Hare, toutes ces satisfactions normales du travail retrouvent leurs formes les plus développées dans des occupations comme celles de l'artisan indépendant ou du travailleur professionnel qui sont en contact direct avec le consommateur et dont l'activité n'est pas soumise au contrôle immédiat d'autres personnes.

Qu'en est-il maintenant des conditions dans lesquelles le travail industriel moderne s'effectue? D'abord, les satisfactions physiques sont sévèrement restreintes, pour ne pas dire annihilées, par le rythme et la cadence exagérés que l'on retrouve dans un grand nombre d'occupations. Il en est de même des satisfactions mentales qui sont limitées parce que la division du travail empêche l'expression personnelle. Toute restriction imposée à l'initiative individuelle dans le choix du rythme ou des méthodes de travail est nécessairement une entrave à l'expression personnelle. Ce problème est d'autant plus aggravé si l'on se situe dans de vastes organisations où les chances que le travailleur voit le produit fini auquel il a contribué sont plutôt minces. Qui plus est, même si la division du travail ne comporte pas toujours de tels inconvénients, la discipline requise pour faire fonctionner une grande organisation restreint tellement la liberté individuelle qu'il reste peu de chances pour que le travailleur y trouve la fierté d'avoir véritablement développé ses talents.

La perte de liberté individuelle qu'implique le travail industriel est donc une des causes majeures de mécontentement. Ceci ne veut cependant pas dire que parce que quelqu'un travaille en groupe, il ne se sentira jamais libre, car si ses objectifs personnels concordent avec ceux de son groupe de travail et de son organisation, il se sentira effectivement libre. Le problème surgit lorsque les objectifs personnels du travailleur viennent en conflit avec ceux de ses compagnons de travail ou de son organisation; c'est alors qu'il sera conscient d'une privation de liberté. Comme le souligne Hare:

> « *Therefore in group work, unless a man feels that he is part of the team with a common aim, he will feel restricted by his work, and it will seem as though he is working for the purposes of others without sharing in their aims. Nothing could be more conducive to discontent.* » [5]

Autant le sentiment d'expression personnelle que celui de la fierté d'avoir développé ses talents dépendent de l'intégration de

---

(5) HARE, A.E.D. *The First Principles of Industrial Relations*. London: Macmillan & Co. Ltd, 1962, p. 53.

l'individu à son groupe. Si le travailleur se sent partie intégrante de son groupe et s'il comprend la signification du travail qu'on exige de lui, les conséquences d'une certaine perte de liberté individuelle peuvent être atténuées.

Par ailleurs, l'influence du statut social sur la fierté d'un individu est très considérable, et c'est ce qui explique que des questions reliées à ce statut peuvent être la cause du mécontentement industriel. Ainsi, le statut d'une personne dans la société est grandement déterminé par l'importance que les autres attachent à son occupation et à ses revenus. Dans les deux cas, le travailleur industriel bénéficie d'un bas statut. Les travailleurs d'usine non qualifiés, semi-qualifiés et même certains travailleurs qualifiés dont la tâche est souvent passablement dépréciée comme le mineur, se situent au bas de l'échelle en ce qui concerne l'appréciation sociale (social esteem), et les conditions qui permettraient d'améliorer ce statut sont plutôt limitées. De plus, comme le statut est principalement influencé par les revenus qu'une personne retire de son travail et, seulement de façon accessoire, par la fonction d'utilité sociale de ce travail, le travailleur industriel est encore une fois déprécié puisqu'il se trouve généralement dans les strates inférieures de la distribution des revenus. Comme le dit Hare : « *Most industrial workers derive very little social esteem from the work they do, and, because it yields them a low income, are prevented from enjoying the social prestige which wealth brings with it* [6]. » Cette attitude générale à l'effet que le travailleur industriel est une personne sans importance se transporte facilement au niveau du travail dans les relations avec l'employeur : si l'individu ne commande pas le respect individuel, il devient un simple exécutant que l'on rémunère comme n'importe quel autre facteur de production. Ceci explique en partie pourquoi la discipline exercée en milieu industriel est si inhumaine, et pourquoi il n'est généralement pas question d'expliquer les ordres aux subordonnés, encore moins de les consulter.

Il est vrai que si un travailleur possède des habilités ou un degré de spécialisation considérables, son statut social sera grandement augmenté ; et comme les personnes très spécialisées sont plutôt rares, ce travailleur aura une plus grande importance auprès de son employeur. Mais l'habilité ne constitue pas la seule source conférant le statut ; car plus un homme est éduqué et plus il a du talent, plus il a conscience de ses capacités. Par conséquent, il

---

(6) *Ibid.*, p. 55.

acceptera moins facilement d'être subordonné à d'autres personnes et de voir son statut social diminué. «*No man can be educated, trained and given means to develop individuality only to be denied recognition of it from others, without producing an acute social conflict* [7].» Cette citation de Hare explique pourquoi les travailleurs spécialisés et bien éduqués sont souvent les plus enclins à protester contre les iniquités du système social.

Lorsque le travail, à cause des conditions dans lesquelles il s'exerce, ne procure pas les satisfactions normales auxquelles un individu est en droit de s'attendre, tant sur le plan de l'activité physique que sur celui de l'expression personnelle, du développement de la personnalité, et de la reconnaissance par les autres, le gain personnel devient le principal facteur de motivation puisque, sauf pour la rémunération qui y est rattachée, le travail n'a plus de valeur en soi.

1.1.2 Causes liées au salaire

La discussion précédente n'a pas fait mention des considérations salariales, même s'il faut reconnaître que la plupart des conflits de travail porte sur des éléments touchant la rémunération. Nous avons procédé ainsi pour que le lecteur soit bien conscient du fait que, malgré les apparences extérieures, il y a des causes plus profondes susceptibles d'expliquer le mécontentement industriel. D'ailleurs, les employeurs et les employés eux-mêmes sont souvent les premiers à croire que la paix industrielle sera assurée si des salaires adéquats sont payés. Cette illusion est maintes fois démentie lorsque après avoir consenti de fortes augmentations de salaire, une entreprise se trouve confrontée à un arrêt de travail. Il est donc important de se rappeler que même si les salaires peuvent être une cause majeure d'insatisfaction, l'influence de ce facteur peut être de beaucoup amplifiée par la présence des autres causes que nous avons mentionnées précédemment.

Hare distingue quatre types de facteurs expliquant l'insatisfaction du travailleur vis-à-vis son salaire et qui le poussent à s'engager dans des actions militantes pour augmenter sa rémunération [8].

---

(7)   *Ibid.*, p. 56.

(8)   HARE, A.E.D. *The First Principles of Industrial Relations*. London: Macmillan & Co. Ltd, 1962, chap. VI.

Un premier facteur concerne la relation entre le salaire reçu et le coût subjectif du travail, tant du point de vue physique que du point de vue mental. Parce que les salaires sont essentiellement déterminés par les conditions du marché du travail, la correspondance entre le niveau de ceux-ci et l'effort exigé dans l'exécution du travail est loin d'être automatique. Même plus, on peut dire que les travaux les plus exigeants sur le plan physique sont souvent les moins bien rémunérés.

Les trois autres facteurs concernent la relation entre le salaire gagné et le niveau de vie rendu possible par ce salaire, soit sur le plan individuel ou familial, soit en comparaison avec celui des autres individus de la société. Ainsi, il peut exister une déficience absolue par rapport au minimum requis pour se procurer les commodités essentielles tels la nourriture, le logement et le vêtement.

Un travailleur peut aussi juger son salaire insuffisant pour lui procurer le niveau de vie qu'il croit justifié d'atteindre. Cette dimension est très relative et très subjective car elle fait appel à la notion de besoins qui varie énormément dans le temps, d'une société à l'autre, d'une classe sociale à l'autre et même de personne à personne. Généralement, un individu aspire toujours à un niveau de vie légèrement supérieur à celui auquel il est habitué; et le fait que les progrès technologiques permettent de créer de nouveaux biens de consommation à un rythme de plus en plus accéléré pousse le travailleur à rechercher la satisfaction de nouveaux besoins. Il sera évidemment mécontent et donc sujet à s'engager dans des actions revendicatives, si son salaire n'est pas suffisant. Enfin, même si le salaire d'un individu est suffisant pour lui assurer un niveau de vie adéquat, ce salaire peut quand même être inférieur à ce que d'autres personnes reçoivent dans la société. Cette déficience relative dans le niveau de vie peut être perçue comme une injustice et, encore une fois, causer une grande insatisfaction chez le travailleur.

Dans ce dernier cas, le mécontentement peut être le résultat soit de modifications dans les niveaux relatifs de revenus de différents groupes de travailleurs, soit de l'écart entre les revenus des travailleurs et ceux des propriétaires ou dirigeants d'entreprise. Un exemple de la première situation nous est fournie par le type d'augmentations de salaire (en pourcentage ou en montant fixe) versées par les entreprises, alors que les premières accroissent les écarts en faveur des travailleurs les mieux rémunérés, tandis que les secondes les diminuent. Que l'un ou l'autre type d'augmentations soit utilisé, il est certain que la catégorie d'individus désavantagée sera mécontente de son sort. On peut aussi souligner la dégradation relative des salaires dans certaines industries, comme celle des chemins de fer, alors que ces travailleurs se trouvaient au début du siècle parmi les plus privilégiés de la classe ouvrière. Aujourd'hui, les salaires dans plusieurs industries surpassent ceux des employés du rail.

Quant aux frustrations engendrées par la différence de niveaux de vie entre la classe des salariés et celle des propriétaires ou dirigeants d'entreprise, elles sont souvent la cause de révoltes contre l'ensemble du système social. La structure de la société qui détermine que les dirigeants d'entreprise constituent une classe de personnes très fortunées, alors que les travailleurs constituent une autre classe moins privilégiée, apparaît à ces derniers comme injuste. Assez souvent, les dirigeants sont moins qualifiés que les travailleurs et ils ne semblent pas contribuer autant à la bonne marche de l'entreprise. Dans le cas de grandes firmes à capital-actions, les propriétaires n'ont même pas de contact avec les personnes que leur capital emploie. Comme il est plus facile d'avoir de la rancune contre l'idée abstraite d'un « boss », que d'en avoir contre une personne en chair et en os, le travailleur est facilement amené à condamner tout le système. Comme le souligne Hare : « *Thus to the worker, the absent shareholder is easily erected in imagination into the blood-sucking capitalist who is constantly drawing away part of the product of the industry without in any way actively assisting in the work* [9]. »

Cette révolte contre ce qui est perçu comme une injustice sociale fournit la justification morale du socialisme. C'est aussi la raison pour laquelle plusieurs organisations de travailleurs appuient des partis politiques ayant des programmes socialistes ou socialisants.

Une dernière raison semble renforcer toutes les causes de mécontentement vis-à-vis le salaire que nous venons de discuter. Elle tient au fait que, dans le système capitaliste de production, le travail est acheté par l'employeur et son produit (avec l'aide du capital et de la technologie) est revendu dans le but de réaliser un profit privé. Ainsi, la relation entre l'employé et l'employeur apparaît comme une situation dans laquelle une partie réalise un gain au détriment d'une autre. Et même si le contrat individuel de travail prévoit que le travailleur retirera des bénéfices (son salaire), ce contrat n'en est pas un entre deux parties d'égale force : les ressources financières de l'employeur n'ont aucune contrepartie du côté de l'employé et, parce que c'est le travail qui est vendu et acheté, ceci implique la soumission du vendeur à l'acheteur.

_____

(9) *Ibid.*, p. 68.

1.1.3 Causes liées à l'ignorance

On peut finalement identifier un certain nombre de causes du conflit industriel qui sont tout simplement dues à l'ignorance des travailleurs des conditions dans lesquelles une entreprise fonctionne.

L'une de ces conditions est la conséquence de la division fonctionnelle du travail entre les tâches confiées aux travailleurs et celles qui relèvent de la direction. Le travailleur ignore la plupart du temps la situation du marché au sein duquel s'insère l'entreprise. Toutes les opérations financières et commerciales de la compagnie ne lui sont généralement pas accessibles, ou encore si elles le sont, il ne possède souvent pas les connaissances suffisantes pour en comprendre la complexité. Ce n'est donc pas surprenant de voir les travailleurs s'imaginer que l'employeur cherche à leur cacher des choses ou à réaliser des profits à leurs dépens.

Un second type d'ignorance concerne la méconnaissance de la nature du travail accompli par les cadres et par la direction de l'entreprise. Cette situation est évidemment une conséquence de la précédente, mais elle amène toutefois certains travailleurs à sous-estimer la contribution effective du personnel de gérance ou à ne pas comprendre les contraintes avec lesquelles les cadres doivent composer.

Enfin, et c'est pour le moins regrettable, les travailleurs possèdent très peu d'information sur les problèmes de la production, sur la relation de leur unité de travail avec les autres composantes de l'organisation ou sur la situation de leur usine à l'intérieur de la compagnie ou du conglomérat. Dans ces circonstances, il est difficile pour un travailleur de comprendre la signification des ordres qu'il reçoit et des motifs qui les justifient. Les gestes de la direction seront alors souvent mal interprétés et le moindre prétexte servira à créer une situation de conflit.

1.2 LES MANIFESTATIONS DU CONFLIT INDUSTRIEL

1.2.1 Conflit ouvert VS conflit déguisé

Le conflit industriel se manifeste de façon ouverte ou déguisée. Le conflit ouvert peut prendre la forme d'une grève, organisée par le syndicat ou déclenchée spontanément par les travailleurs; il peut aussi consister en un refus formel d'obéir à un ordre ou, dans certains cas quoique plutôt rares, en un acte de sabotage ou de destruction de la production ou de la machinerie.

Le conflit déguisé, que l'on appelle aussi conflit latent ou larvé, est décelable par les indices suivants : un taux de roulement plus élevé que celui auquel l'entreprise est habituée, un taux d'absentéisme accru, une productivité faible, ou encore un manque d'ardeur et de motivation au travail. Même si ces dernières manifestations du conflit industriel sont moins apparentes ou moins spectaculaires que les premières, la plupart des praticiens des relations industrielles admettent qu'elles sont sans doute les plus importantes et les plus significatives. On les retrouve dans tous les pays où existe du travail industriel indépendamment des systèmes politiques en place, c'est-à-dire incluant ceux où le régime de production capitaliste a été remplacé par une forme quelconque de socialisme ou de communisme. L'interdiction absolue du droit de grève dans les pays derrière le rideau de fer (sous prétexte que les travailleurs ne peuvent se faire la grève contre eux-mêmes, puisqu'ils sont théoriquement au pouvoir) ne doit pas laisser croire que le conflit industriel opposant travailleurs et dirigeants d'entreprises d'État n'existe pas. Ce conflit est inévitable et il transcende la nature des régimes politiques — aussi idéalistes soient-ils. Tout ce que les gouvernements peuvent faire, c'est essayer d'en masquer artificiellement l'expression extérieure, mais ils ne sont pas en mesure d'empêcher les conflits déguisés qui prennent l'une ou l'autre des formes mentionnées plus haut. D'ailleurs, les événements qui se passent en Pologne permettent bien d'illustrer le caractère irréaliste, arbitraire et non démocratique de l'interdiction absolue du droit de grève par l'État.

Comme nous venons de le voir, le type de régime politique est l'un des facteurs permettant au conflit industriel de s'exprimer ouvertement ou de demeurer à l'état déguisé ; mais plusieurs autres conditions entrent aussi en ligne de compte. L'une des plus importantes est la force de l'organisation syndicale dont se dotent les travailleurs. Cette force tient sa source dans la nature du travail accompli, le degré d'habileté requis, et la cohésion sociale du groupe. Certaines catégories de travailleurs à travers le monde ont toujours eu une propension très forte à faire la grève, alors que chez d'autres types de travailleurs on retrouve très peu de manifestations ouvertes ou organisées de conflit. On peut citer les mineurs comme une illustration du premier cas, et la main-d'œuvre féminine non qualifiée comme un exemple du second. Par ailleurs, la force de l'organisation

11

syndicale, pour s'exprimer dans une grève, dépend beaucoup des conditions économiques prévalant dans l'industrie concernée. Si la main-d'œuvre est rare et le taux de chômage peu élevé, les risques à s'engager dans une grève sont diminués et les travailleurs hésiteront moins à y recourir. Ainsi on peut affirmer, comme règle générale, que plus le pouvoir de négociation des travailleurs est grand, plus les chances qu'une grève survienne sont élevées.

Malgré l'importance du phénomène de la grève dans nos sociétés occidentales modernes — sur lequel nous nous pencherons plus longtemps dans la prochaine section —, il faut retenir que le nombre de grèves ou de jours/personnes perdus n'est pas le seul indicateur du mécontentement ou du conflit industriel. Si le nombre de grèves augmente, cela veut dire que le mécontentement s'exprime davantage d'une façon ouverte; par contre, si ce nombre diminue, cela ne signifie pas nécessairement que le mécontentement a lui aussi diminué.

1.2.2 La grève

Le phénomène de la grève occupe une place importante dans notre société contemporaine, car nous y sommes constamment confrontés soit comme témoin ou victime, soit comme acteur. Il importe donc, dans un ouvrage qui porte sur la négociation collective, de nous interroger sur la fonction sociale que joue la grève ainsi que sur la manière dont cette technique de lutte s'insère dans une société pluraliste qui fait une place prépondérante aux collectivités professionnelles ou économiques organisées.

Les propos qui suivent s'inspirent d'un excellent article écrit il y a plusieurs années par le professeur Jean Savetier [10], concernant l'évolution du phénomène de la grève ainsi que sa justification, dont l'aboutissement est le droit de grève.

1.2.2.1 Évolution et transformation de la grève

Le mot grève est employé aujourd'hui pour désigner des manifestations collectives sensiblement différentes de celles du XIXe siècle, et dont il existe une grande variété.

---

(10) SAVETIER, J. «La grève dans la société contemporaine». *Études*. (Revue mensuelle des Pères de la Compagnie de Jésus.) 15 rue Monsieur, Paris 7⁰, mars 1964, p. 308–326.

La grève classique du XIXe siècle est une grève d'ouvriers dirigée contre des employeurs pour appuyer des revendications de caractère professionnel : augmentation de salaire, diminution de la durée du travail, protestation contre des licenciements. C'est, la plupart du temps, une révolte contre l'autorité patronale de la part de travailleurs acculés à la misère. Elle donne lieu fréquemment à des violences dues soit à l'exaspération des grévistes, soit aux réactions brutales de l'autorité publique. Même limitée à des revendications professionnelles, elle est souvent interprétée comme un acte révolutionnaire, une contestation de l'ordre établi. Plusieurs théoriciens du mouvement ouvrier voient l'arme révolutionnaire du prolétariat dans l'idée de la «grève générale» qui rejoint celle du «grand soir» communiste.

Une triple évolution a, selon Savetier, transformé le climat des grèves contemporaines : 1) la grève a cessé d'être l'apanage des ouvriers pour s'étendre à toutes les catégories sociales ; 2) l'intervention de l'État dans la vie économique et le caractère global de l'économie moderne orientent la grève vers la contestation de la politique économique des pouvoirs publics (que l'on pense à la journée de grève du 14 octobre 1976 pour protester contre les mesures anti-inflationnistes du gouvernement canadien) et vers l'amélioration de la condition d'une catégorie sociale aux dépens de celle des autres ; 3) la généralisation de la grève, et sa conduite scientifique par les syndicats qui sont devenus des institutions établies, lui ôtent, en général, son caractère révolutionnaire [11].

Le premier aspect de cette évolution du phénomène de la grève n'a pas besoin d'être explicité en détail, car son évidence frappe aussi facilement le profane que le spécialiste des relations industrielles. On n'a qu'à penser aux grèves survenues parmi les membres des professions libérales jouissant d'un très haut statut social comme les médecins et les avocats pour comprendre le chemin parcouru depuis le XIXe siècle. La grève n'apparaît donc plus comme l'ultime ressource de misérables crevant de faim, mais comme un moyen de pression appartenant à tous les salariés, même ceux des catégories les mieux payées, pour défendre leurs intérêts économiques.

Le deuxième aspect met en relief le caractère de plus en plus politique de la grève. Même si beaucoup de grèves semblent conserver le caractère traditionnel de mouvements dirigés contre des employeurs pour appuyer des revendications professionnelles, très souvent ces

_____
(11) *Ibid.*, p. 311.

revendications ne peuvent être satisfaites par les employeurs sans mettre en cause la politique des pouvoirs publics ou sans que ces derniers ne prennent des initiatives particulières pour permettre aux entreprises de faire face aux charges qu'il s'agit de leur imposer. Ainsi, chaque grève qui survient dans les chantiers maritimes est l'occasion de dénoncer l'absence de marine marchande au Canada. Le gouvernement profite habituellement des périodes pré-électorales pour annoncer l'octroi de contrats de réparation de bateaux de guerre, de façon à maintenir l'emploi des milliers de travailleurs de cette industrie. Il en est de même pour les industries de la chaussure et du vêtement, où syndicats et employeurs ont besoin d'une politique de contingentement des importations qui est sans doute bénéfique aux parties intéressées, mais qui force l'ensemble de la population à payer ces produits plus chers. Que dire enfin des luttes au sujet de la sécurité d'emploi et de la charge de travail des enseignants qui mettent en question la part du budget que le Québec entend consacrer à l'éducation au détriment bien sûr d'autres utilisations possibles des fonds publics. Comme le souligne très justement Savetier :

> «Le conflit classique entre un employeur isolé et son personnel pouvait être traité comme un problème de droit privé. Il s'agissait de l'équilibre à établir dans le contrat de travail entre les prestations respectives des parties. Dans la grève moderne, qui touche fréquemment des secteurs entiers de l'économie nationale, ou qui, déclenchée dans des entreprises pilotes, aura des résultats se propageant dans toute une profession, il s'agit beaucoup moins de l'équilibre d'un contrat que de la répartition du revenu national.»[12]

Quant au caractère révolutionnaire de la grève, nul ne peut nier qu'il a considérablement périclité. Les grèves du XIXe siècle et du début du XXe siècle, en Europe surtout, visaient souvent à mobiliser et à aguerrir la classe ouvrière en vue de la lutte finale qui aboutirait à la chute du capitalisme. En cessant le travail, et surtout en occupant l'usine, les grévistes empêchaient l'exercice du droit de propriété des capitalistes, anticipant en quelque sorte sur l'éviction de ces derniers dans la société à venir. En obéissant aux mots d'ordre d'organisations syndicales qui s'assignaient pour mission de renverser l'ordre social, ils entraient dans un combat révolutionnaire. On peut ouvrir ici une parenthèse et préciser que les grèves avec occupation d'usine survenues aux États-Unis dans les années précédant l'adoption du

---

(12) SAVETIER, J. «La grève dans la société contemporaine». *Les Études*. Mars 1964, p. 314.

National Labor Relations Act (1935) n'avaient pas ces visées révolutionnaires, car leur objectif portait essentiellement sur la reconnaissance des syndicats par les employeurs, un peu comme c'est actuellement le cas en Pologne.

Même si de telles préoccupations radicales ne sont pas totalement étrangères aux promoteurs des grèves contemporaines, la notion de grève, en entrant dans nos mœurs, a perdu de sa portée révolutionnaire. Personne ne croit que la révolution est à nos portes parce que le transport en commun ou les services gouvernementaux, incluant les hôpitaux et les écoles, sont en grève. Pourquoi ? Parce qu'une arme qui est utilisée si souvent et par tant de personnes d'origine et d'opinion différentes ne peut apparaître comme révolutionnaire. La plupart du temps, les grévistes n'exercent pas de violences physiques sur les personnes et ne saccagent pas inutilement les biens. Les forces de l'ordre, pour leur part, sont devenues plus prudentes, et même s'il y a parfois des accrochages avec les grévistes, la grande majorité des grèves se déroulent pacifiquement.

Ces transformations sont liées à la place prise progressivement par les syndicats dans notre organisation sociale. Même ceux qui ont pour but le renversement de la société capitaliste n'en sont pas moins devenus des institutions, et ils jouent un rôle important dans cette société telle qu'elle fonctionne actuellement. Ils siègent dans un grand nombre d'organismes consultés par les pouvoirs publics. Ils négocient avec le gouvernement ou avec les organisations d'employeurs. Dès lors, dans la lutte sociale où ils sont engagés, les syndicats considèrent moins la grève comme une technique révolutionnaire, visant à s'emparer du pouvoir dans l'entreprise ou dans l'État, que comme un moyen de pression dans la négociation collective.

Malgré tout, Savetier affirme à juste titre qu'il ne faut pas s'imaginer que les syndicats ont accepté les principes de la société capitaliste. Ils continuent à lutter pour des structures sociales différentes. Mais l'action syndicale, quand elle n'est pas le jouet d'un parti révolutionnaire, est essentiellement réformiste. Comme le disait le célèbre syndicaliste français Léon Jouhaux : «La révolution n'est pas l'acte catastrophique qui détermine l'écroulement d'un système mais le long processus d'évolution qui, peu à peu, pénètre ce système, l'action qui a sapé un régime et qui, dans le sein même de ce régime, a constitué l'organisme nouveau [13].» Pour cette lente action de transformation, grève et négociation sont complémentaires.

_____
(13) *Ibid.*, p. 316.

1.2.2.2 Justification de la grève : le droit de grève

a) *Reconnaissance du droit de grève*

La reconnaissance du droit de grève dans les sociétés occidentales de type capitaliste est liée à la reconnaissance du syndicalisme et au rôle de plus en plus important joué par l'institution syndicale. Au XIXe siècle, le simple fait de se constituer en syndicat pouvait entraîner une condamnation pénale en vertu du délit de coalition. Les pays occidentaux ont adopté diverses législations pour supprimer ce crime. En Angleterre, ce fut fait aussi tôt qu'en 1824, alors qu'en France il fallut attendre soixante ans plus tard. Au canada, ce fut l'Acte des associations ouvrières de 1872 [14] qui permit d'atteindre ce même objectif, tandis qu'aux États-Unis la légalisation des syndicats fut plutôt le résultat de l'évolution de la jurisprudence des tribunaux à partir de 1842. Que ce soit par voie législative ou judiciaire, le raisonnement justifiant la suppression du délit de coalition a été le même dans tous les pays mentionnés plus haut : le simple fait de se constituer en association pour discuter des conditions de travail ne peut pas constituer en soi un acte illégal, à moins que les moyens utilisés ou les objectifs poursuivis ne soient eux-mêmes illégaux.

Comme l'une des activités privilégiées par les syndicats pour donner du poids à leurs revendications économiques était la grève, l'argumentation permettant de reconnaître légalement l'institution syndicale pouvait s'appliquer aussi à la grève, celle-ci n'étant en somme qu'une forme particulière de coalition. Malgré tout, le droit à la grève n'a jamais fait au Canada l'objet d'une proclamation solennelle, comme c'est le cas en France où on le retrouve dans le préambule de la constitution de 1946. Ce n'est que graduellement, surtout par l'insertion dans le Code criminel d'exceptions favorables à certaines manifestations de l'action syndicale que le législateur en est venu, chaque fois sous la pression de la réalité sociale, à en reconnaître la légalité [15]. Ainsi, les amendements au Code criminel de 1892 soustrayaient les associations ouvrières de l'application de la définition du crime de conspiration en vue de restreindre le commerce et diminuer la concurrence [16].

---

(14) S.C. 1872, C. 30.

(15) GAGNON, R., LEBEL., L. et VERGE, P. *Droit du travail en vigueur au Québec*. Sainte-Foy : PUL, 1971, p. 75.

(16) S.C. 1900, C. 46 (Code criminel).

16

À partir de 1900, des lois plus positives sont venues concrétiser cette existence légale des syndicats et de leurs activités, même s'il a fallu attendre au moins jusqu'au milieu des années 1940 pour retrouver des législations encourageant systématiquement l'action syndicale. En effet, les premières législations visaient davantage à réglementer les conflits en imposant diverses procédures de conciliation plutôt qu'à affirmer des droits concrets des travailleurs. Par contre, avec l'adoption de la *Loi des relations ouvrières*[17] au Québec en 1944 et de diverses législations similaires dans le reste du Canada, il ne faisait plus de doute que le syndicalisme et la négociation collective allaient prendre un essor considérable, puisque désormais les employeurs seraient légalement tenus de négocier de bonne foi des conventions collectives avec les représentants de leurs salariés.

b) *Le fondement du droit de grève*

Malgré l'évolution du droit positif qui ne laisse aucun doute quant à l'existence d'un droit de grève dans nos économies néolibérales, le débat reste ouvert quant au fondement de ce droit. En effet, comment expliquer que des travailleurs qui étaient juridiquement tenus de fournir leurs services puissent soudainement avoir le droit de suspendre leur travail et ce, sans que le contrat individuel de travail ne soit rompu? Savetier y voit trois explications possibles, et si la première peut sembler dépassée ou irréaliste, les deux autres sont non seulement très pertinentes, mais elles éclairent également le débat actuel entourant le droit de grève dans le secteur public ainsi que les nombreuses restrictions apportées à son exercice.

Droit exceptionnel de se faire justice

La première explication part de l'idée que, dans une bonne organisation sociale, nul ne peut se faire justice à lui-même et que la grève est précisément un recours à la force et un refus des procédures pacifiques. C'est seulement lorsque la société sera incapable de faire régner la justice par d'autres moyens que la grève pourra devenir licite. Elle sera alors comparable au droit de légitime défense, qui permet à une personne attaquée d'user elle-même de la force, faute de pouvoir faire efficacement appel à la force publique. Mais l'idéal d'une bonne organisation sociale doit être de donner aux particuliers les moyens de se faire rendre justice. Dès qu'il sera possible d'orga-

---

(17) S.Q. 1944, C. 30.

niser des procédures pacifiques de solution des conflits collectifs, la grève cessera de se justifier et le droit de grève devra donc disparaître [18].

Cette argumentation ne mérite pas d'être commentée plus longtemps, car elle repose sur des prémisses erronées, en assimilant le rapport de force explicite dans la grève à un acte de violence et en niant le caractère conflictuel des relations du travail.

Moyen de pression dans une négociation collective

La grève peut parfaitement se justifier comme un acte tout à fait fonctionnel à l'intérieur d'un régime libéral, étant en fait une simple application des lois de la jungle économique. En effet, dans une discussion d'affaires entre particuliers, le refus de contracter pour l'avenir, ou même de fournir certaines prestations déjà promises, tant que l'autre partie n'aura pas elle-même exécuté les obligations dont on prétend qu'elle est redevable, sont des moyens de pression courants. La grève n'est donc en matière de négociations collectives que l'adaptation de ces procédés traditionnels.

Le droit de grève est indispensable pour l'instauration d'une libre discussion entre employeurs et salariés. S'ils ne sont pas unis en syndicats puissants, les travailleurs sont, à l'égard des employeurs, dans une situation d'infériorité économique, qui les oblige à accepter sans discussion les conditions de travail qui leur sont imposées. La libre discussion réapparaît lorsque l'employeur se trouve en face, non plus d'une poussière d'individus, mais d'un groupement syndical. Cependant, elle suppose que cette coalition permanente qu'est le syndicat ait à sa disposition l'arme de la grève [19].

Il faut bien saisir ici jusqu'à quel point la trilogie droit d'association—droit de négociation—droit de grève est en parfaite conformité avec la logique d'un système économique libéral et d'une société pluraliste. Car, à partir du moment où l'on admet ceux qui ont les mêmes intérêts à s'unir, il est naturel de leur permettre, dans la négociation collective, de faire usage des moyens de pression économique que permet cette union. Les conflits d'intérêts entre les groupes économiques se régleront alors en fonction de leur force économique respective, sans intervention de l'État.

---

(18) SAVETIER, J. «La grève dans la société contemporaine». *Les Études*. Mars 1964, p. 318.

(19) *Ibid.*, p. 320.

Une telle conception de la grève ne permet cependant de la justifier que dans les domaines où règne la liberté contractuelle, c'est-à-dire, à toutes fins utiles, dans le secteur privé de l'économie. À partir du moment où la grève s'exercerait contre une décision des pouvoirs publics, elle deviendrait illicite. C'est d'ailleurs ce qui explique l'interdiction de la grève des fonctionnaires et autres employés publics (enseignants, travailleurs d'hôpitaux, etc.) dans plusieurs pays, situation qui était également celle du Québec avant l'adoption du *Code du travail* de 1964 [20].

Le statut de fonctionnaire (pour prendre le cas le plus explicite) n'est pas en effet un contrat librement négocié, mais le fruit d'une décision unilatérale des pouvoirs publics.

Par ailleurs, la justification de la grève sur la stricte base des principes du libéralisme économique perd de plus en plus de poids dans une société où l'État intervient de façon croissante dans la vie économique. On peut même, à la limite, être tenté de penser qu'il y a une contradiction entre cette intervention et la reconnaissance du droit de grève. Celui-ci, dans la perspective libérale, s'expliquait par la liberté appartenant aux agents économiques d'organiser librement leurs relations. Quand cette liberté s'amenuise devant l'extension du pouvoir de l'État en matière économique, peut-on admettre encore la légitimité de grèves qui cessent d'être dirigées contre des personnes privées et qui tendent à faire pression sur la puissance publique elle-même pour l'obliger à modifier sa politique ? La grève n'est-elle pas alors le refus d'un groupe de citoyens d'accepter les décisions prises par les titulaires du pouvoir politique désignés selon les procédures démocratiques ?

Dans cette perspective, comment justifier l'extension des droits de négociation et de grève à presque tous les employés des services publics dans une société comme celle du Québec où tous les citoyens doivent s'incliner devant les décisions prises par des gouvernants issus du suffrage universel ?

Il est évident que le droit de grève ne peut trouver de fondement uniquement sur la base des principes du libéralisme économique, car d'une part on ne peut utiliser cette démarche pour expliquer les phénomènes de relations du travail survenant dans le secteur public, et d'autre part, une interprétation stricte des conséquences de l'extension formidable du pouvoir de l'État pourrait conduire à la suppression

---

(20) S.Q. 1964, C. 45.

totale du droit de grève, comme dans les pays de l'Est. Heureusement, il reste une troisième explication qui permet de légitimer le droit de grève dans notre société.

Pouvoir de contestation dans une société démocratique

S'il semble normal, dans la logique d'un régime politique fondé sur la pratique du libéralisme économique traditionnel, d'interdire les grèves chez les employés au service de l'État, il n'est pas certain que l'on doive admettre les mêmes solutions dans une société où les modes de représentation des citoyens ont évolué en fonction des changements intervenus dans le domaine d'action des gouvernements. Dans un régime politique où l'État étend son emprise sur toute la vie économique, le droit de grève tend à apparaître comme un moyen de faire participer les citoyens aux décisions qui les concernent, et comme un contrepoids utile à la toute-puissance de l'État.

La grève a une fonction sociale comme moyen d'expression d'une collectivité qui proteste contre une politique qu'elle estime dangereuse. Elle est un appel à l'opinion publique. Pour sensibiliser celle-ci, les grévistes comptent, d'une part, sur le trouble apporté par la grève aux habitudes du public, et d'autre part, sur le témoignage que représentent les sacrifices qu'ils consentent.

Il faut cependant apporter une distinction importante entre la grève d'avertissement d'une durée symbolique que l'on retrouve dans certains pays comme la France, et la grève à durée illimitée que l'on retrouve en Amérique du Nord. Alors que la première est parfaitement compatible avec ce que Savetier appelle «la recherche de formes nouvelles de démocratie, adaptées à la transformation du rôle de l'État et au développement des corps intermédiaires [21]», on peut difficilement en dire autant d'une grève générale à durée illimitée déclenchée dans les hôpitaux pour appuyer les revendications salariales des employés. La principale différence entre ces deux situations ne provient pas d'une distinction dans les fondements respectifs de chacun de ces types de grèves, car nous croyons que l'affirmation du droit de grève est une des caractéristiques fondamentales de notre société démocratique et qui nous démarque nettement des régimes totalitaires. Elle provient plutôt de la façon dont ce moyen de pression est utilisé à l'intérieur de techniques de négociations collectives fort

---

(21) «La grève dans la société contemporaine». *Les Études*. Mars 1964, p. 323.

différentes. Le concept de grève à durée illimitée est parfaitement compatible avec un régime de négociation impliquant des parties engagées dans un secteur concurrentiel et décentralisé de l'économie. Dans la mesure où le consommateur peut se procurer des produits alternatifs, telle entreprise ou tel syndicat peuvent bien courir le risque de rester en situation de grève aussi longtemps que cela leur plaira. Par contre, lorsque les parties se trouvent dans un secteur monopolistique, centralisé et où le consommateur ou l'utilisateur du service ne peut trouver de substituts, la notion de grève à durée illimitée se heurte nécessairement à celle de l'intérêt commun ou du bien-être de la population.

C'est pourquoi, même si l'on reconnaît que la grève peut constituer un contrepoids aux excès possibles de l'autorité des gouvernants en tant que corollaire d'un droit de participation aux décisions, il reste cependant que le pouvoir politique demeure responsable du bien commun, alors que les groupes professionnels ne représentent que des intérêts particuliers. Il est donc indispensable que le pouvoir de contestation des groupes intermédiaires n'aboutisse pas à paralyser l'action des autorités publiques ou à orienter celle-ci au profit des groupes de pression les mieux organisés et les plus puissants. « C'est dire que la justification du droit de grève par l'idée des pouvoirs des groupes intermédiaires dans la démocratie moderne n'exclut pas davantage que les autres justifications de ce droit une réglementation en limitant l'exercice [22]. »

Si la grève est légitime lorsqu'elle permet à un groupement professionnel de se faire entendre, elle cesse de l'être si elle vise à faire prévaloir par la force l'intérêt particulier d'un groupe social sur l'intérêt général apprécié par les organes compétents de l'État. La grève dans le secteur public est destinée à contraindre au dialogue des autorités patronales qui s'y refuseraient. Mais, dans la mesure où ce dialogue est engagé et où il n'y a pas de raison de suspecter le partenaire de ne consulter les groupements professionnels que de manière purement formelle, sans avoir aucune intension de tenir compte de leur avis, la grève ne peut plus apparaître que comme une tentative pour fonder les relations sociales sur les seuls rapports de force. Elle devient un acte éminemment antisocial.

Dans une telle perspective, la libéralisation la plus complète du droit de grève est parfaitement compatible avec les restrictions et les

---

(22) *Ibid.*, p. 324.

réglementations législatives apportées à ce droit lorsqu'il s'exerce concrètement, et il est utopique de concevoir un régime de relations du travail où l'État n'aurait jamais à intervenir au nom de l'intérêt public, dans le déroulement des conflits, tout comme il est démagogique d'ériger le droit de grève comme quelque chose d'absolu qui ne pourrait jamais être l'objet de restrictions. Il est sans doute très significatif que la proclamation solennelle du droit de grève dans le préambule de la constitution française de 1946 soit libellée ainsi : «*Le droit de grève s'exerce dans le cadre des lois qui le réglementent*».

Chapitre 2

Les relations industrielles *

2.1 UNE CONFUSION SÉMANTIQUE À CLARIFIER

Avant d'aborder la définition que nous entendons donner du concept «relations industrielles», il importe de dissiper une confusion sémantique importante, en vertu de laquelle on associe les relations industrielles aux seuls phénomènes relatifs aux relations du travail. À preuve, le *Dictionnaire canadien des relations du travail* ne définit pas le concept «relations industrielles», mais renvoie le lecteur à la définition du concept «relations du travail» [1].

Une telle erreur est attribuable à l'importance considérable de certains phénomènes propres aux rapports collectifs du travail, telles la négociation collective, la grève, etc., auxquels s'intéresse la discipline et qui ont amené la plupart des spécialistes à ne reconnaître comme pertinentes à ce champ d'étude que les seules relations conflictuelles entre groupes organisés. Ainsi, dans un ouvrage très répandu en Europe intitulé *les Relations industrielles*, le professeur

* Nous remercions le professeur Jean Sexton du Département des relations industrielles de l'université Laval pour avoir mis à notre disposition un texte inédit qui nous a aidé dans la rédaction de ce chapitre.

(1) DION, G. *Dictionnaire canadien des relations du travail.* Québec: PUL, 1976, p. 301.

Guy Caire définit cette discipline comme «l'étude des relations conflictuelles qui s'établissent entre groupes organisés à propos du travail dans les sociétés touchées par l'organisation [2]». Nous croyons que cette définition est trop restrictive et qu'elle risque de limiter sérieusement la compréhension et l'analyse de plusieurs phénomènes, notamment ceux touchant la dimension organisationnelle, qui sont pourtant du domaine des relations industrielles.

Ce point de vue a été longtemps partagé par la plupart des «spécialistes» en relations industrielles, non seulement en France mais surtout en Angleterre, d'où provient le concept, et aux États-Unis. En effet, ces spécialistes ont toujours insisté pour distinguer formellement entre ce qui était du domaine des relations collectives du travail et ce qui relevait du comportement organisationnel. Par exemple, pour le célèbre professeur britannique Allan Flanders, les relations interpersonnelles se situeraient en dehors d'un «système de relations industrielles», à l'intérieur duquel les partenaires sociaux seraient liés les uns aux autres par des «rapports collectifs institutionnalisés» [3]. De son côté, le conseil exécutif de la réputée Industrial Relations Research Association, sorte de Mecque à laquelle sont affiliés les principaux chercheurs et praticiens nord-américains, se demandait, aussi récemment qu'en 1974, si les phénomènes de comportement organisationnel (organizational behavior) appartenaient véritablement aux relations industrielles [4]. Le fait que cet organisme a décidé de publier un rapport de recherche sur le sujet confirme que l'IRRA a répondu positivement à cette question, mais l'hésitation dont cette association a fait preuve est quand même symptomatique de la réticence à considérer les phénomènes situés hors des relations collectives du travail comme faisant partie intégrante du domaine des relations industrielles.

Par conséquent, en plus d'expliquer le processus d'établissement des règles entre les partenaires sociaux que sont les employeurs, les syndicats et l'État, de même que la façon dont les conflits naissent, se développent et se résorbent, les relations industrielles doivent également chercher à comprendre les causes réelles de tels conflits. Pour en arriver là, il ne faut pas considérer uniquement

(2)   CAIRE, G. *Les Relations industrielles.* Paris : Mementos Dalloz, 1973, p. 13.

(3)   FLANDERS, A. *Industrial Relations : What's Wrong with the System ?* Faber, 1965.

(4)   *Organizational Behavior : Research and Issues.* Industrial Relations Research Association Series. Wisconsin : Madison, 1974, p. IV.

les conflits organisés collectivement entre employeurs et employés, mais aussi les conflits organisationnels qui touchent les aspects humains de l'organisation et qui présument, pour leur analyse et la recherche de solutions, une connaissance de la gestion des ressources humaines sur le plan de l'organisation.

D'un autre côté, les situations conflictuelles sur la durée du travail et sur la sécurité d'emploi sont souvent conditionnées par les caractéristiques particulières des marchés du travail, d'où le rôle important joué par la politique de main-d'œuvre.

Car il faut bien reconnaître que sans emploi, il n'y a pas de relation du travail convenable et que, partant, la stimulation de l'emploi par des politiques de main-d'œuvre et de développement socio-économique ne peut échapper aux préoccupations des relations industrielles.

Force est donc de constater le caractère incomplet des travaux de l'économiste John T. Dunlop, qui culminèrent dans la publication d'un ouvrage internationalement reconnu et qui servit longtemps de principal texte de référence en relations industrielles — le célèbre *Industrial Relations Systems* [5] publié pour la première fois en 1958 et réédité en 1971 —, pour comprendre et systématiser le vaste champ d'étude que nous venons de présenter. Dunlop et tous ceux qui l'ont suivi dans cette ligne de pensée ont en fait analysé des phénomènes de relations du travail qui, de surcroît, étaient des phénomènes collectifs et institutionnalisés. Même s'il faut admettre que les récents travaux des chercheurs britanniques ont permis de faire avancer l'analyse amorcée par Dunlop, notamment en s'intéressant aux relations non institutionnalisées des groupes de travail [6], il n'en reste pas moins que l'approche retenue par ceux-ci est applicable aux relations du travail plutôt qu'aux «relations industrielles» au sens où nous allons maintenant définir ce concept.

---

(5)   DUNLOP, J.T. *Industrial Relations Systems.* Southern Illinois: University Press, 1958.

(6)   TERRY, M. «The inevitable growth of informality». *British Journal of Industrial Relations.* Angleterre: Université de Warwick, mars 1977, vol. XV, n° 1.

BROWN, W., EDSWORTH, R. et TERRY, M. «Factors shaping shop steward organization in Britain.» *British Journal of Industrial Relations.* 1978, vol. XVI, n° 2.

2.2 OBJET D'ÉTUDE DES RELATIONS INDUSTRIELLES

Un des dangers d'adopter une conception large des relations industrielles — c'est-à-dire qui dépasse les seules relations collectives du travail — est de considérer ce domaine comme englobant tous les aspects du travail humain. La tentation est certes très grande, mais il faut y résister sinon il serait impossible d'identifier un objet d'étude qui soit propre aux relations industrielles, puisque d'autres disciplines ont également, en partie du moins, le travail humain comme objet d'étude.

Même si nous sommes en présence d'un champ d'étude plutôt indéterminé puisqu'il semble empiéter sur celui de plusieurs disciplines telles que la sociologie, la psychologie, l'économique, le droit et même l'histoire, nous pouvons néanmoins constater que seules les relations industrielles s'intéressent simultanément à *l'ensemble des rapports individuels et collectifs qui se nouent, du niveau de l'organisation à celui de l'économie globale, dans, à l'occasion ou à propos du travail.* Nous proposons donc cette dernière expression comme définition des relations industrielles, puisqu'elle identifie bien un objet d'étude qui est spécifique à la discipline.

Partout où il y a du travail qui s'effectue dans des organisations, fussent-elles à l'intérieur d'économies de marchés ou dirigées par l'État, dans des pays industrialisés ou en voie de développement, il y a des rapports hiérarchiques qui prennent naissance. Le concept de rapports ou encore ce que d'aucuns appellent la notion « d'échanges » est donc l'élément central autour duquel pivote l'objet d'étude spécifique aux relations industrielles [7]. Ces rapports peuvent être ceux entretenus par les différents groupes organisés comme le soulignent à juste titre les disciples de Dunlop; mais ce sont également les rapports individuels ou informels au sein des organisations, de même que les rapports entre les différents agents régulateurs du marché du travail et de l'économie, dans la mesure où ces rapports ont des répercussions sur le travail effectué dans les organisations.

---

(7) GOSSELIN, E. « Perspectives nouvelles des relations industrielles. » *Relations industrielles*. 1967, vol. 22, n° 2, p. 184.

2.3 L'APPROCHE PARTICULIÈRE DES RELATIONS INDUSTRIELLES : L'INTERDISCIPLINARITÉ

Comme il est possible d'aborder le domaine des relations industrielles sous l'angle de l'économique, de la sociologie, du droit, etc., devons-nous nous contenter d'affirmer que « les relations industrielles ont un certain nombre d'aspects fonctionnels interdépendants qui sont devenus l'objet d'étude de certaines matières [8] » ? Ou encore, est-ce à dire que les relations industrielles ne seraient que la juxtaposition de certaines disciplines dans leurs aspects touchant les phénomènes du travail ?

Quant à nous, cette approche est limitative car elle suppose l'absence d'éléments qui en assurent la cohésion. Nous abondons dans le même sens que Dimitri Weiss qui affirme que « les relations industrielles constituent plutôt un domaine interdisciplinaire car elles se situent ''au croisement de plusieurs disciplines'' et non pas ''groupent'' plusieurs disciplines [9] ». En effet, en examinant l'ensemble des sujets que recouvrent les relations industrielles actuellement, on constate rapidement qu'aucune des disciplines d'apport ne peut prétendre les englober tous. Ces sujets sont les suivants — et nous ne prétendons pas que la liste soit exhaustive — : la négociation collective, l'administration de la convention collective et le règlement des griefs, la détermination des salaires, les avantages sociaux, la coopération patronale-syndicale, les organisations syndicales et patronales, l'éducation syndicale, la main-d'œuvre, la gestion des ressources humaines, les conditions minimales de travail, la santé et la sécurité au travail, la qualité de la vie au travail, la politique de l'État en matière de travail, la psychologie industrielle, la sociologie du travail, l'histoire des organisations syndicales et patronales, l'économique du travail, le droit du travail, la théorie du conflit.

C'est pourquoi seule une approche unifiée de caractère interdisciplinaire peut nous permettre de comprendre un domaine d'étude qui a pour objet l'analyse et la compréhension des rapports du travail sous tous leurs aspects, aussi bien au niveau des individus et des groupes qu'à celui des collectivités organisées.

Par conséquent, le domaine des relations industrielles déborde sur celui d'un certain nombre de disciplines préexistantes. Ce champ

---

(8) WEISS, D. *Relations industrielles* 1re éd. , Paris : Éditions Sirey, 1973, p. 26.

(9) *Loc. cit.*

est néanmoins distinct de ceux sur lesquels il déborde et est donc étudié de façon distincte. On peut alors considérer les relations industrielles non pas comme une science fondamentale, mais comme un champ de connaissance dérivée, appliquant des éléments empruntés à diverses disciplines à l'examen d'une série particulière de problèmes reliés au travail, et jugé assez important pour que son étude soit érigée en discipline autonome.

2.4 LES TROIS SPHÈRES D'ACTIVITÉS : RELATIONS DU TRAVAIL, GESTION DES RESSOURCES HUMAINES, POLITIQUES PUBLIQUES EN MATIÈRE DE TRAVAIL

Une personne formée dans la discipline des relations industrielles doit posséder un minimum de connaissances de base dans les quatre principales disciplines d'apport que sont la sociologie, la psychologie, l'économique et le droit ; elle doit comprendre certains processus historiques liés à la formation et au développement des organisations syndicales et patronales ; elle doit également connaître les principales institutions du travail, à commencer par le fonctionnement des organisations sans oublier la négociation collective, la convention collective et les mécanismes de règlement des conflits ; enfin, elle doit comprendre la nature et le rôle des politiques publiques touchant le marché du travail.

Ce qui doit caractériser la personne formée en relations industrielles, c'est sa capacité de saisir les nombreuses facettes que peut revêtir une situation de travail. Alors que le spécialiste de droit, d'économique, de psychologie ou même de l'administration sera porté à privilégier la dimension vers laquelle le porte naturellement sa discipline d'origine, le praticien formé en relations industrielles est en mesure de saisir plusieurs dimensions du problème à la fois.

Concrètement cependant, les phénomènes issus du travail n'impliquent à peu près jamais la mise à contribution simultanée de tous les domaines d'apport mentionnés plus haut. C'est pourquoi il est possible de faire un premier regroupement fonctionnel à l'intérieur de la discipline et de ramener l'ensemble du vaste champ que constituent les relations industrielles à trois sphères d'activités bien spécifiques : *la gestion des ressources humaines* qui met à contribution la psychologie industrielle, la sociologie des organisations et ce qu'il est désormais convenu d'appeler la «science du comportement»; *les relations du travail*, fortement influencées par le droit, mais où l'histoire et la science politique jouent un rôle non négligeable; enfin, *les politiques publiques en matière de travail* qui relèvent en grande partie de l'économique, mais aussi, dans une certaine mesure, du droit.

Pour chacune de ces trois sphères d'activités, on peut identifier un objet d'étude propre (quoique la délimitation de chacune des sphères n'est pas hermétique et que certains phénomènes du travail peuvent se retrouver dans le champ d'action de plus d'une sphère) ainsi qu'une approche particulière.

2.4.1 Les relations du travail

2.4.1.1 Objet d'étude

L'objet des relations du travail peut être identifié comme «l'étude du processus d'établissement des règles au niveau du travail». Ces règles sont de deux types : les règles substantives, qui déterminent les conditions dans lesquelles le travail s'effectuera (taux de salaires, durée de la journée ou de la semaine de travail, régime de vacances, etc.), et les règles de procédure, qui déterminent la façon dont on procédera pour modifier ou appliquer les règles substantives [10].

Selon Clegg, il y a au moins six façons de déterminer les règles au niveau du travail. La négociation collective, même si elle est sans doute la plus connue et la plus souvent étudiée, n'est en fait que l'une de ces règles. Les autres façons de déterminer les règles régissant l'emploi sont les suivantes : 1) unilatéralement par l'employeur. Ceci est généralement le cas lorsqu'il n'y a pas de syndicat ; 2) unilatéralement par le syndicat. Cette façon est moins répandue en Amérique du Nord quoique non totalement absente, mais on la retrouve encore fréquemment en Grande-Bretagne ; 3) statutairement par le législateur. C'est le cas des normes minimales ; 4) en fonction des coutumes et des pratiques traditionnellement en vigueur dans les entreprises ; 5) enfin, par voie de consultation de l'employeur auprès

(10) CLEGG, H.A. *The Changing System of Industrial Relations in Great Britain*. Oxford : Basil Blackwell, 1979, p. 1-2.

de ses salariés ou de leurs organisations, comme c'est notamment le cas dans le secteur public aux États-Unis où plusieurs employeurs telles les municipalités, les commissions scolaires, etc., sont tenus par la loi «to meet and confer with representatives of their employees» [11]. Cette dernière méthode se situe à mi-chemin entre la négociation collective et la détermination unilatérale par l'employeur.

Cette façon d'envisager les relations du travail comme un processus d'établissement de règles doit tenir compte de trois considérations fondamentales qui sont issues de la nature même du travail dans les organisations. En tout premier lieu, l'expression «relations du travail» fait référence à un ensemble de rapports, c'est-à-dire un tout complexe d'accords, de coutumes, de pratiques, de règles et d'usages que des parties à une relation sociale acceptent comme «modus vivendi» et que l'État législateur tolère ou encadre. Ces accords ou ententes peuvent se faire d'individu à individu ; on parle alors de relations individuelles de travail. En d'autres circonstances, les accords échapperont aux volontés individuelles pour être pris en charge, négociés et propagés par des représentants des individus ; il s'agira de relations collectives du travail. Ces relations collectives, parce qu'elles s'établissent entre parties «organisées», sont la plupart du temps «institutionnalisées».

Le deuxième aspect concerne l'interdépendance entre des parties (individus ou leurs représentants) ayant des intérêts divergents (fournisseurs et utilisateurs du travail humain). Les relations du travail ne se préoccupent pas de toutes les relations qui peuvent exister sur le marché du travail. Ainsi, les relations entre les entrepreneurs ou entre les artisans et leur clientèle échappent à l'objet d'étude des relations du travail qui n'atteint, finalement, que les rapports naissant de l'emploi et qui mettent en cause un rapport de subordination entre un travailleur — le salarié — exerçant son activité physique ou intellectuelle sous la direction d'une autre personne — l'employeur. L'interdépendance des parties et la divergence de leurs intérêts s'expliquent donc par le fait que des individus ont décidé de louer leur travail à d'autres individus qui sont intéressés à en tirer un certain profit.

Le troisième élément touche le milieu où prennent naissance et s'exercent les accords, les pratiques, les règles, etc., c'est-à-dire

---

(11) Public Sector Labor Relations Information Exchange. *Policy Regulations for Public Sector Labor Relations*. Washington D.C. : U.S. Department of Labor, 1979.

l'entreprise ou, mieux encore, l'organisation. Cela n'empêche évidemment pas le fait, bien au contraire, que ce milieu soit influencé par une foule de facteurs extérieurs à l'entreprise, dont le marché du travail. La divergence des intérêts se manifestera par la recherche chez les salariés d'une certaine sécurité financière, psychologique ou autre, et cette recherche de sécurité se confrontera aux intérêts des employeurs axés sur l'idée d'efficacité, de coûts à assumer, de profits à réaliser. De cette confrontation d'intérêts résulteront des conditions de travail qui contribueront, avec d'autres facteurs, à assurer la distribution de la main-d'œuvre disponible sur l'ensemble du marché du travail.

2.4.1.2 L'approche particulière aux relations du travail

— La dynamique conflictuelle

La permanence des rapports de subordination ainsi que la confrontation constante entre le besoin d'efficacité de l'organisation et le besoin de sécurité des salariés entraînent inévitablement l'approche des relations du travail à être basée sur la dynamique conflictuelle. Le conflit est donc l'élément central des relations du travail, mais il a néanmoins ses caractéristiques particulières. Ainsi, contrairement à une transaction ordinaire entre un client et un vendeur, où une partie essaie d'exploiter au maximum la situation à son avantage parce qu'une fois la transaction conclue, elle n'aura plus affaire à l'autre, en relations du travail les parties doivent continuer de vivre ensemble même si elles ont eu à se confronter âprement sur l'établissement des règles du travail. C'est donc dire que, même si le conflit est inévitable à cause des intérêts divergents (ou de la dialectique efficacité VS sécurité), aucune partie ne recherchera le conflit pour le conflit ou n'essaiera de détruire l'autre, étant donné l'interdépendance de la relation qui les implique, à moins évidemment que l'objectif recherché par l'une des parties ne soit la destruction du système économico-politique global.

Par contre, il est évident que pour que les termes de l'échange soient profitables aux salariés (ou encore pour que leur besoin de sécurité soit mieux assuré), ceux-ci ont intérêt à se regrouper en associations ou en syndicats. Car, malgré certaines améliorations apportées au contrat individuel de travail par le droit civil et en dépit de l'existence de législations imposant aux employeurs des normes minimales, le salarié seul reste bien démuni lorsqu'il est confronté aux représentants de l'organisation pour l'établissement des règles du travail qui le concernent. C'est ce qui explique qu'historiquement des syndicats se sont formés et, même si ceux-ci représentent rarement plus de la moitié de la main-d'œuvre active d'un pays donné, leur impact dans la société globale (et sur les conditions de travail des employés non syndiqués) est souvent plus considérable que ne l'indique leur importance numérique.

Comme la méthode par excellence choisie par ceux-ci pour influencer l'établissement des règles du travail est la négociation collective, il ne faut pas se surprendre si toute l'attention des chercheurs en relations du travail (et forcément, en relations industrielles) s'est tournée prioritairement vers ce mode de détermination des conditions de travail. D'ailleurs, le grand spécialiste britannique Hugh Clegg, dans son tout dernier volume, n'hésite pas à affirmer le rôle prépondérant joué par la négociation collective à l'intérieur des relations industrielles :

> « It (la négociation collective) so overshadows the other methods of regulation with which it is intertwined that the process of industrial relations is essentially a process of collective bargaining. » [12]

Même si à la lumière de ce que nous avons déjà dit nous ne pouvons accepter intégralement cette affirmation, nous devons cependant reconnaître la place centrale qu'occupe la négociation collective dans nos sociétés contemporaines. C'est pourquoi nous croyons pertinent d'insérer ici la longue définition qu'en donne Gérard Dion :

> « Procédé selon lequel d'une part, un employeur, une association d'employeurs et, d'autre part, un syndicat cherchent à venir à une entente sur des questions relatives aux rapports du travail dans l'intention de conclure une convention collective à laquelle les deux parties souscrivent mutuellement. La plupart du temps, la négociation collective présuppose donc l'existence de parties distinctes, d'un but commun recherché ensemble [sic] et d'intérêts divergents qu'on cherche à accommoder pour une période habituellement déterminée, comme en Amérique du Nord, parfois indéterminée, comme il arrive en Grande-Bretagne. Dans la négociation collective, chacune des parties

---

(12) CLEGG, H.A. *The Changing System of Industrial Relations in Great Britain.* Oxford: Basil Blackwell, 1979, p.5.

s'efforce de convaincre l'autre du bien-fondé de son point de vue sur les sujets débattus et utilise, pour atteindre ses fins, les moyens de persuasion ou de pression dont elle dispose jusqu'à la grève ou le lock-out inclusivement, si ceux-ci s'avèrent nécessaires et efficaces. » [13]

Ainsi définie, la négociation collective apparaît comme l'élément central des relations collectives du travail. Elle a donc un caractère essentiellement normatif (car elle vise l'établissement de règles) et conflictuel (car elle est également relation de pouvoir puisque les parties visent à ce que les règles leur soient le plus favorables possible et qu'elles ont — habituellement — la capacité de s'infliger des coûts).

— *L'approche interne de «systèmes»*

Les chercheurs ont également développé une autre approche pour comprendre les phénomènes liés aux relations collectives du travail : il s'agit de la notion de «systèmes» à laquelle nous avons déjà fait référence lorsque nous soulignions la confusion sémantique entre les concepts «relations industrielles» et «relations du travail» [14].

Selon Dunlop, le système social global comporte différents sous-systèmes distincts, dont un système de relations industrielles, un système économique et un système politique, lesquels débordent les uns sur les autres, tout en demeurant autonomes. Alors que le système économique a pour fonction de créer des biens et des services, le système de relations industrielles a pour rôle d'établir un réseau de règles régissant les rapports entre les différents acteurs qui sont au nombre de trois : les employeurs et leurs organisations professionnelles, les salariés et leurs organisations syndicales, et l'État. Les trois acteurs sont en interaction à différents niveaux d'organisation, du lieu du travail à l'échelle de la nation ; leurs interactions s'exercent à l'intérieur de certains contextes : les conditions technologiques, le marché du travail et le degré de pouvoir de chacun des acteurs dans la société. Enfin, le système est maintenu par une idéologie commune, ce qui implique que même si chacun des acteurs a sa propre idéologie et que celle-ci est assez différente de celle des deux autres, un consensus minimum doit exister pour que tous les acteurs soient acceptés.

---

(13) DION, G. *Dictionnaire canadien des relations du travail.* Québec : PUL, 1976, p. 234.

(14) DUNLOP, J.T. *Industrial Relations Systems.* Southern Illinois : University Press, 1958.

Plusieurs auteurs ont proposé des modifications au modèle de Dunlop pour le rendre plus opérationnel. Alton Craig, pour sa part, a identifié de nouvelles variables indépendantes, tels les contextes légal, politique et socio-culturel, ainsi que d'autres variables dépendantes que doit expliquer un système de relations industrielles, tels le conflit, l'absentéisme, la productivité, etc. [15]. Cependant, la plus grande contribution de Craig a été de transformer le modèle statique de Dunlop en un modèle dynamique qui utilise la notion de système comme pivot central. On définit la notion de système comme un ensemble d'éléments différenciés et interdépendants, chacun contribuant à la réalisation de l'équilibre du système. On peut classifier ces éléments en catégories et les représenter symboliquement de la manière suivante (voir figure 2.1).

FIGURE 2.1 : **Représentation symbolique d'un système**

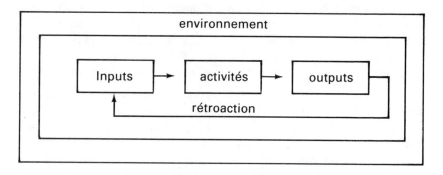

Appliqué au domaine des relations industrielles, ce modèle considère comme «in-puts» des facteurs contextuels et comme «out-puts» ou résultats, les salaires et les conditions de travail, les conflits, l'absentéisme, le roulement de la main-d'œuvre, etc. Les activités sont appelées «processus de conversion» et elles impliquent les trois acteurs identifiés par Dunlop. La figure 2.2 rassemble tous les éléments du modèle de Craig.

Le modèle de Craig reconnaît qu'il existe une gamme variée des «in-puts» au système, bien au-delà des seuls contextes de marché, de pouvoir ou technologique comme le reconnaissait Dunlop.

---

(15) CRAIG, A. «A model for the analysis of industrial relations systems». *Proceedings*. Présenté à The Annual Meeting of the Canadian Political Science Association, Ottawa : CPSA, 1967.

FIGURE 2.2 : Système de relations collectives du travail

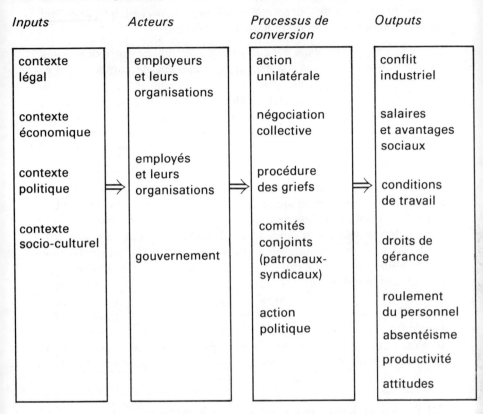

Inputs	Acteurs	Processus de conversion	Outputs
contexte légal	employeurs et leurs organisations	action unilatérale	conflit industriel
contexte économique		négociation collective	salaires et avantages sociaux
contexte politique	employés et leurs organisations	procédure des griefs	conditions de travail
contexte socio-culturel	gouvernement	comités conjoints (patronaux-syndicaux)	droits de gérance
		action politique	roulement du personnel
			absentéisme
			productivité
			attitudes

Source : ANDERSON, J. *Union-Management Relations in Canada* (Morley Gunderson, édit.). Don Mills : Addison-Wesley, 1982, p. 7.

Plutôt que de considérer les relations industrielles comme un sous-système isolé, l'identification des «in-puts» fait ressortir le rôle prépondérant des variables économiques, légales, politiques et socio-culturelles qui influencent les acteurs, leurs interactions et les «out-puts» (ou résultats) du système.

Le modèle reconnaît également que les «out-puts», incluant le réseau de règles envisagé par Dunlop, peuvent être déterminés tant par l'action unilatérale de l'une ou l'autre des parties qu'en vertu d'une action bilatérale comme la négociation collective et la procédure des griefs, ou encore d'une action politique menée par les syndicats ou les entreprises. Comme dans le cas du modèle de Dunlop, l'approche de Craig considère que le système de relations industrielles opère à plusieurs niveaux de la société (entreprise, industrie, nation), et que les «out-puts» produits à un certain niveau influenceront inévitablement ceux produits à un autre niveau.

Alors que Dunlop s'est contenté de distinguer entre des règles de procédure (que Craig appelle des «processus de conversion») et des règles substantives (ou «out-puts»), la nouvelle approche implique qu'il faut désormais considérer comme «out-puts» non seulement les salaires, les avantages sociaux et les conditions de travail, mais aussi les changements dans la législation, les conflits, l'absentéisme, le roulement de la main-d'œuvre, les accidents du travail et l'attitude des employés.

Enfin, le modèle systémique nous révèle l'importance de considérer l'aspect dynamique plutôt que statique des relations industrielles. Ceci implique que des «out-puts» à un moment donné et à un niveau donné (entreprise, industrie, nation) peuvent devenir des «inputs» à une autre période ou à un autre niveau. Par exemple, une action politique efficace qui amène des modifications à la législation concernant la négociation collective («out-puts») va produire un changement dans le contexte légal («in-put»), lequel aura sans doute des effets ultérieurs. Ainsi, plusieurs éléments contextuels qui sont considérés d'une façon statique dans le modèle traditionnel de Dunlop peuvent, en fait, être contrôlés partiellement par l'un ou l'autre des acteurs lorsqu'on utilise une perspective dynamique [16].

2.4.2 La gestion des ressources humaines

2.4.2.1 Objet d'étude

Par gestion des ressources humaines, nous entendons l'ensemble des moyens, des activités ou des programmes mis de l'avant par les organisations, pour acquérir, maintenir, développer, déployer et utiliser de façon efficace les individus exerçant ou susceptibles d'exercer un travail productif.

Alors que les relations du travail sont essentiellement conflictuelles, tel n'est pas le cas pour la gestion des ressources humaines. Celle-ci est plutôt partie intégrante du processus administratif et son objet propre de préoccupation vise l'homme comme ressource de

---

(16) ANDERSON, J. *Union-Management Relations in Canada* (Morley Gunderson, édit.). Don Mills : Addison-Wesley, 1982, p. 7.

travail. Cela ne veut pas dire que les différentes composantes de la gestion des ressources humaines ne peuvent pas causer certaines frictions et devenir source de conflits exprimés à l'intérieur des relations du travail. Loin de là. Cependant, il demeure que la gestion des ressources humaines n'est pas, en elle-même, conflictuelle comme les relations du travail le sont.

De plus, on doit admettre que gestion des ressources humaines et relations du travail ne sont pas hermétiquement indépendantes l'une de l'autre, ce qui explique la complexité d'étude et de compréhension de certains problèmes particuliers ou de certaines situations données en relations industrielles.

La gestion des ressources humaines n'est pas l'apanage de l'entreprise capitaliste. Qu'elle soit socialiste, coopérative, syndicale, publique, parapublique ou privée, toute organisation a besoin de ressources humaines pour atteindre ses objectifs. La gestion de ces ressources est donc une fonction vitale au sein de toute organisation.

Par ailleurs, la gestion des ressources humaines n'est pas synonyme de direction du personnel. Alors que ce dernier concept, de moins en moins utilisé aujourd'hui, visait surtout les exécutants, la gestion des ressources humaines englobe tous les individus dans une organisation donnée, qu'ils soient cadres ou exécutants.

2.4.2.2 L'approche utilisée en gestion des ressources humaines

L'approche utilisée en gestion des ressources humaines vise donc à résorber les conflits au sein de l'organisation de façon à ce que celle-ci atteigne ses fins. Même si les nouvelles méthodes d'intervention en GRH mettent beaucoup l'accent sur la réalisation des aspirations des individus et sur le développement de leur personnalité au sein des organisations, il n'en reste pas moins que ces objectifs sont subordonnés à ceux de l'organisation et on doit les considérer plutôt comme des moyens, parmi d'autres, pour permettre à l'organisation de fonctionner efficacement.

2.4.3 Les politiques publiques en matière de travail

2.4.3.1 Objet d'étude

La gestion des ressources humaines existe également à l'échelle de la société et se traduit, en principe, par l'élaboration et l'application de politiques publiques qui visent le lieu privilégié d'actualisation des ressources humaines, à savoir le marché du travail.

Faute d'une administration et d'une allocation efficaces des ressources humaines, l'atteinte de plusieurs objectifs économiques et sociaux est sérieusement compromise. Fondamentalement, dans une économie où l'allocation des ressources repose théoriquement sur la décentralisation des décisions et la libre concurrence entre les agents divers qui la composent, les obstacles au développement socio-économique de la collectivité et de ses membres sont nombreux, et il appartient à l'État de développer des mécanismes qui visent à corriger et à prévenir de tels déséquilibres. La politique de main-d'œuvre devient un des outils importants à utiliser, et elle se situe au cœur même de cette troisième sphère d'activités des relations industrielles que nous appelons « les politiques publiques en matière de travail ».

2.4.3.2 L'approche utilisée en PPMT

Des considérations précédentes, il ressort que l'approche retenue en politiques publiques en matière de travail cherche à faciliter le fonctionnement du marché du travail de façon à ce que les ressources humaines soient utilisées efficacement dans l'ensemble des organisations, c'est-à-dire à l'échelle de la société.

2.5 LES RELATIONS INDUSTRIELLES COMME DISCIPLINE D'ENSEIGNEMENT ET DE RECHERCHE

2.5.1 Le programme d'enseignement

Un programme d'enseignement en relations industrielles devra nécessairement élaborer un ensemble de cours et de séminaires, de façon à couvrir le plus exhaustivement possible les trois sphères d'activités que sont la gestion des ressources humaines, les relations du travail et les politiques publiques en matière de travail, tout en fournissant les rudiments de base de chacune des disciplines contributives.

Le contenu d'un tronc commun de cours devant être suivis par tous les étudiants qui désirent une formation de base complète en relations industrielles devra donc porter sur les matières suivantes : le droit du travail, la psychologie industrielle, la sociologie du travail, l'économique du travail incluant les aspects fort importants concernant la main-d'œuvre, l'histoire du syndicalisme, la convention ou la négociation collective ainsi que le processus de management et la gestion des ressources humaines. La quantité exacte de cours requis sur chacune des matières est essentiellement fonction du niveau académique et de la formation antérieure de l'étudiant. Ainsi, dans le cadre d'un programme de baccalauréat qui s'adresse à des personnes n'ayant aucune connaissance des relations industrielles, chacune des matières est généralement répartie sur deux cours, parfois davantage, de façon à permettre une assimilation graduelle et conforme au programme de premier cycle universitaire. Par ailleurs, les programmes de maîtrise et de doctorat supposent une formation intellectuelle antérieure plus développée chez l'étudiant et le rythme d'acquisition des connaissances peut se faire plus rapidement.

Une fois les connaissances de base acquises, l'étudiant a accès à un ensemble de cours et de séminaires qu'il peut choisir à son goût à l'intérieur de l'une ou plusieurs des trois sphères d'activités. Ces cours comportent souvent — et c'est dans la nature même des relations industrielles qu'il en soit ainsi — un caractère très pratique quoiqu'il existe également des séminaires à vocation plus académique qu'appliquée. Des exemples du premier type de cours sont les suivants : l'arbitrage des griefs, la négociation collective, les pratiques syndicales, l'organisation du travail, la formation des cadres, etc., alors que des exemples du second type sont fournis par les cours suivants : marchés du travail, systèmes comparés de relations industrielles, statut juridique de la fonction publique, changements techniques et relations professionnelles, etc.

Enfin, comme toute discipline universitaire qui se respecte, l'enseignement des relations industrielles doit comporter un certain nombre de cours de statistiques et de méthodologie tant au premier cycle qu'aux deuxième et troisième, quoique dans ce dernier cas la nécessité est d'autant plus grande qu'une partie du travail de l'étudiant consiste parfois en un effort de recherche (mémoire de maîtrise ou thèse de doctorat).

Le côté pratique ou appliqué des relations industrielles ne se traduit pas uniquement par la présence de certains cours axés directement sur des situations concrètes de la vie de travail (comme la négociation collective ou l'arbitrage des griefs), mais également par l'existence d'un programme de maîtrise spécialement conçu pour des étudiants diplômés qui ne désirent pas réaliser un travail de recherche, comme c'est traditionnement le cas à l'université, mais plutôt perfectionner l'acquisition de connaissances pratiques. À ce titre, le programme de maîtrise sans mémoire (type A) de l'université Laval conduit à un diplôme comparable à celui du M.B.A. en sciences de l'administration.

2.5.2 Le type de ressources professorales requises

Toutes ces considérations sur le type de matières ou de cours à enseigner, sans compter les nombreuses possibilités de recherche, ont des implications sur la nature des ressources professorales requises pour faire fonctionner un département des relations industrielles. Idéalement, tous les professeurs devraient posséder eux-mêmes une formation de base en relations industrielles qui serait complétée par une formation disciplinaire dans le cas des personnes qui assument l'enseignement dans les domaines d'apport comme l'économique du travail, le droit du travail, etc. Pratiquement, étant donné que les relations industrielles constituent une discipline relativement jeune, il ne faut pas s'attendre à retrouver une telle situation. C'est pourquoi, un département à vocation interdisciplinaire comme les relations industrielles comporte généralement, en plus des personnes possédant elles-mêmes une formation complète dans la discipline, des économistes, des sociologues, des juristes, des psychologues, des historiens qui n'ont pas reçu une formation de base en relations industrielles, mais qui sont prêts à fonctionner à l'intérieur d'une équipe pluridisciplinaire ainsi qu'à envisager les phénomènes du travail non plus sous le seul angle de leur discipline initiale, mais également dans la perspective intégrée des relations industrielles.

2.5.3 Les aires de recherche

Les ressources requises pour faire fonctionner un département des relations industrielles sont comme pour tout autre département ou faculté essentiellement fonction du type de programmes d'enseignement dont l'unité assume la responsabilité, mais elles doivent aussi être dans une bonne mesure fonction de la nature des sujets de recherche propres à la discipline. De ce point de vue, on constate que les principales préoccupations des chercheurs en relations industrielles ont considérablement varié dans le temps sous l'impact de l'évolution économique et sociale de nos sociétés. Ainsi, alors qu'aujourd'hui on attache beaucoup d'importance aux questions relatives à la qualité de la vie au travail (que ce soit sous l'angle de la santé et de la sécurité au travail, sous celui de la revalorisation des tâches ou encore sous celui de la participation institutionnelle des travailleurs aux grandes décisions affectant la vie de l'entreprise, quand ce n'est pas purement celui de la participation au capital-actions), force est de constater que cette question était presque totalement absente des préoccupations des chercheurs il y a vingt ans.

Au début du siècle, par exemple, le principal sujet de préoccupation des économistes qui s'intéressaient aux relations industrielles était de réconcilier l'action syndicale avec les théories économiques orthodoxes basées sur le modèle de la concurrence parfaite. Pour leur part, les historiens et les sociologues soucieux de comprendre les origines et la vocation fondamentale du mouvement syndical, essayèrent d'élaborer diverses théories du syndicalisme dont les prototypes variaient du modèle d'analyse marxiste à un extrême au célèbre «business unionism» de Selig Perlman à l'autre extrême [17].

Du côté de ce qu'on appelle aujourd'hui la gestion des ressources humaines, les premiers efforts de recherche ont porté sur les «relations humaines» avec les travaux d'Elton Mayo, de Fritz Roethlisberger et de leurs collaborateurs entrepris à l'université Harvard au cours des années 1920–1930. Les enquêtes effectuées par cette équipe dans les usines de la Western Electric à Hawthorne près de Chicago ont mis en évidence les facteurs humains du rendement et l'importance du sous-système informel dans le système social de l'entreprise.

Aujourd'hui, ce mouvement des «relations humaines» a perdu de son importance, mais il a néanmoins contribué à «restaurer le droit du travailleur d'être un membre créatif d'un groupe coopératif et à rétablir les valeurs humaines perdues dans les efforts d'accomplissement de l'efficience par une sursimplification du travail et une

---

(17) *A Theory of the Labor Movement*. New York: The Macmillan Co., 1928.

surveillance trop poussée» [18]. De plus, c'est en cherchant à améliorer cette approche suite à des critiques très fondées à l'effet que celle-ci ne s'attaquait pas aux véritables problèmes des travailleurs au sein des organisations, que les chercheurs en sont venus à mettre au point une nouvelle gamme d'interventions que l'on identifie sous le concept «développement des organisations» ou «développement organisationnel» (D.O.).

Le passage de législations imposant la négociation collective aux employeurs dont les employés auraient choisi de se syndiquer favorisa le développement du syndicalisme et entraîna dans les années 1950 et 1960 de nombreuses recherches sur l'impact économique des syndicats. L'analyse des facteurs expliquant la croissance du syndicalisme ainsi que celle portant sur la structure et le fonctionnement interne des syndicats furent également très populaires à la même époque. Les révélations de corruption et de détournements de fonds dans certains syndicats américains entraînèrent la mise sur pied d'une commission fédérale d'enquête et le passage d'une législation obligeant les syndicats à se soumettre à des contrôles gouvernementaux quant à la provenance et à l'utilisation de leurs fonds ainsi qu'au mode d'élection des principaux dirigeants. Toute cette activité eut pour conséquence de mousser l'intérêt pour l'étude de la démocratie syndicale, sujet dont on n'a plus beaucoup entendu parler depuis, si ce n'est par l'entremise de quelques commissions d'enquête sur l'industrie de la construction.

Enfin, depuis le milieu des années 1960, la recherche sur les politiques de main-d'œuvre a connu un essor considérable, et celui-ci n'est pas étranger aux difficultés économiques accrues auxquelles font face la plupart des gouvernements occidentaux. La persistance de taux de chômage et d'inflation élevés accentue et confirme l'inefficacité des instruments de politique économique traditionnelle (politiques fiscales et monétaires) et augmente l'intérêt relatif envers les politiques de main-d'œuvre. Ce domaine de recherche restera d'actualité tant et aussi longtemps que persisteront les difficultés économiques qui semblent devenir une caractéristique permanente des sociétés occidentales.

Ce bref aperçu historique des principales préoccupations de recherche n'a pas la prétention d'être exhaustif. Il ne se veut qu'une

_____

(18) WEISS, D. *Les Relations du travail.* 4ᵉ éd. Paris: Dunod, 1978, p. 11.

illustration des sujets très variés que recouvrent les relations industrielles et surtout du caractère évolutif de la recherche. Des questions
qui préoccupaient les chercheurs il y a vingt ans sont presque
disparues des manuels d'enseignement, alors que de nouvelles font
leur apparition. Un département des relations industrielles doit être
en mesure de s'adapter à cette situation, et c'est pourquoi il doit
posséder non seulement des ressources spécialisées dans certains
domaines précis mais également des ressources qui sont les plus
polyvalentes possibles.

Chapitre 3

Les grandes étapes

de l'évolution

du mouvement

syndical québécois

3.1 LES DÉBUTS DU SYNDICALISME AU QUÉBEC : 1827-1886

Cette période de l'histoire du syndicalisme québécois s'étend de l'année où l'on retrace les premiers signes formels d'organisations ouvrières parmi les cordonniers et les imprimeurs de Québec, jusqu'à celle de la fondation de la première centrale syndicale permanente au Canada : le Congrès des métiers et du travail du Canada.

Entre 1827 et 1886, il n'était pas possible de dissocier véritablement l'analyse du syndicalisme québécois de celle du syndicalisme canadien, du moins sur le plan des structures. Ce fut une période marquée sous le signe de l'unité, plutôt que sous celui du pluralisme qui allait caractériser les époques ultérieures, et à l'intérieur de laquelle le mouvement syndical canadien allait passer à travers les quatre étapes fondamentales menant à sa maturité structurelle.

3.1.1 Les premières organisations locales de métiers

Les imprimeurs de Québec furent les premiers travailleurs canadiens à se doter d'un syndicat ouvrier en 1827. Un syndicat des ouvriers cordonniers et une «loge» de tailleurs existaient aussi à Montréal vers la même époque. En fait, la première impulsion syndicale survint tant au Québec qu'en Ontario dans les années 1830–1840, et ce, parmi les ouvriers spécialisés tels, outre ceux que nous avons déjà mentionnés, les charpentiers, les peintres, les tailleurs de pierre, et même les pilotes de la voie maritime du Saint-Laurent. On assista même en 1834 à une tentative, de la part des charpentiers de Montréal, d'organisation d'un regroupement de plusieurs syndicats — l'Union des métiers de Montréal — pour coordonner les luttes en vue de l'obtention de la journée de travail de dix (10) heures.

La plupart de ces syndicats locaux n'eurent qu'une brève existence, tout comme l'Union des métiers de Montréal qui ne dura qu'une année, et ce n'est que dans la seconde moitié du XIXe siècle que l'on commença à jeter les bases du syndicalisme tel qu'on le connaît aujourd'hui. Néanmoins, on ne peut passer sous silence cette première contribution des pionniers du syndicalisme canadien et québécois, dont plusieurs étaient d'origine britannique. Le Canada étant une colonie britannique, et le syndicalisme en Grande-Bretagne ayant connu un essor plus hâtif étant donné que le capitalisme industriel s'y était développé beaucoup plus tôt, il était tout à fait normal que la direction des premiers syndicats soit entre les mains d'immigrés ayant déjà une certaine expérience de l'organisation ouvrière. Il y eut même des syndicats britanniques tels que l'Amalgamated Society of Engineers et l'Amalgamated Society of Carpenters and Joiners qui établirent des «unions» locales au Canada dans les années 1850[1]. Dans l'ensemble cependant, ces syndicats ne prirent guère d'expansion et l'influence britannique s'effrita graduellement, au fur et à mesure que se faisait sentir une nouvelle influence syndicale étrangère: celle des États-Unis.

3.1.2   Les syndicats internationaux de métiers

Dans les années 1860, grâce à la construction des chemins de fer, des échanges commerciaux entre le Nord et le Sud, le développement favorisa l'émigration de nombreux Canadiens et le retour d'anciens émigrés canadiens au Canada. L'industrialisation canadienne étant en retard de trente ans sur celle des États-Unis,

---

(1)   FORSEY, E. «Histoire du mouvement ouvrier au Canada». *L'Annuaire du Canada, 1957-58.* Ottawa: BFS (Imprimeur de la Reine.), 1959, p. 816.

plusieurs industries durent aussi importer une partie de leur main-d'œuvre de nos voisins du Sud. Ainsi, il se dessina inévitablement un mouvement d'affiliation aux unions américaines qui s'étaient formées quelques années auparavant.

Néanmoins, vers la même époque des syndicats purement canadiens se créèrent. À Québec, le développement de la construction navale et du port maritime favorisa la naissance d'un syndicat de débardeurs, la Ship Laborer's Benevolent Society (1857) — qui fut sans doute la plus importante organisation ouvrière de la ville de Québec au XIXe siècle [2] —, et d'un syndicat de marins (1858) [3]. Malgré tout, ce sont les unions internationales qui réussirent à attirer le plus grand nombre de travailleurs québécois, même si des syndicats purement canadiens continuèrent toujours d'exister à côté ou en marge de ces derniers.

Pourquoi les travailleurs québécois s'affiliaient-ils ainsi dans les années 1860 aux unions internationales? Charles Lipton nous fournit une explication qui n'est sans doute pas dénuée de fondement :

« *On peut l'expliquer par la faiblesse de l'économie canadienne, par ses contacts étroits avec l'économie américaine, par la nécessité pour les Canadiens de trouver du travail aux États-Unis, par l'identité du travail professionnel, par la volonté des travailleurs canadiens de se doter de structures syndicales, par leur désir de recourir à tous les moyens leur permettant d'atteindre cet objectif, que ce fut à l'est, à l'ouest, au nord ou au sud.* » [4]

L'argument concernant le besoin de se doter de structures syndicales solides nous semble particulièrement important. En effet, à l'exception de la formule d'organisation proposée par le modèle américain, c'est-à-dire celle de la centralisation de diverses unions locales de métiers dans une grande structure unifiée, il n'existait qu'un ensemble hétéroclite de syndicats indépendants dans différentes villes canadiennes parmi les métiers tels ceux de boulanger, de tailleur, de briqueteur, de tailleur de pierre, de débardeur et de

---

(2)   *Histoire du mouvement ouvrier au Québec, 1825–1976* (co-édition CSN–CEQ). Québec : Service des communications de la Centrale de l'enseignement du Québec, 1979, p. 33.

(3)   LIPTON, C. *Histoire du syndicalisme au Canada et au Québec, 1827–1959.* Montréal : Parti Pris, 1976, p. 40.

(4)   *Ibid.*, p. 43.

relieur [5]. Ces syndicats avaient peut-être le mérite d'être «canadiens», mais ils étaient généralement isolés et ne pouvaient pas compter sur la force économique que procurait le modèle des unions internationales. Ce n'est que plus tard qu'un véritable mouvement de consolidation des syndicats locaux dans des structures «nationales» allait voir le jour dans certaines industries, comme les chemins de fer, où les travailleurs refusaient d'adhérer à des organisations dont la direction émanait des États-Unis.

3.1.3 Consolidation et centralisation des structures syndicales

3.1.3.1 Tentatives avortées

Durant les années 1870, l'organisation des ouvriers québécois subit un léger recul alors que la crise économique (1873–1878) amorcée aux États-Unis atteignait le Québec. Les syndicats existants avaient peine à survivre et aucune association syndicale ne vit le jour [6]. L'une des caractéristiques de ces premiers efforts d'organisation était l'absence d'unité organique au sein du mouvement syndical, tant québécois que canadien. Les travailleurs déployaient toutes leurs énergies à former ou à maintenir en existence les syndicats locaux. Le rattachement de plusieurs de ces derniers à des unions internationales leur avait bien apporté jusque-là une certaine stabilité sur le plan du métier, mais la crise économique de 1873 entraîna la disparition de la plupart des organisations internationales aux États-Unis.

C'est malgré tout pendant cette période difficile que l'on vit naître les premières tentatives sérieuses de centralisation et de consolidation des organisations syndicales au-delà du simple regroupement par métier. Ce sont les travailleurs torontois qui fournirent cette impulsion initiale à l'unification du mouvement syndical, lorsqu'en 1871 une quinzaine de syndicats formèrent la *Toronto Trades Assembly*. Leur objectif était double : organiser les travailleurs non organisés et revendiquer l'obtention de la journée de travail de neuf heures. Deux ans plus tard, Ottawa comptait un conseil des

---

(5) FORSEY, E. *Op. cit.*, p. 816.

(6) BILODEAU, P.-P. *L'Unité syndicale au Québec, 1880-1921*. Québec: Département des relations industrielles de l'université Laval, 1979, p. 91. (Mémoire de maîtrise.)

métiers qui réussit même à faire élire un député ouvrier à la législature provinciale. Hamilton obtint aussi son conseil des métiers à la même époque. Toutes ces organisations disparurent durant la crise mentionnée précédemment, mais non sans avoir jeté les bases d'une organisation nationale et obtenu une victoire retentissante sur le plan législatif [7].

En ce qui concerne la création d'une organisation nationale, la Toronto Trades Assembly prit l'initiative d'organiser dans cette ville un congrès auquel assistèrent des délégués de 31 unités locales de 14 syndicats, tous de l'Ontario; des lettres d'approbation furent cependant reçues de certains syndicats de typographes de Québec et de Montréal. Il fut décidé à ce congrès d'établir une organisation centrale nationale — l'Union ouvrière canadienne — qui se réunit annuellement jusqu'en 1877. La crise économique porta cependant un coup fatal autant à l'organisation nationale qu'aux conseils des métiers, et on n'entendit plus parler d'organisation nationale jusqu'en 1883 [8].

Quant à la victoire importante sur le plan législatif, elle fut acquise en 1872 dans le cadre du mouvement en faveur des journées de travail de neuf (9) heures. Même si ce mouvement se retrouvait dans d'autres villes canadiennes comme Hamilton, Ottawa et Montréal, c'est encore une fois à Toronto que les événements décisifs se déroulèrent. En effet, après que les imprimeurs de cette ville se furent mis en grève pour revendiquer, entre autres, la journée de travail de neuf (9) heures, les maîtres imprimeurs ripostèrent en faisant arrêter les 24 membres du comité de la *Typographical Union* sous une accusation de conspiration séditieuse. Cette action en justice avait été rendue possible, car en l'absence d'une protection législative formelle du droit d'association, les syndicats canadiens se trouvaient régis par les anciennes coutumes britanniques qui considéraient ces derniers comme des coalitions entravant la liberté de commerce. La Grande-Bretagne avait elle-même adopté des lois qui libéraient les syndicats du préjudice dont ils étaient frappés sous le Droit commun, mais ces lois ne s'appliquaient évidemment pas au Canada. Il fallait donc que des lois similaires soient adoptées au Canada, et les principaux dirigeants syndicaux de la Toronto Trades Assembly entreprirent une campagne efficace auprès du gouvernement conservateur de Sir

---

(7) FORSEY, E. «Histoire du mouvement ouvrier au Canada». *L'Annuaire du Canada, 1957-58.* Ottawa : BFS (Imprimeur de la Reine.), 1959, p. 816.

(8) *Loc. cit.*

John A. Macdonald. Ce dernier, pour couper l'herbe sous le pied à l'opposition libérale, s'empressa de faire adopter par le Parlement fédéral une loi concernant les syndicats ouvriers [9] et une loi modifiant la législation pénale [10] relative au piquetage pacifique, toutes deux calquées sur des lois britanniques. Ce fut là le premier grand succès politique des syndicats canadiens. La poursuite fut abandonnée et la grève se termina par un succès ouvrier [11].

3.1.3.2 Tentative réussie

La reprise économique amorcée aux États-Unis vers 1880, l'adoption de la politique canadienne de protection tarifaire en 1879 et la construction du chemin de fer Canadien Pacifique à partir de 1881 eurent des effets salutaires sur l'économie canadienne. Comme c'est généralement le cas dans les économies capitalistes, cette recrudescence de l'activité économique favorisa beaucoup le développement des organisations syndicales, et la situation canadienne (et québécoise) ne fit pas exception : plus d'une centaine de nouvelles unités locales vinrent s'ajouter, entre 1880 et 1890, à celles qui avaient survécu à la crise économique. Près de la moitié de ces unités se trouvaient en Ontario, 21 dans les Provinces maritimes, 19 au Québec et 18 dans l'Ouest [12]. À ce tableau, il faut aussi ajouter l'impact d'une nouvelle organisation à caractère syndical — l'Ordre des Chevaliers du travail — qui, après avoir pris un certain essor aux États-Unis à la faveur de la crise économique, commença à établir des «assemblées» au Canada à partir de 1881. Même si l'évolution des effectifs totaux de l'Ordre au Canada et au Québec demeure inconnue, cette organisation a réussi à attirer de nombreux travailleurs canadiens et québécois dans ses rangs, atteignant son apogée vers 1887 [13].

Cette période d'activités syndicales intense permit la renaissance des conseils locaux. Le Conseil des métiers et du travail de Toronto fut organisé en 1881, celui de London en 1883, et celui de Montréal en 1886 alors que, dans ce dernier cas, Chevaliers du travail

---

(9) *Acte des associations ouvrières.* S.C. 1872, C. 30.

(10) *Acte pour amender la Loi criminelle relative à la violence, aux menaces ou à la molestation.* S.C. 1872, C. 31.

(11) FORSEY, E. *Op. cit.*, p. 817.

(12) *Loc. cit.*

(13) HARVEY, F. (édit.) «Les Chevaliers du travail, les États-Unis et la société québécoise, 1882-1902». *Le Mouvement ouvrier au Québec.* Montréal : Boréal Express, 1980, p. 86.

et unions de métiers collaborèrent étroitement. D'autres conseils furent aussi créés dans différentes villes canadiennes entre 1880 et 1890; celui de Québec le fut en 1889.

Le renaissance des conseils fut accompagnée de la réapparition de l'organisme central national. En 1883, un comité du Conseil de Toronto invita toutes les organisations ouvrières à envoyer des délégués à une réunion nationale, laquelle donna naissance au «Canadian Labour Congress» constitué de délégués d'organismes ouvriers et d'assemblées des Chevaliers du travail de la province d'Ontario uniquement[14]. En septembre 1886, trois mois avant la fondation de la Fédération américaine du travail aux États-Unis, le Conseil des métiers et du travail de Toronto convoqua le congrès de nouveau : le Congrès général des métiers et du travail du Canada fut formé. En 1892, le nom fut abrégé en celui de Congrès des métiers et du travail du Canada (CMTC).

Selon Forsey, la première réunion comptait 109 délégués dont une femme. Sauf un délégué de la ville de Québec, tous venaient de l'Ontario et au moins 84 étaient Chevaliers du travail. Les Chevaliers maintinrent une majorité de délégués aux réunions de 1887-1889, 1891, 1893 et 1894, et un chevalier présida même le congrès de 1886 à 1892. Après 1894 les Chevaliers déclinèrent rapidement, et le Congrès les expulsa en 1902 dans des circonstances qui seront précisées plus loin[15].

D'un organisme presque exclusivement composé de délégués ontariens dans les premières années de son existence, le CMTC devint graduellement un organisme national. À partir de 1889 le Québec envoya toujours une délégation assez nombreuse, et les autres provinces lui emboîtèrent le pas dans les années subséquentes[16].

Avec la création de cet organisme national, le mouvement syndical venait d'atteindre sa maturité structurelle. Même si le nombre de membres affiliés était relativement faible — seulement 8 381 en 1902[17] —, les bases étaient jetées pour que l'ensemble des syndiqués canadiens soient représentés sur le plan national. C'est

---

(14) FORSEY, E. *Op. cit.*, p. 817.

(15) *Ibid.*, p. 818.

(16) *Loc. cit.*

(17) *Loc. cit.*

d'ailleurs cet organisme qui réussira graduellement à affilier la plus grande majorité de syndiqués canadiens, et qui est l'ancêtre de l'actuel Congrès du travail du Canada.

3.2 UNE PÉRIODE CRUCIALE DU SYNDICALISME CANADIEN ET QUÉBÉCOIS : 1886-1902

La création du CMTC en 1886 se réalisa sous le signe de l'unité syndicale, alors que délégués canadiens d'unions internationales et représentants des Chevaliers du travail mirent leurs efforts en commun pour donner naissance à la nouvelle centrale. Cette situation contrastait singulièrement avec celle qui prévalait aux États-Unis où les diverses unions internationales mirent sur pied, en 1886 également, une centrale syndicale — la Fédération américaine du travail — dans le but principal de faire la lutte aux Chevaliers du travail et de reconquérir les membres que cette organisation leur avait enlevés à la faveur de la crise économique de 1873-1879. Cependant, les querelles constantes entre les unions internationales et les Chevaliers du travail aux États-Unis vinrent rapidement se transposer au Canada, et en 1902 les Chevaliers du travail furent expulsés du CMTC.

Ce renversement total de situation s'explique en partie par la croissance formidable des effectifs des unions internationales qui débutait vers le milieu de la décennie 1890, et qui résultait de la volonté de la Fédération américaine du travail de s'assurer la domination de l'ensemble du mouvement syndical canadien [18]. Le tableau suivant indique la progression des unions internationales au Québec, en Ontario et en Colombie-Britannique, entre 1890 et 1902.

TABLEAU 3.1 : **Répartition des unions internationales par province, 1890-1902 : unions locales**

ANNÉE	QUÉBEC	ONTARIO	COLOMBIE BRITANNIQUE
1890	30	146	25
1897	47	192-194	27
1902	115-119	612-627	137-140

Source: BABCOCK, R.H. *Gompers in Canada : A Study in American Continentalism Before the First World War.* Toronto : University of Toronto Press, 1974, p. 38-52.

---

(18) ROUILLARD, J. *Les Syndicats nationaux au Québec : 1900-1930.* Ottawa : Département d'histoire de l'université d'Ottawa, 1976, p. 54. (Thèse de doctorat.)

Dès qu'elles furent en position de force à l'intérieur du CMTC et qu'elles purent contrôler efficacement la réunion annuelle des délégués, les unions internationales en profitèrent pour en expulser les Chevaliers du travail. Les raisons fondamentales de cette expulsion reposaient sur le principe essentiel d'organisation du syndicalisme de métiers, soit le monopole ou l'exclusivité de juridiction : un seul syndicat par métier. Comme les Chevaliers du travail recrutaient des membres parmi différents travailleurs spécialisés (en plus de bien d'autres travailleurs non qualifiés et même de petits commerçants), ils se trouvaient à entrer en conflit avec la juridiction de plusieurs syndicats de métiers, et ceci ne pouvait pas être toléré par les propagandistes du syndicalisme international.

Malgré tout, avant de disparaître complètement de la carte syndicale au Canada, les Chevaliers du travail laissèrent néanmoins des traces importantes, surtout au Québec qui devint le principal foyer d'organisation à la fin du XIXe siècle. En fait, selon Rouillard, de 1880 à 1902 les Chevaliers organisèrent au Québec plus d'assemblées (30) que dans le reste du pays (26). Le centre d'activité de l'Ordre se déplaça de l'Ontario vers la Belle Province ; alors qu'en 1890 35 p. 100 seulement des assemblées canadiennes étaient québécoises, ce pourcentage augmenta à 67 p. 100 en 1894 et à 76 p. 100 en 1897 [19].

L'influence des Chevaliers du travail sur le mouvement syndical québécois ne se mesure pas uniquement par la prédominance numérique de leurs effectifs à un moment donné dans l'histoire. Elle se mesure également et surtout par le type d'idéologie que cette organisation véhiculait et qui allait être largement adoptée quelques années plus tard par les propagandistes du syndicalisme catholique.

Les Chevaliers du travail proposaient aux travailleurs une réforme totale de la société. L'industrialisation ayant accentué l'écart entre les capitalistes et les travailleurs, les Chevaliers «[*voulaient*] *substituer au système capitaliste, basé sur le monopole et l'exploitation des travailleurs, des coopératives de production et de distribution* [20]». La valorisation du travail occupait une place importante chez les Chevaliers du travail. Le premier article de leur constitution stipulait que l'Ordre avait pour objectif de faire de la valeur morale et

---

(19) *Ibid.*, p. 14.

(20) ROUILLARD, J. et BURTH, J. «Le mouvement ouvrier». *Les Travailleurs québécois, 1851–1896* (2e éd.). Montréal : Presses de l'Université du Québec, 1975, p. 85.

industrielle — non de la richesse — la vraie mesure de la grandeur des individus et des nations.

L'une des caractéristiques des Chevaliers était leur volonté d'organiser toute la classe ouvrière et pas seulement les travailleurs spécialisés, comme c'était le cas avec les unions internationales. Ce principe traduit la conscience de classe qui se manifesta chez les travailleurs dans les années 1880. Ceux-ci, goûtant aux effets néfastes de l'industrialisation, «[développèrent] entre eux un esprit de solidarité qui se [mua] en conscience de classe [21]». Cependant, nous ne pouvons pas donner à celle-ci une connotation révolutionnaire. Pour les Chevaliers du travail, «l'accent [fut] mis non sur l'opposition ou la lutte des classes mais plutôt sur l'affirmation de la classe ouvrière comme force sociale [22]». Ainsi, tout en ne concevant pas les intérêts entre le capital et le travail comme diamétralement opposés, ils cherchèrent à «trouver un terrain d'entente où le travail [bénéficierait] de la prospérité engendrée par l'industrialisation [23]».

Sur le plan des relations du travail, les Chevaliers favorisèrent l'arbitrage des différends comme solution de rechange à la grève. Une telle position apparut contradictoire avec l'ensemble de l'idéologie de l'Ordre, mais cette attitude pragmatique ou collaborationniste avait pris racine dans les expériences infructueuses des années 1870 aux États-Unis. Bien que difficilement applicable, cette position renvoyait à l'emploi de la grève comme recours ultime, assujetti à un ensemble de règles bien précis [24].

3.3 LA MONTÉE DU SYNDICALISME NATIONAL

Nous avons souligné qu'au moment de l'expulsion des Chevaliers du travail du CMTC en 1902, les unions internationales avaient acquis une position prépondérante au sein de cet organisme pancanadien. Cependant, il faut remarquer que cette croissance spectaculaire

(21) *Ibid.*, p. 84.

(22) HARVEY, F. «Les Chevaliers du travail, les États-Unis et la société québécoise (1882–1902)». *Aspects historiques du mouvement ouvrier au Québec* (Fernand Harvey, édit.). Montréal : Boréal Express, 1973, p. 105.

(23) ROUILLARD, J. et BURTH, J. *Op. cit.*, p. 85.

(24) BILODEAU, P.-P. *L'Unité syndicale au Québec, 1880–1921*. Québec : Département des relations industrielles de l'université Laval, 1979, p. 91. (Mémoire de maîtrise.)

des effectifs des unions internationales à l'échelle du pays ne se traduisait pas par des progrès uniformes dans toutes les régions du pays. Un examen du tableau précédent aura permis de constater que même si le Québec connaissait un accroissement substantiel entre 1890 et 1902, la progression n'était pas relativement aussi forte qu'en Ontario ou qu'en Colombie-Britannique.

Malgré les efforts soutenus de la FAT qui, à partir de 1900, engagea un premier organisateur permanent pour le Québec, trois obstacles ralentirent la pénétration des unions internationales : la méconnaissance de la langue française par cet organisateur — John Flett —, la présence de syndicats nationaux actifs, et l'opposition du clergé de la ville de Québec. Si le premier de ces obstacles put être graduellement surmonté, ce ne fut pas le cas pour les deux autres. C'est ainsi que, dès les débuts du XXe siècle, les unions internationales virent s'intensifier l'opposition d'autres organisations syndicales, et le Québec fut le principal foyer de cette opposition. Car, en plus des Chevaliers du travail dont nous avons déjà parlé, il existait, au tournant du siècle, des syndicats nationaux qui s'étaient développés en marge des Chevaliers et en riposte à l'hégémonie croissante des unions internationales. Selon Rouillard, ces syndicats comptaient pour le tiers des organismes syndicaux québécois, entre 1880 et 1892 (25).

La scission, provoquée au Congrès du CMTC de 1902 par l'adoption d'une résolution concernant l'exclusivité de juridiction des locaux affiliés aux unions internationales, entraîna la mise sur pied d'une nouvelle centrale — le Congrès national des métiers et du travail du Canada (CNMTC) — qui fut formée deux jours après le célèbre Congrès de 1902 par les Chevaliers du travail et les autres syndicats nationaux expulsés. Cette centrale avait pour objectif «d'affirmer l'autonomie nationale des unions ouvrières canadiennes non affiliées à la FAT (26)».

Des 23 organisations expulsées 16 étaient du Québec, et les quatre cinquièmes des effectifs du nouveau CNMTC venaient de la Belle Province (8 770); pour le reste, ils venaient surtout de l'Ontario (1 415) (27). Les syndicats affiliés comprenaient surtout des travailleurs

(25) *Ibid.*, p. 111, note 81.

(26) DESPRÉS, J.-P. *Le Mouvement ouvrier canadien.* Montréal : Fides, 1946, p. 50.

(27) ROUILLARD, J. *Le Mouvement ouvrier (1896–1914)* (texte non publié, préparé en vue de la parution d'un volume de la collection : Histoire des travailleurs québécois). 1978, p. 17.

de la construction et de la chaussure. La moitié des effectifs du CNMTC venait de la seule ville de Québec.

Cette nouvelle centrale connut un certain succès à ses débuts, et dès 1906 elle comptait 20 000 adhérents [28]. Malgré tout, à partir de 1907 elle eut de la difficulté à recruter de nouveaux membres, contrairement aux unions internationales qui progressaient rapidement.

Les difficultés du CNMTC semblaient attribuables à deux facteurs essentiels : sa faiblesse organisationnelle et le fait qu'il projetait l'image d'un mouvement dominé par les francophones nationalistes [29]. Dans l'espoir de remédier à ces problèmes et de réussir une percée dans les milieux anglophones, le CNMTC commença à tenir ses congrès annuels en dehors du Québec, et en 1908 il changea son appellation pour celle de Fédération canadienne du travail. Malheureusement, au moment où la FCT commençait à jouir d'un certain succès hors du Québec, elle connut une baisse de popularité considérable au Québec, surtout à la suite d'une scission survenue au sein du conseil central de Québec. Ainsi, en 1915 la FCT ne comptait plus que 63 syndicats affiliés avec plus de 7 000 membres, et seulement 12 de ces syndicats étaient au Québec [30].

Jacques Rouillard résume en trois points les raisons de l'échec de la FCT. Premièrement, la faiblesse du sentiment national chez les Canadiens anglais empêcha la FCT de devenir une véritable organisation syndicale capable de concurrencer le CMTC. Deuxièmement, la faiblesse de ses moyens ne put lui permettre de rendre des services comparables à ceux des unions internationales de métiers. Enfin, le développement rapide de syndicats catholiques à partir de 1916 nuisit grandement la croissance de la FCT en s'appropriant la base nationaliste au sein du monde ouvrier québécois [31].

3.4 LE SYNDICALISME CATHOLIQUE

Le développement du syndicalisme catholique n'était pas le résultat de l'initiative des travailleurs québécois, mais plutôt celui de

---

(28) LIPTON, C. *Op. cit.*, p. 226.

(29) BILODEAU, P.-P. *Op. cit.*, p. 160.

(30) ROUILLARD, J. *Les Syndicats nationaux au Québec : 1900–1930*. Ottawa : Département d'histoire de l'université d'Ottawa, 1976, p. 152. (Thèse de doctorat.)

(31) BILODEAU, P.-P. *Op. cit.*, p. 160.

l'action systématique du clergé qui, s'inquiétant de la progression rapide de l'internationalisme, voulut sacraliser le milieu industriel afin de ne pas perdre l'influence acquise au sein de la société québécoise [32].

Les débuts de ce syndicalisme s'inscrivaient à l'intérieur de deux phrases bien définies, lesquelles coïncidaient avec les deux premières décennies du XXe siècle. De 1900 à 1910 se manifesta l'intérêt croissant de l'élite cléricale pour la question ouvrière. De 1910 à 1921, cette conscientisation se matérialisa dans la fondation de syndicats confessionnels, lesquels allaient donner naissance en 1921 à la Confédération des travailleurs catholiques du Canada (CTCC).

3.4.1 Phase de préparation: 1900-1910

À la fin du XIXe siècle, le clergé avait gardé une vision traditionnelle du problème ouvrier, malgré la parution de l'encyclique *Rerum Novarum* en 1891. Pendant qu'en Europe, l'Église révisait son attitude envers les organisations syndicales, au Québec on misait encore sur l'esprit de justice et de charité des «classes supérieures» et sur la fondation d'œuvres à caractère social, et on abordait la question du travail sous l'angle des devoirs des serviteurs envers leur maître [33]. C'est par l'intermédiaire de conflits de travail que le clergé québécois entama une réflexion sur les problèmes ouvriers et porta un intérêt au syndicalisme. En effet, ce fut presque par hasard que l'archevêque de Québec, Mgr Bégin, agit en 1900 comme arbitre dans un conflit de reconnaissance syndicale opposant 21 employeurs et 5 000 ouvriers de l'industrie de la chaussure. La sentence arbitrale qu'il rendit le 14 janvier 1901 allait avoir des conséquences importantes sur la philosophie des futurs syndicats confessionnels. Cette sentence, tout en reconnaissant le droit d'association aux travailleurs, recommandait «*aux unions ouvrières de modifier leurs constitutions pour les rendre conformes à la doctrine sociale de l'Église et d'accepter en leur sein un aumônier catholique* [34]». En outre, elle proposait

---

(32) *Ibid.*, p. 166.

(33) ROUILLARD, J. *Le Mouvement ouvrier (1896-1914)* (texte non publié, préparé en vue de la parution d'un volume de la collection: Histoire des travailleurs québécois). 1978, p. 31.

(34) MAHEU, L. «Problème social et naissance du syndicalisme catholique». *Aspects historiques du mouvement ouvrier au Québec*, p. 120.

l'institution d'un tribunal permanent d'arbitrage, de façon à régler les futurs conflits de travail.

D'autres ecclésiastiques s'impliquèrent graduellement dans les conflits ouvriers. Il devint évident que la progression formidable des unions internationales et des idées qu'elles propageaient, comme la neutralité religieuse, les revendications politiques et le « socialisme », était la cause majeure de leur préoccupation, comme en témoigne cette lettre épiscopale de Mgr Bruchési écrite en 1903 :

> « ... with the greatest anxiety do we see the labor organizations of our city seeking for affiliation with foreign associations. The majority of the leaders and members of those international unions have nothing in common with our temperament, our customs and our faith. » [35]

La conséquence logique d'un tel constat fut la fondation de syndicats confessionnels, afin de protéger l'influence du clergé sur les masses laborieuses et de sauvegarder l'intégrité morale et la foi des ouvriers. Dans son effort de sacralisation du monde industriel, l'Église développa toute une panoplie d'organisations chargées d'encadrer le milieu catholique [36]. L'une des premières manifestations de ce catholicisme social fut la fondation en 1907 de l'Action sociale catholique à Québec. Son but essentiel était de promouvoir « *un vaste mouvement d'action sociale et catholique, qui petit à petit améliorerait le sort des classes les plus pauvres en faisant prendre conscience à tous de la nécessité de la solidarité chrétienne* [37] ». Dans cette perspective, elle se chargeait de mener une campagne d'éducation et de propagande afin d'implanter le syndicalisme catholique au Québec.

3.4.2   Phase d'organisation : 1911–1921

3.4.2.1   Première vague d'organisation (1911–1915) : initiative cléricale

En janvier 1911, un congrès interdiocésain eut lieu à Montréal sous les auspices des Ligues du Sacré-Cœur pour étudier la question

---

(35) BABCOCK, R.H. *Gompers in Canada : A Study in American Continentalism Before the First World War*. Toronto : University of Toronto Press, 1974, p. 125.

(36) ROUILLARD, J. *Les Syndicats nationaux au Québec : 1900–1930*. Ottawa : Département d'histoire de l'université d'Ottawa, 1976, p. 313.

(37) TÊTU, M. *Les Premiers Syndicats catholiques canadiens (1900–1921)*. Québec : université Laval, 1961, p. 233. (Thèse de doctorat (ès lettres).)

de l'organisation ouvrière au Québec. Au terme de ce congrès, il fut décidé de fonder sur-le-champ des syndicats catholiques là où c'était possible, et de préparer le terrain ailleurs [38]. Cette rencontre donna aussi naissance à l'École sociale populaire, œuvre d'éducation chargée de favoriser l'éclosion de syndicats catholiques. Elle constituait le premier cercle d'études destiné à former des chefs ouvriers catholiques [39].

C'est au Saguenay que revint l'honneur de la fondation du premier syndicat catholique. En 1912, Mgr Eugène Lapointe, inquiet de la venue d'organisateurs internationaux à Jonquière et à Chicoutimi, créa la Fédération ouvrière mutuelle du Nord. En plusieurs autres villes où les unions internationales manifestaient un intérêt pour l'organisation des travailleurs en syndicats ouvriers, on vit les évêques répliquer en suscitant la formation d'organisations telle la FOMN. C'est ainsi que, de 1912 à 1915, cinq fédérations se réclamant de la doctrine sociale de l'Église furent fondées. Sur le plan des relations du travail, les syndiqués catholiques mirent l'accent sur la complémentarité des fonctions et des intérêts qui unissaient les patrons et les ouvriers. On négocia donc à l'amiable, en espérant que ces principes pourraient attirer la sympathie des patrons. Ces syndicats catholiques n'avaient pas senti le besoin de regrouper les travailleurs par métier — sauf à Montréal éventuellement —, ni de prévoir les cadres d'une négociation collective, ni même de mentionner la possibilité de grèves [40].

Dans la pratique, cette conception syndicale s'avérait utopique. Les travailleurs comprirent alors qu'ils risquaient de faire les frais de ce nouveau type de relations du travail. Aussi, après un départ rapide, les effectifs des fédérations catholiques ont-ils stagné ou régressé durant la guerre [41]. Ce fut donc un échec assez complet que connut cette première vague d'organisation de syndicats catholiques.

---

(38) BILODEAU, P.-P. *L'Unité syndicale au Québec, 1880-1921*. Québec : Département des relations industrielles de l'université Laval, 1979, p. 169. (Mémoire de maîtrise.)

(39) VALLÉE, E. *Les Unions internationales et la concurrence des syndicats confessionnels au Québec*. Québec : Département des relations industrielles de l'université Laval, 1966, p. 11. (Mémoire de maîtrise.)

(40) ROUILLARD, J. *Le Mouvement ouvrier (1896-1914)* (texte non publié, préparé en vue de la parution d'un volume de la collection : Histoire des travailleurs québécois). 1978, p. 37.

(41) *Loc. cit.*

3.4.2.2 Deuxième vague d'organisation (1916-1921) : une base d'élite ouvrière

La reprise de l'activité économique durant la guerre coïncida avec un nouvel effort du clergé pour constituer des syndicats catholiques [42]. Ne voulant pas faire les mêmes erreurs qu'au cours de la première tentative, le clergé modifia sa stratégie. Il décida alors d'orienter son action vers les nombreux syndicats nationaux qui faisaient partie soit de la Fédération canadienne du travail, soit des trois autres fédérations professionnelles indépendantes qui existaient à l'époque : celle des cordonniers, celle des ouvriers du textile ainsi que celle des briqueteurs [43].

«(...) amener les unions nationales à réviser leur constitution, pour se soumettre aux directives de l'Église et former ainsi peu à peu des syndicats catholiques. Il y avait là un grand avantage : on avait affaire à des ouvriers déjà syndiqués, conscients des problèmes d'organisations et de luttes syndicales. Il suffirait de leur faire connaître la doctrine sociale de l'Église ; qu'ils l'adoptent et y conforment leur action, on obtiendrait rapidement un unionisme catholique très valable et sûr.» [44]

Afin d'arriver à ce but, on mit sur pied toute une panoplie de moyens [45] : des cercles d'études où clercs et laïcs réfléchissaient sur la doctrine sociale de l'Église et sur les racines avant tout morales et religieuses de la question ouvrière ; des retraites fermées pour compléter la formation des militants ouvriers catholiques ; une présence prépondérante du clergé — par l'intermédiaire de l'aumônier — au sein des organisations ouvrières catholiques. Pour mousser la cause du syndicalisme catholique, le clergé s'occupa de ramasser des fonds pour venir en aide aux syndicats catholiques. Dans la plupart des diocèses, les autorités ecclésiastiques insistèrent pour que les fabriques, les communautés et les institutions religieuses de toutes sortes, ainsi que les corporations soumises à la direction de l'Église encouragent les syndicats catholiques dans l'exécution des divers travaux qu'elles commandaient aux entrepreneurs.

---

(42) ROUILLARD, J. *Les Syndicats nationaux au Québec : 1900-1930*. Ottawa : Département d'histoire de l'université d'Ottawa, 1976, p. 350. (Thèse de doctorat.)

(43) Il s'agissait de la Fédération canadienne des cordonniers, de la Fédération des ouvriers du textile du Canada et de l'Union canadienne des briqueteurs, maçons et plâtriers du Canada.

(44) TÊTU, M. *Op. cit.*, p. 249.

(45) MAHEU, L. *Op. cit.*, p. 130.

Cette deuxième vague d'organisation se traduisit par un succès certain car, graduellement, les syndicats nationaux acceptèrent de se conformer aux directives de l'Église ; en outre, on vit apparaître des syndicats catholiques qui se substituaient aux syndicats nationaux. Un tel succès ne tarda pas à susciter le besoin de consolider le mouvement syndical catholique. La fondation de divers conseils centraux reflétait d'ailleurs cet éveil à la coordination et à la concertation de nombreux syndicats locaux nouvellement constitués. Dans cette perspective, on décida de procéder à des rencontres et à des sessions d'études préliminaires, en vue de créer des liens plus étroits susceptibles d'aboutir à la fondation d'une confédération catholique reliant tous les syndicats catholiques de la province. En septembre 1918 eut lieu à Québec la première rencontre des représentants du syndicalisme catholique. Cette expérience se renouvela en 1919 à Trois-Rivières et en 1920 à Chicoutimi. Lors de cette dernière réunion, les délégués se prononcèrent en faveur de la création de l'organisme projetée depuis plusieurs années, et en 1921 eut lieu à Hull le congrès de fondation de la Confédération des travailleurs catholiques du Canada (CTCC).

À sa fondation, la CTCC comprenait quatre conseils centraux établis à Québec, à Montréal, à Hull et à Granby ; 80 syndicats et 8 cercles d'études, pour un total de 26 000 adhérents disséminés dans 21 villes [46]. Ses principes de base étaient les suivants : «*le droit d'association, la liberté des patrons, la représentativité de l'organisation, la réprobation du principe de la lutte des classes et la nécessité du maintien de la paix industrielle par les procédés de conciliation et d'arbitrage* [47]». Adhérant à toutes les directives et à tous les enseignements de l'Église, son but premier était la sauvegarde et la promotion des intérêts généraux du syndicalisme catholique au Canada.

3.5 LA SITUATION DES EFFECTIFS SYNDICAUX DE 1900 À 1921

Avec la fondation de la CTCC en 1921 s'ajouta une troisième centrale sur l'échiquier syndical canadien, après le CMTC et la

(46) CHARPENTIER, A. *Cinquante ans d'action ouvrière : les mémoires d'Alfred Charpentier*. Québec : PUL, 1971, p. 65.

(47) TÊTU, M. *Les Premiers Syndicats catholiques canadiens (1900-1921)*. Québec : université Laval, 1961, p. 411. (Thèse de doctorat (ès lettres).)

FCT [48]. À vrai dire, en ce qui concerne le Québec, la lutte pour l'adhésion des nouveaux syndiqués se fit essentiellement entre les unions internationales affiliées au CMTC et les syndicats catholiques affiliés à la CTCC, la Fédération canadienne du travail étant en perte de vitesse considérable au Québec et même dans le reste du Canada, à partir de 1915.

Malgré la croissance assez rapide des syndicats catholiques entre 1916 et 1921, leur nombre passant de 23 à 120 [49] au cours de cette période, ce sont quand même les unions internationales qui dominèrent la scène syndicale québécoise. En effet, tout au long des deux premières décennies du XXᵉ siècle, leur progression a été constante, pour ne pas dire spectaculaire. De 74 sections locales dénombrées en 1901, on en comptait 155 en 1906, 190 en 1911, 236 en 1916 et 334 en 1921 [50]. La suprématie des syndicats internationaux était toutefois moindre au Québec qu'en Ontario. En effet, alors qu'ils constituaient, en 1906, 96 p. 100 des forces syndicales dans la province voisine, ils n'en représentaient que 66 p. 100 au Québec [51]. La différence s'explique par l'existence de la réalité française et d'un courant nationaliste plus fort au Québec. L'organisation de sections locales des syndicats internationaux était devenue d'autant plus difficile que le travail était effectué par un représentant unilingue anglophone. Cependant, la montée du syndicalisme catholique modifia la situation, et le congrès de la FAT en 1913 désigna pour le Québec un organisateur francophone : monsieur G.-H. Brunet [52].

Comme les chiffres cités précédemment le démontrent, les syndicats internationaux continuèrent de progresser entre 1915 et 1920, et ce, malgré les succès du syndicalisme catholique. En 1920, sur les 80 000 syndiqués québécois, 55 000 faisaient partie des unions internationales [53].

---

(48) Il existait bien également à cette époque une autre organisation syndicale nationale la « One Big Union », mais celle-ci était inactive au Québec ; la plupart de ses effectifs étant recrutés dans les provinces de l'Ouest.

(49) ROUILLARD, J. *Op. cit.*, p. 192.

(50) *Loc. cit.*

(51) *Ibid.*, p. 193.

(52) BABCOCK, R.H. *Op. cit.*, p. 130.

(53) Le groupe de chercheurs de l'Université du Québec à Montréal sur l'histoire des travailleurs québécois. *L'Action politique des ouvriers québécois (fin du XIXᵉ siècle à 1919)*. Montréal : Presses de l'Université du Québec, 1976, p. 14. (Recueils de documents.)

3.6 LA LONGUE GESTATION DU MOUVEMENT SYNDICAL: 1921-1960

Cette période s'étend de la création de la nouvelle centrale catholique (CTCC) à ce que la plupart des historiens ont convenu d'appeler la Révolution tranquille, qui coïncida avec la fin du gouvernement de l'Union nationale et de son célèbre chef, Maurice Duplessis.

Ce fut une période à l'intérieur de laquelle on vit les pouvoirs publics imposer aux employeurs la négociation des conventions collectives avec les représentants des syndiqués, et où les organisations syndicales elles-mêmes subirent d'importantes transformations tant dans leurs pratiques que dans leurs structures.

3.6.1 L'évolution des effectifs syndicaux

Nous n'insisterons pas sur l'impact considérable qu'a eu l'adoption de la *loi des Relations ouvrières de 1944* [54] sur le développement des organisations syndicales, car un chapitre subséquent traitera ce sujet plus en détail. Il suffit de retenir pour le moment que l'obligation pour les employeurs de négocier des conventions collectives avec les syndicats représentant la majorité absolue de leurs salariés favorisa considérablement l'accroissement des effectifs syndicaux, notamment dans les nouvelles industries lourdes comme celles de l'automobile, de l'acier, des produits électriques, etc. D'ailleurs, la progression des effectifs syndicaux fut constante à partir de la fin de la Grande Dépression, vers 1933, jusqu'à 1958 environ, année où débuta au Québec comme dans le reste du Canada une récession économique assez importante. Pour démontrer la progression des effectifs syndicaux au Québec pendant la période considérée ici, citons des données portant sur quelques années repères: 1927, 53 549 syndiqués; 1930, 65 135; 1933, 41 309; 1937, 108 566; 1946, 208 546; 1952, 259 950; 1957, 324 906 [55]. Ces chiffres n'incluent cependant pas le nombre d'enseignants syndiqués.

Il est aisé de constater que la crise, en plus de provoquer un chômage généralisé (de l'ordre d'environ 30 p. 100), eut un impact

---

(54) S.Q. 1944, C. 30.

(55) DION, G. *Dictionnaire canadien des relations du travail*. Québec: PUL, 1976, p. 654-655.

négatif sur les effectifs syndicaux. Il semble que ce soient les syndicats catholiques qui aient subi les pires dégâts, car ils recrutaient leurs membres dans des industries plus sensibles aux aléas de la conjoncture économique [56]. Cependant, en deux ans (1936-1937) les effectifs syndicaux doublèrent au Québec, et avec la Deuxième Guerre mondiale, ils s'accrurent de 83 p. 100 en quatre ans (1939-1943) [57]. Pendant la majeure partie de la période 1921-1961, les unions internationales représenteront de 60 à 70 p. 100 des syndiqués québécois.

Si l'on peut dire que la période 1921-1960 a connu une poussée spectaculaire des effectifs syndicaux grâce à l'impact de facteurs tels que la reprise économique, la Deuxième Guerre mondiale et la loi des Relations ouvrières de 1944, il importe de souligner que cette « marche en avant » du mouvement syndical ne s'est pas réalisée sans heurts ni affrontements. En effet, la progression des syndicats québécois s'est effectuée, pendant presque toute la période sauf peut-être pendant la Deuxième Guerre, dans un contexte d'opposition acharnée du patronat, et même de répression policière de la part d'un gouvernement affichant ouvertement son antipathie envers les organisations syndicales.

3.6.2 La transformation des syndicats catholiques

Jusqu'à la Deuxième Guerre, la plupart des principales luttes ouvrières furent conduites par les unions internationales car les syndicats catholiques étaient généralement peu revendicatifs, comme en témoigne cette statistique qui démontre que, de 1915 à 1936, ces syndicats ne furent impliqués que dans 9 des 507 grèves recensées au ministère du Travail [58]. Les syndicats affiliés à la CTCC ne se dotèrent d'ailleurs d'un fonds de grève qu'à partir de 1951.

À partir de 1937 cependant, année où des syndicats catholiques furent impliqués dans deux conflits majeurs — soit celui des chantiers maritimes de Sorel et celui mettant aux prises les syndicats locaux de

(56) *Histoire du mouvement ouvrier au Québec, 1825-1976* (co-édition CSN–CEQ). Québec : Service des communications de la Centrale de l'enseignement du Québec, 1979, p. 90.

(57) *Loc. cit.*

(58) FRANCŒUR, J. «Sorel, 1937». *En grève* (Jean-Paul Lefebvre et al., édit.). Montréal : Éditions du Jour, 1963, p. 93.

six usines de la compagnie Dominion Textile —, les syndicats catholiques commencèrent à donner des signes d'un plus grand militantisme. Même si leur étiquette de syndicats peu combatifs ne disparut finalement qu'à la suite des célèbres conflits de l'amiante à Asbestos en 1949, et de ceux de Louiseville et de Dupuis et Frères en 1952, on peut quand même faire remonter à 1937 les débuts, à la CTCC, d'une pratique syndicale axée véritablement sur la revendication plutôt que sur les schémas « collaborationnistes » que lui inspirait la doctrine sociale de l'Église. L'industrialisation, dont la guerre avait fortement accéléré le rythme, attira un plus grand nombre d'ouvriers dans les villes, et les syndiqués catholiques, que l'on retrouvait jusque-là principalement à l'extérieur de la périphérie montréalaise, furent mis en contact avec d'autres syndiqués. Ils transformèrent graduellement leurs organisations, d'abord en retirant de leurs statuts le droit de veto de l'aumônier sur les décisions qui pouvaient mettre en cause la doctrine sociale de l'Église, puis en permettant à des non-catholiques de faire partie de leurs syndicats. Sur le plan de l'organisation proprement dite, ils se dotèrent de services accrus en engageant en 1942 un premier organisateur permanent en la personne de Jean Marchand, qui allait devenir plus tard secrétaire général (1947–1961) et président (1961–1965). C'est d'ailleurs sous l'impulsion d'une nouvelle équipe de dirigeants et de permanents composée, en plus de Jean Marchand, de Gérard Picard devenu président en 1946, de Gérard Pelletier, de Fernand Jolicœur, de Jean-Paul Geoffroy et de Pierre Vadeboncœur, pour n'en nommer que quelques-uns, que la CTCC amorça une transformation qui en fit une centrale tout aussi représentative — du moins au Québec — que le CMTC.

Aiguillonnés par les syndicats internationaux qui s'engagèrent dans une vaste campagne de recrutement pendant et après la guerre, et qui s'impliquèrent dans des conflits spectaculaires comme ceux de Dominion Textile à Valleyfield et d'Ayers à Lachute en 1947, les syndicats catholiques emboîtèrent le pas et développèrent des moyens d'action similaires, dont le point culminant et le plus spectaculaire fut sans doute la grève d'Asbestos mais qui ne fut pas, comme nous l'avons déjà dit, un cas isolé. À la fin de la période considérée ici, deux autres conflits majeurs furent déclenchés par des syndicats catholiques, soit la grève survenue à la compagnie Alcan en 1957, d'une durée de quatre mois, et celle des réalisateurs de Radio-Canada qui dura deux mois et qui permit de poser les jalons du syndicalisme de cadres au Québec.

3.6.3 Les luttes intestines au sein des syndicats nationaux et internationaux

3.6.3.1 Les organismes en présence

Si l'on met de côté les organisations syndicales catholiques, le reste du mouvement ouvrier québécois (et canadien) apparaît, pendant presque toute la période 1921-1960, comme divisé et en proie à des luttes intestines permanentes. En plus de la Fédération canadienne du travail, il existait, au début des années 1920, une organisation appelée One Big Union qui fut formée par un groupe d'éléments radicaux de l'Ouest canadien, insatisfaits du conservatisme des dirigeants du CMTC et de leur refus d'organiser d'autres travailleurs que les seuls ouvriers spécialisés. La One Big Union s'affaira donc pendant quelques années à recruter les travailleurs attirés par le syndicalisme industriel révolutionnaire, un peu comme l'avait fait aux États-Unis l'organisation *Industrial Workers of the World*, dans les années qui suivirent la Première Guerre mondiale. La One Big Union n'eut cependant aucun impact réel sur les travailleurs québécois.

En 1927, la Fédération canadienne du travail, dont les effectifs plafonnaient depuis plusieurs années, s'allia à d'autres syndicats nationaux, notamment la puissante Fraternité canadienne des cheminots, fondée en 1908, qui s'était affiliée au CMTC en 1917 pour en être expulsée en 1921. Ces organisations formèrent le Congrès pancanadien du travail, dédié au syndicalisme industriel et national.

Pour compléter le tableau du pluralisme syndical canadien, il faut signaler l'existence d'une autre centrale syndicale, la Ligue d'unité ouvrière, fondée sous l'impulsion du Parti communiste à la fin de 1929 pour construire des syndicats de type industriel. Durant sa courte existence (1929-1935), elle regroupa, selon certaines sources [59], jusqu'à 40 000 membres recrutés à la faveur de la crise économique dans des conditions difficiles. La Ligue fut active surtout en Ontario, mais on lui attribue l'organisation de quelques grèves importantes au Québec, dont celle des mineurs de la compagnie Noranda en Abitibi ainsi que celle des midinettes (ouvrières de la robe) à Montréal, toutes deux survenues en 1934 [60]. Elle fut dissoute

---

(59) *Histoire du mouvement ouvrier au Québec, 1825-1976* (co-édition CSN-CEQ). Québec : Service des communications de la Centrale de l'enseignement du Québec, 1979, p. 94.

(60) *Loc. cit.*

en 1935 sur une décision du Parti communiste canadien, et ses affiliés rejoignirent alors le CMTC.

La présence de ces nombreuses organisations syndicales rivales du CMTC fit en sorte que, pendant une brève période (vers 1935), l'ensemble des syndicats exclusivement canadiens — y compris les syndicats catholiques — purent compter près de la moitié de l'affiliation syndicale totale au Canada. Quelques années plus tard, cependant, le syndicalisme international avait réaffirmé sa prédominance, et à partir de 1940, le pourcentage de syndiqués membres de ces organisations internationales se rétablissait à 65-70 p. 100.

3.6.3.2 Le CMTC et la question du syndicalisme industriel

Pendant que la Fédération américaine du travail (organisation parente du CMTC aux États-Unis) se voyait en proie à de fortes divisions quant à la façon d'organiser les nouveaux syndiqués dans les industries de masse — divisions qui entraînèrent la formation d'une centrale rivale, le Congrès des organisations industrielles (COI), en 1938 —, la principale centrale canadienne n'éprouvait pas les mêmes difficultés puisque tant les syndicats industriels que les syndicats de métiers y étaient admis. De fortes pressions furent cependant exercées par la FAT sur le CMTC pour que celui-ci expulse les sections locales des syndicats affiliés au COI aux États-Unis. Le CMTC n'eut guère le choix que de se soumettre, car il risquait de perdre l'affiliation des sections locales des syndicats rattachées à la FAT, lesquelles constituaient, comme nous l'avons déjà mentionné, la quasi-totalité de ses effectifs. Les sections locales ainsi expulsées formèrent aussitôt (en 1939) le Comité canadien du COI qui devint «de facto» une nouvelle centrale rivale du CMTC.

Dès l'année suivante, la nouvelle centrale entreprit des pourparlers de fusion avec le Congrès pancanadien du travail. C'est ainsi qu'une nouvelle organisation vit le jour, le Congrès canadien du travail (CCT), réunissant à la fois les éléments nationalistes et industriels au sein du syndicalisme canadien. Cette organisation allait offrir une sérieuse rivalité au CMTC pendant les quinze prochaines années.

Un élément intéressant à noter du point de vue de la situation particulière au Québec est la lenteur des dirigeants du COI à mettre sur pied des sections locales jusqu'à la fin de la Deuxième Guerre mondiale. Ce n'est que dans le vêtement, où deux syndicats déjà établis avaient quitté la FAT pour se rallier au COI, que ce dernier avait une tête de pont au Québec [61].

Le déclenchement de la Deuxième Guerre mondiale et la participation du Canada à celle-ci bouleversa substantiellement la situation du marché du travail, notamment en créant des conditions de plein emploi, et amena le gouvernement fédéral à s'impliquer systématiquement dans les relations du travail. Ainsi, même si aucune loi telle que le Wagner Act aux États-Unis n'existait pour imposer la négociation collective aux patrons, le gouvernement fédéral, par des directives, des déclarations de politique et des arrêtés ministériels, donna un certain encouragement à la syndicalisation des travailleurs. De nouvelles entreprises furent construites, et plusieurs de celles qui existaient déjà connurent une expansion spectaculaire, surtout dans les industries reliées à la production de matériel militaire.

Dans ce nouveau contexte, il était inévitable que le syndicalisme allait connaître une progression importante. Mais quelle organisation parmi le CMTC, le CCT ou la CTCC pourrait en profiter davantage? Selon Roback, c'est le CMTC qui fut le grand gagnant au Québec, contrairement à l'Ontario où la poussée syndicale se répartit à peu près également entre les deux grandes centrales rivales. Il en fut ainsi parce que le CMTC possédait des atouts de plus que chacune de ses deux centrales rivales. En effet, la CTCC était très faible dans la ville la plus industrialisée, soit Montréal : elle manquait de dynamisme et de ressources financières et, malgré son syndicalisme industriel, elle véhiculait encore une image de non-militantisme, de cléricalisme et de « mollesse ». En plus, son cachet d'exclusivité catholique et canadienne-française la rendait peu apte à attirer les travailleurs anglophones et non catholiques, encore assez nombreux [62].

Par ailleurs, toujours selon Roback, le CMTC a peut-être profité d'un certain effet du hasard lorsqu'un jeune militant communiste et organisateur syndical doué, Robert Haddow, sut convaincre les instances supérieures de l'Association internationale des machinistes — affiliée à la FAT aux États-Unis et donc au CMTC au Canada —, de se lancer à fond de train dans l'organisation syndicale au Québec, tout en permettant la création de sections « industrielles » dans lesquelles

(61) ROBACK, L. *Les Syndicats internationaux au Québec à la fin de la Deuxième Guerre mondiale*. Rimouski, octobre 1977, p. 6. (Conférence prononcée à l'occasion du Congrès annuel de l'Institut d'histoire de l'Amérique française.)

(62) *Loc. cit.*

tous les travailleurs, indépendamment de leur catégorie professionnelle, pourraient se retrouver [63]. Les efforts de Haddow et de ses
collaborateurs communistes portèrent surtout sur les industries de
guerre, mais ils n'excluèrent pas les industries permanentes telles
celles du tabac, des produits chimiques, du textile et des salaisons.
C'est ainsi que les communistes et leurs alliés purent se tailler une
place de premier plan dans quelques organisations syndicales internationales au Québec (et en Ontario), et que, paradoxalement, le très
conservateur CMTC, put bénéficier d'un afflux de nouveaux membres,
du moins temporairement.

Du côté du COI (CCT au Canada), on sut profiter également du
contexte favorable de la guerre pour se donner des assises au
Québec, et ce, malgré la lutte acharnée que livrait Haddow. C'est ainsi
que les Métallos purent s'implanter dans quelques usines et entreprises minières. Mais la poussée définitive des syndicats COI–CCT ne
se produisit qu'après la guerre, parfois à la faveur d'un changement
d'affiliation, par des syndicats qui avaient été organisés durant la
guerre sous l'égide du *Metal Trades Council* (FAT–CMTC) dirigé par
Haddow.

3.6.3.3 Philosophie et mode de fonctionnement du CMTC et du CCT

Le CMTC

Le CMTC, qui était le pendant de la FAT aux États-Unis,
organisait essentiellement les travailleurs sur la base du métier
(l'incident Haddow pendant la guerre étant plutôt l'exception que la
règle générale), et ses affiliés pratiquaient un «syndicalisme d'affaires»,
c'est-à-dire axé sur les seules revendications économico-profession-
nelles. Deux des moyens utilisés par ces syndicats pour accroître leur
force économique étaient la négociation de clauses de sécurité
syndicale appelées «ateliers fermés», par lesquelles les employeurs
s'engageaient à n'embaucher que des membres du syndicat, ainsi
que l'établissement de règles d'apprentissage rigides donnant accès à
un permis de travail que le syndicat contrôlait lui-même. L'effet
combiné de ces deux mesures était de créer une rareté artificielle de
main-d'œuvre qui avait pour résultat de faire monter les salaires, du
moins en période de plein emploi.

---

(63) *Loc. cit.*

En 1937, le CMTC créa une structure provinciale pour encadrer ses affiliés au Québec : la Fédération provinciale du travail du Québec. Un organisme similaire fut graduellement mis sur pied dans chacune des autres provinces. Cependant, parce que l'affiliation des sections locales québécoises du CMTC à la FPTQ était volontaire et que très peu de celles-ci s'affiliaient effectivement, cette dernière organisation mit beaucoup de temps à se faire reconnaître comme un interlocuteur valable. Ainsi, outre son congrès annuel et son «pèlerinage» à Québec pour soumettre au gouvernement un mémoire législatif, la FPTQ restait très marginale par rapport aux syndicats internationaux, au CMTC et même au puissant Conseil des métiers et du travail de Montréal qui, jusqu'en 1937, joua à toutes fins utiles le rôle de porte-parole officiel pour le Québec des sections locales affiliées au CMTC.

Le CCT

Le Congrès canadien du travail, fondé en 1940 dans les circonstances déjà mentionnées, était la contrepartie canadienne du COI, tout comme le CMTC l'était pour la FAT. Cependant, là s'arrêtent les comparaisons. En effet, contrairement à la situation qui prévalait dans les relations entre les sections locales canadiennes et les syndicats internationaux de métiers, le CCT favorisait une autonomie relativement forte des sections canadiennes vis-à-vis des organisations industrielles internationales, et cette position était d'emblée acceptée par la centrale américaine COI. C'est sans doute en vertu de cette grande autonomie laissée aux sections locales canadiennes que le CCT s'engagea formellement à appuyer le parti CCF (Cooperative Commonwealth Federation), dont l'idéologie était à caractère socialisant ou, à tout le moins, social-démocrate.

Les syndicats du CCT furent également plus combatifs que ceux du CMTC, et ils conduisirent des grèves spectaculaires — comme celle des usines Ford à Windsor en Ontario, en 1945, qui permit au syndicat d'obtenir la célèbre formule Rand (du nom du juge Yvan Rand), en vertu de laquelle, entre autres choses, tous les travailleurs compris dans l'unité de négociation devaient payer la cotisation syndicale, tout en demeurant libres d'adhérer ou non au syndicat. Enfin, le CCT acceptait dans ses rangs des syndicats à direction communiste, tout comme le faisait le COI aux États-Unis — quoique à cet égard on pouvait en dire autant de certaines sections locales affiliées au CMTC —, ce qui n'était cependant pas le cas pour la FAT aux États-Unis.

De 1940 à 1952, contrairement au CMTC, le CCT ne possédait aucune fédération provinciale au Québec, le porte-parole des sections locales industrielles étant le Conseil du travail de Montréal. En 1952, par contre, la Fédération des unions industrielles du Québec (FUIQ) fut fondée; elle possédait vis-à-vis du CCT un statut comparable à celui de la FPTQ vis-à-vis du CMTC.

3.6.3.4 L'influence communiste

Pendant la guerre et surtout durant les années qui la suivirent immédiatement, les syndicalistes communistes étaient très actifs dans les deux grandes centrales syndicales canadiennes. Au CMTC, leurs adversaires étaient les dirigeants des syndicats internationaux de la FAT et certains représentants internationaux, qui s'étaient donnés le mandat de chasser les communistes des postes d'influence dans les syndicats et, en même temps, de réaffirmer l'emprise des quartiers généraux et de la FAT sur la centrale canadienne. La lutte atteignit son paroxisme dans l'affaire concernant l'Union canadienne des marins (Canadian Seamen's Union) lorsque le CMTC tenta d'affirmer son autonomie en refusant d'expulser le syndicat à direction communiste. Mais les pressions de la FAT et même du gouvernement américain vinrent à bout des résistances canadiennes, et en 1949 le CMTC dut accorder son appui au nouveau Syndicat international des marins fondé par la FAT, et dont le principal dirigeant canadien était Hal Banks, un repris de justice américain qui devint célèbre comme modèle de leader syndical corrompu. Ce syndicat fut d'ailleurs expulsé à son tour en 1960 pour des motifs de corruption.

Chez les syndicats du COI, au sein du CCT, la lutte se faisait entre communistes et sociaux-démocrates, lutte dont le principal enjeu était l'orientation éventuelle de l'action politique syndicale. L'appui donné au parti CCF en 1943 témoigne sans doute de la force de l'aile sociale-démocrate dans cette centrale, les communistes s'étant opposés sans succès à cet appui. Cependant, la perte d'influence quasi définitive des communistes dans l'une et l'autre centrale était probablement due surtout aux circonstances particulières de l'époque, notamment le début et l'intensification de la guerre froide entre le bloc occidental et les pays derrière le rideau de fer. Les différents niveaux de gouvernements américains et canadiens ont d'ailleurs successivement adopté des lois qui interdisaient aux communistes d'occuper des fonctions de direction syndicale. En outre, des pouvoirs furent donnés aux organismes chargés de l'application des lois sur les relations du travail pour qu'ils retirent l'accréditation aux syndicats qui ne se seraient pas confirmés à ces prescriptions. Dans un tel contexte, les centrales syndicales n'avaient guère d'autre choix que d'expulser les sections locales dont les dirigeants étaient, ou étaient soupçonnés d'être communistes.

3.6.4 Les débuts du syndicalisme enseignant

C'est dans le milieu des années 1930 que l'on vit naître les premiers véritables syndicats d'enseignants[64]. Les femmes constituaient alors la grande majorité du personnel enseignant laïque, et elles œuvraient principalement en milieu rural. Le premier syndicat fut fondé en 1936 à Clermont, dans le comté de Charlevoix, sous l'impulsion de Laure Gaudreault. Pendant les dix années suivantes, le syndicalisme enseignant fut florissant, et en 1946, 96 p. 100 du personnel enseignant laïque des commissions scolaires était syndiqué.

En juillet 1937, les institutrices rurales fondèrent la Fédération catholique des institutrices rurales de la province de Québec, et deux ans plus tard, les instituteurs ruraux avaient également leur fédération. Étant donné que les religieux et religieuses occupaient presque tout le domaine de l'enseignement dans les villes, les instituteurs et institutrices des villes ne fondèrent leur fédération qu'en 1942. En décembre 1945, les trois organisations se regroupèrent pour fonder la Corporation des instituteurs et institutrices catholiques de la province de Québec (CIC), l'ancêtre de l'actuelle Centrale de l'enseignement du Québec. Ses effectifs étaient alors d'environ 10 000 membres, dont plus de 85 p. 100 étaient des femmes[65]. Le premier président de la CIC fut Léo Guindon qui était alors président de l'Alliance des professeurs de Montréal.

Le syndicalisme enseignant du début se rattacha au courant du syndicalisme confessionnel catholique et au corporatisme prôné par la doctrine sociale de l'Église. D'ailleurs, le statut de la CIC était à la fois celui de centrale syndicale et de corporation professionnelle

(64) DIONNE, P. *Une analyse historique de la Corporation des enseignants du Québec (1836–1968)*. Québec: Département des relations industrielles de l'université Laval, 1969, p. 72. (Mémoire de maîtrise.)

(65) *Histoire du mouvement ouvrier au Québec, 1825–1976* (co-édition CSN–CEQ). Québec: Service des communications de la Centrale de l'enseignement du Québec, 1979, p. 102.

puisque, en vertu de sa loi constitutive, tous les enseignants devaient obligatoirement en faire partie pour exercer leur profession.

Autant les dix premières années (1936–1945) avaient pu être favorables au développement des syndicats d'enseignants, autant les quinze suivantes (1946–1960) furent difficiles, comme en témoigne le faible accroissement des effectifs de la CIC (16 000 vers 1960) ainsi que le très petit nombre de conventions collectives en vigueur au début de la Révolution tranquille [66].

La principale raison de cette situation fut sans doute l'acharnement soutenu du régime Duplessis contre les syndicats d'enseignants. C'est ainsi que la même année où était votée la Loi constitutive de la CIC (1946), le gouvernement de l'Union nationale en adoptait une autre [67] qui avait pour effet d'enlever aux instituteurs et institutrices des milieux ruraux le droit de recourir à l'arbitrage pour solutionner leurs différends avec les commissions scolaires. Cette Loi eut pour conséquence, à toutes fins utiles, de tuer la véritable négociation collective parmi les enseignants qui constituaient le groupe le plus militant et le plus nombreux (70 p. 100) à l'intérieur de la CIC.

Par ailleurs, après que les enseignants de l'Alliance des professeurs de Montréal eurent déclenché, en 1949, la seule grève d'enseignants de toute cette période, le gouvernement Duplessis fit voter une nouvelle loi [68] qui réglementait sévèrement le contenu des sentences arbitrales et qui soustrayait les décisions de la Commission des relations ouvrières de la juridiction des tribunaux. Le gouvernement avait cru bon de passer cette mesure car l'Alliance, qui s'était fait retirer son certificat d'accréditation par suite de la grève illégale, avait osé contester la décision de la CRO en cour.

Enfin, comble d'acharnement contre les syndicats d'enseignants à l'époque, Duplessis fit adopter en 1954 le bill 20, ou «bill Guindon», qui prévoyait la perte automatique de l'accréditation à tout syndicat des services publics qui faisait la grève ou dont l'un des dirigeants préconisait publiquement la grève [69]. L'aspect odieux de cette loi

(66) DIONNE, P. *Op. cit.*, p. 145.

(67) *Loi pour assurer le progrès de l'éducation.* S.Q. 1946, C. 21, aa. 25, al. 3 et 26.

(68) *Loi concernant les corporations municipales et scolaires et leurs employés.* S.Q. 1949, C. 26.

(69) *Histoire du mouvement ouvrier au Québec, 1825–1976* (co-édition CSN-CEQ). Québec : Service des communications de la Centrale de l'enseignement du Québec, 1979, p. 123.

provenait de son caractère rétroactif qui annulait une décision judiciaire antérieure favorable à l'Alliance, par laquelle la Cour suprême, en 1953, avait conclu à l'illégalité de la désaccréditation de ce syndicat. L'Alliance ne fut alors «réaccréditée» qu'en 1959.

3.6.5 Les relations intersyndicales et l'unité organique

3.6.5.1 Les relations intersyndicales

Au sortir de la Deuxième Guerre, les conditions n'étaient guère favorables à l'unité d'action, et encore moins à l'unité organique des syndicats au Québec. D'une part la CTCC était en lutte contre les unions internationales, d'autre part celles-ci étaient divisées en deux groupes opposés, comme nous l'avons déjà vu.

Malgré ce contexte défavorable, la présence d'un gouvernement provincial hostile au mouvement syndical allait permettre un rapprochement entre les différentes centrales. La première occasion fut fournie lors du dépôt d'un projet de Code du travail, le bill 5, au début de l'année 1949. Cette proposition législative, par son contenu draconien à l'endroit du syndicalisme militant, souleva, de la part des organisations syndicales et même de la Commission d'études sociales de l'Épiscopat québécois, des protestations telles que le gouvernement Duplessis fut obligé de la retirer. C'est à cette occasion que fut formée la Conférence conjointe des syndiqués du Québec réunissant la FPTQ, la CTCC, les syndicats québécois du CCT (car la FUIQ n'était pas encore formée) ainsi que la Corporation des instituteurs et institutrices catholiques (CIC).

Cette conférence, qui était davantage un organisme de coordination qu'un instrument en vue de réaliser l'unité organique des centrales, appuya fermement les grévistes lors du déclenchement du conflit de l'amiante à Asbestos la même année. Elle donna son support à plusieurs groupes de grévistes en participant au piquetage et à des assemblées de solidarité [70]. Cependant, cette unité d'action, basée principalement sur l'opposition au régime Duplessis, fut rompue en 1951 lorsque la FPTQ, dans une tentative pour se gagner les

---

(70) *Ibid.*, p. 134.

faveurs du gouvernement en place, quitta la conférence. En 1952, lors de son congrès, cette centrale alla jusqu'à adopter une résolution dénonçant la «mentalité révolutionnaire» des syndicats catholiques, parce qu'ils menaçaient de faire la grève générale pour appuyer les grévistes de Louiseville [71].

Le rapprochement de la FPTQ du gouvernement renforça cependant les liens de solidarité entre les syndicats du CCT nouvellement regroupés dans la FUIQ et la CTCC. Ces liens se traduisirent par de fréquents appuis moraux et financiers lors de conflits impliquant l'une ou l'autre organisation.

La division du mouvement syndical — FPTQ d'une part, CTCC–FUIQ d'autre part — s'accentua à l'occasion de la lutte contre deux autres Projets de Loi présentés en 1954 par le gouvernement Duplessis : les bills 19 et 20. Nous avons déjà expliqué l'objectif visé par le Projet de Loi 20. Quant au bill 19, il conférait à la CRO le pouvoir de retirer l'accréditation à un syndicat qui comptait des communistes parmi ses dirigeants élus et ses permanents. Appelée par la FUIQ, la CTCC, l'Alliance et d'autres syndicats à se joindre à ce nouveau front commun contre les bills 19 et 20, la FPTQ refusa. De plus, le 3 février 1954, pendant que le Front commun organisait une marche à Québec, le Président de FPTQ accompagné du Président du CMTC rencontrèrent en privé le Premier ministre et le Ministre du Travail. Ils proposèrent des amendements aux Projets de Loi pendant que le reste du mouvement syndical en réclamait le retrait pur et simple. Une fois les bills 19 et 20 adoptés, le Ministre du Travail remercia publiquement la FPTQ de sa collaboration [72].

3.6.5.2 L'unité organique

Alors que plusieurs éléments concouraient à un rapprochement permanent entre la CTCC et la FUIQ et à un isolement de la FPTQ, les unions internationales refaisaient leur unité organique. Le mouvement de fusion s'amorça aux États-Unis en décembre 1955, par la réunification des deux grandes centrales rivales en un organisme unique : la FAT–COI. Il allait de soi que, la hache de guerre entre la FAT et le COI ayant été enterrée, les organisations parentes suivraient l'exemple et

(71) *Histoire du mouvement ouvrier au Québec, 1825–1976* (co-édition CSN–CEQ). Québec : Service des communications de la Centrale de l'enseignement du Québec, 1979, p. 134.

(72) *Ibid.*, p. 135.

qu'une réunification identique se produirait au Canada. Ceci se réalisa en avril 1956, alors qu'un congrès conjoint du CMTC et du CCT donna naissance au nouveau Congrès du travail du Canada (CTC), dont le premier président fut un Québécois, Claude Jodoin, qui était auparavant président du CMTC. Le nouveau CTC rassemblait plus d'un million des 1 350 000 syndiqués canadiens.

Les répercussions de cette fusion se firent évidemment sentir au sein des organismes provinciaux correspondants, et c'est ainsi que la Fédération des travailleurs du Québec (FTQ) fut fondée en février 1957; elle remplaça alors les anciennes FPTQ et FUIQ. La nouvelle centrale ne regroupait au départ qu'environ 30 p. 100 des cotisants québécois des syndicats internationaux et canadiens affiliés au CTC car, comme c'était le cas dans les années précédentes, l'affiliation à l'organisme provincial était demeurée volontaire. Le premier président de la FTQ fut Roger Provost, ex-président de la FPTQ, et le secrétaire exécutif, Roméo Mathieu, anciennement de la FUIQ.

Lors des pourparlers entourant la création du CTC, la CTCC fut invitée à se joindre au mouvement unitaire. Elle se montra intéressée au début, et lors de son congrès de septembre 1956 elle adopta une résolution favorable au principe de l'affiliation. L'année suivante, la CTCC demanda même son affiliation en bloc au CTC, à condition de conserver son autonomie. Ceci voulait dire, en pratique, que le statut de la CTCC serait celui d'une union nationale, et non pas que les membres de ses syndicats locaux seraient dispersés dans les différents affiliés du CTC. De cette façon, l'organisme québécois pourrait continuer de progresser, mais au prix du maintien d'une concurrence avec les autres syndicats nationaux et internationaux.

Comme nous l'avons vu antérieurement — notamment lors de l'expulsion des Chevaliers du travail en 1902 —, la demande de la CTCC, si elle avait été acceptée, aurait eu pour effet de violer le sacro-saint principe d'exclusivité de juridiction des syndicats internationaux. Même si certains dirigeants du CTC semblaient prêts à se rendre à une telle exigence, l'opposition de syndicalistes québécois membres de la FPTQ fit échouer l'opération. Officiellement, le CTC se disait prêt à accueillir la CTCC, en autant que le principe d'exclusivité de juridiction des syndicats soit respecté. Cette proposition était inacceptable pour la CTCC car elle signifiait que ses affiliés seraient «noyés» dans des organisations pancanadiennes et que le caractère spécifique de son organisation ne pourrait être préservé. Il semble que les réticences de la FPTQ à la venue de la CTCC au sein du CTC s'expliquaient par sa crainte de voir son influence diminuée à l'intérieur de la nouvelle FTQ, car l'ensemble des éléments progressistes de l'ancienne FUIQ ajoutés à ceux de la CTCC auraient eu un poids considérable dans la nouvelle organisation québécoise. Par contre, le même facteur, mais inversé, explique l'approbation de la FUIQ à la venue de la CTCC, car les syndicats industriels plus progressistes craignaient d'être écrasés sous le poids du conservatisme dominant à la FPTQ.

Toutes ces tractations expliquent les délais plutôt longs qui ont précédé la création de la FTQ, car la possibilité que la CTCC puisse se joindre au mouvement de fusion compliquait grandement la situation, du moins au Québec. Jamais, cependant, le mouvement syndical québécois n'aura été aussi près de l'unité organique qu'à cette époque.

Chapitre 4

Structures et idéologie

des organisations

syndicales et patronales

INTRODUCTION

L'objectif de ce chapitre est triple : il s'agit d'abord de terminer la trame historique de l'évolution des organisations syndicales amorcée dans le chapitre précédent, ce qui nous permettra également de présenter l'orientation idéologique de chacune des centrales ; puis, nous aborderons les structures syndicales en essayant de dégager les principales caractéristiques du fonctionnement de ces centrales syndicales ; enfin, nous consacrerons quelques pages à l'organisation patronale.

4.1 ÉVOLUTION DU MOUVEMENT SYNDICAL DE 1960 À AUJOURD'HUI

4.1.1 La Révolution tranquille et ses conséquences

La défaite surprise du parti de l'Union nationale aux élections de juin 1960, qui permit au Parti libéral de diriger les destinées du

Québec pour la première fois depuis 1944, allait entraîner de profondes transformations socio-politiques dans la société québécoise. Le mouvement syndical, de son côté, n'allait pas être épargné.

D'une situation d'opposition au gouvernement qui l'avait si longtemps caractérisé, celui-ci se trouva soudainement associé étroitement au pouvoir car la nouvelle équipe de dirigeants politiques était constituée d'individus ayant souvent mené des luttes syndicales contre l'ancien régime.

La CTCC qui, à son congrès de 1960, acheva sa déconfessionnalisation en changeant son appellation en celle de Confédération des syndicats nationaux (CSN), fut sans contredit l'organisation qui profita le plus de cet environnement politique favorable. Elle accueillit dans ses rangs une très forte proportion des nouveaux syndiqués du secteur public (employés d'hôpitaux, de municipalités, fonctionnaires provinciaux, etc.), et remporta même plusieurs votes d'allégeance syndicale parmi des syndiqués anciennement affiliés au CTC et à la FTQ; résultat, les effectifs syndicaux de la CSN firent plus que doubler de 1960 à 1966 (voir le tableau 4.1). On constatera cependant que la CSN ne fut pas la seule organisation syndicale à bénéficier du contexte de la «Révolution tranquille», comme certains observateurs appelèrent cette période d'effervescence socio-politique entre 1960 et 1966 : toutes les centrales syndicales virent leurs effectifs croître substantiellement.

TABLEAU 4.1 : **Effectifs des centrales syndicales au Québec, 1956-1978 (en milliers)**

ANNÉES	CTC	FTQ (a)	CTCC-CSN	CIC-CEQ	CSD
1957	250	92	100		
1960	250	99	94	30	
1964	250	111	141	42	
1966	325	141	204	54	
1972	342	233	219	70	21
1978	420	300	178	85	42

(a) La raison pour laquelle les effectifs de la FTQ sont moins nombreux que ceux du CTC au Québec est que l'affiliation à la FTQ est volontaire pour plusieurs des syndicats du CTC.

Source : HARVEY, F. (édit.) *Le Mouvement ouvrier au Québec*. Montréal : Boréal Express, 1980, p. 287.

L'une des réalisations les plus importantes que produisit cette alliance entre politiciens, syndicalistes et intellectuels fut l'adoption d'un nouveau *Code du travail* en 1964 qui abrogeait l'ancienne *loi des Relations ouvrières*. Même si le caractère avant-gardiste de cette législation a été largement exagéré, celle-ci n'en contenait pas moins un élément assez exceptionnel pour l'époque, duquel les organisations syndicales allaient grandement tirer parti dans les années subséquentes : le droit de grève octroyé à tous les employés des secteurs public et parapublic, à l'exception des policiers et pompiers.

Le départ du leader très charismatique de la CSN — monsieur Jean Marchand — pour la scène politique fédérale en 1965, associé à la défaite inattendue du Parti libéral aux mains de l'Union nationale aux élections de 1966, ont eu des répercussions importantes sur les rapports entre le gouvernement et les syndicats de même que sur les modes de fonctionnement et les pratiques de certaines organisations syndicales. De plus, le développement systématique de la négociation collective dans les secteurs où le gouvernement était le principal bailleur de fonds (fonction publique, affaires sociales, éducation) fit prendre conscience à tous les intervenants que la lune de miel entre les syndicats et l'État québécois était maintenant terminée.

La CSN fut encore une fois l'organisation la plus affectée par ces bouleversements, quoiqu'on puisse en dire autant des syndicats d'enseignants.

À la CSN, le nouveau président — monsieur Marcel Pépin — adopta un style de direction qui contrastait singulièrement avec celui de son prédécesseur, et dont la principale caractéristique consistait à laisser aux dirigeants des fédérations professionnelles et des syndicats locaux toute la latitude voulue pour conduire leurs affaires à leur guise. Par ailleurs, plusieurs parmi les nouveaux technocrates qui avaient été engagés par suite de la croissance rapide du mouvement, affichèrent rapidement des positions idéologiques radicales et, avec l'aide d'un noyau important de militants occupant des postes stratégiques à l'intérieur de la centrale, ils «confectionnèrent» graduellement une image révolutionnaire de la CSN. La conjonction de ces deux éléments (le nouveau style de leadership du président et la présence de technocrates radicaux) contribua à associer la CSN à des luttes très souvent impopulaires qui discréditèrent grandement l'image de cette centrale aux yeux de l'opinion publique.

Des exemples de cette situation nous sont fournis par la grève des hôpitaux de 1966 et celle du transport en commun à Montréal pendant l'exposition universelle de 1967 où, malgré le discrédit populaire évident qui retombait sur la CSN, les dirigeants locaux concernés purent conduire leur stratégie à leur guise.

Par ailleurs, la radicalisation idéologique de cette centrale devint apparente (ou officielle) en 1971 lorsque le bureau confédéral adopta unanimement le manifeste *Il n'y a plus d'avenir pour le Québec dans le système économique actuel*, suivi quelques mois plus tard d'un autre document intitulé *Ne comptons que sur nos propres moyens*, deux textes qui présentaient une interprétation marxiste de l'impérialisme américain au Québec. Ces deux documents furent largement distribués (plus de 100 000 exemplaires) mais, à la suite d'une consultation plus ou moins réussie auprès des affiliés du mouvement, on décida de ne pas donner suite à l'idée initiale de les faire adopter par les délégués du congrès de 1972.

Malgré tout, la publicité considérable ayant entouré la publication de ces documents donna l'impression générale qu'ils représentaient l'idéologie officielle de la CSN.

Du côté des enseignants, on connut un cheminement à peu près analogue en ce sens que l'on transforma graduellement une organisation à caractère clérical et corporatif — la CIC — en une centrale tout aussi radicalement orientée sur le plan idéologique que la CSN. Cette transformation s'effectua par étapes, d'abord en abandonnant l'appellation «catholique» en 1967, puis en laissant tomber définitivement l'étiquette corpcratiste en 1974, lors de la création de la Centrale de l'enseignement du Québec.

De tels changements n'étaient pas le résultat du hasard. Au fur et à mesure que les négociations collectives se déroulaient, les enseignants analysaient le rapport de force qui les confrontait à leur employeur ultime, l'État, dans une perspective de luttes de classes. C'est pourquoi, à l'époque où la CSN publiait ses deux documents controversés, la CEQ produisait différents rapports et manifestes dont les contenus véhiculaient de semblables analyses : *l'École au service de la classe dominante* (1972), *École et luttes de classes au Québec* (1974), et le célèbre *Manuel du 1er mai : Pour une journée d'école au service de la classe ouvrière* (1975).

4.1.2 L'opposition du mouvement syndical au régime libéral, 1970-1976

Le retour au pouvoir du Parti libéral lors de l'élection d'avril 1970 devait être marqué par un sérieux durcissement dans les rapports entre les syndicats et le gouvernement québécois. Nous avons déjà vu le cheminement effectué par les centrales syndicales CSN et CEQ, et il faut ajouter que de son côté la FTQ, qui n'était pourtant pas réputée pour son radicalisme idéologique, commença elle aussi à hausser le ton dans ses discours officiels. Ses documents — *Un seul front* et *l'État rouage de notre exploitation* —, publiés au début de la décennie 1970 et adoptés lors des congrès généraux de cette organisation, contenaient une critique des systèmes économique et politique en place, laquelle rejoignait, partiellement du moins, celle de la CSN et de la CEQ.

Une série d'événements contribua au rapprochement des trois centrales et à l'identification d'un ennemi commun à combattre : le gouvernement en place. Signalons d'abord la crise d'octobre 1970, au cours de laquelle un ambassadeur du gouvernement britannique et un ministre du Parti libéral furent enlevés par des militants du Front de libération du Québec, et pendant laquelle le gouvernement fédéral décréta la *loi des Mesures de guerre*. Il y eut à cette occasion une coalition entre certains éléments «de gauche», dont les centrales syndicales et le Nouveau Parti démocratique, pour s'opposer à la sévérité de la réaction du gouvernement fédéral et critiquer la faiblesse du gouvernement québécois.

Un autre facteur important fut la longue grève des journalistes et des typographes du journal *la Presse* qui dura sept mois et qui donna lieu à des manifestations de solidarité syndicale spectaculaires, comme le grand ralliement populaire du 29 octobre 1971 qui réunit environ 12 000 personnes au Forum de Montréal. De nombreux syndicalistes, intellectuels et même chansonniers s'adressèrent alors à une foule survoltée pour dénoncer l'incurie du gouvernement concernant les problèmes sociaux.

Le point culminant de la coalition syndicale antigouvernement fut sans doute atteint lors des négociations collectives des secteurs public et parapublic de 1972, lorsque les trois centrales CSN, CEQ, FTQ se réunirent en «Front commun» pour forcer le gouvernement à négocier simultanément avec elles les enjeux majeurs des négociations. Une grève générale fut alors déclenchée, laquelle amena le gouvernement à forcer le retour au travail au moyen d'une loi spéciale adoptée au bout de onze jours de débrayages massifs dans les secteurs de la fonction publique, des sociétés d'État, des affaires sociales et de l'éducation. Des chefs syndicaux ayant incité les syndiqués à la désobéissance civile, dont les présidents des trois centrales, furent condamnés à des peines d'emprisonnement, ce qui déclencha de nouvelles grèves de solidarité à travers la province; mais cette fois, le mouvement de débrayage se résorba de lui-même assez rapidement [1].

Ainsi, pendant tout le mandat du gouvernement libéral du premier ministre Robert Bourassa, c'est-à-dire de 1970 à 1976, les trois principales centrales syndicales québécoises adoptèrent une attitude d'opposition systématique, non seulement lors des négociations des secteurs public et parapublic mais dans toutes les facettes de la politique gouvernementale que l'on considérait trop influencée par les intérêts impérialistes étrangers.

Cette apparente unité des organisations syndicales pendant la période concernée fut cependant entachée par deux événements qui allaient avoir des répercussions importantes dans les années subséquentes. D'abord, la CSN fut victime d'un schisme profond en 1972, alors qu'environ 30 000 syndiqués se rallièrent derrière certains membres de l'exécutif — messieurs Paul-Émile Dalpé, Amédée Daigle et Jacques Dion, mieux connus sous le nom des « 3 D » — pour quitter cette centrale et en former une autre, la Centrale des syndicats démocratiques (CSD).

Même si la CEQ et la FTQ donnèrent leur appui à la CSN pour boycotter la nouvelle centrale et susciter sa disparition, la CSD put néanmoins survivre en s'appuyant sur certaines fédérations comme celles du textile, du vêtement et de la métallurgie. D'autres groupes de syndiqués quittèrent également la CSN, notamment les fonctionnaires (plus de 30 000 membres), les travailleurs de la compagnie Alcan à Arvida et à Beauharnois (plus de 7 000 membres), ainsi que les chauffeurs d'autobus et les opérateurs de métro de la CTCUM (environ 6 000 membres). Cependant, contrairement à ce que l'on aurait pu s'attendre, ces trois groupes préférèrent demeurer indépendants plutôt que de joindre les rangs de la nouvelle CSD.

Une deuxième note discordante sur le plan des relations intersyndicales provint du secteur de la construction où faisaient rage des rivalités qui contrastaient singulièrement avec le « Front commun » du secteur public.

Malgré les pratiques criminelles qui eurent lieu à l'intérieur de certains locaux affiliés à la FTQ et qui furent mises à jour par la

---

(1) LAFLAMME, C. et ALLARD, R. *Les Débrayages massifs de mai 1972 au Québec.* Université Laval: Département des relations industrielles, juin 1975, 50 p.

célèbre Commission Cliche [2], et malgré le saccage de bâtiments et de machinerie à la Baie-James, effectué par des membres de syndicats affiliés à la FTQ, cette centrale réussit, au terme de nombreuses luttes intersyndicales, à s'imposer comme la plus représentative et, de ce fait, à être habilitée à négocier le décret du côté syndical. L'ampleur des rivalités entre la FTQ et la CSN dans ce secteur retarda même la mise sur pied du deuxième Front commun pour les négociations des secteurs public et parapublic en 1975.

La période 1970-1976 fut donc fertile en conflits de toutes sortes, comme en témoignent les statistiques sur les jours/personne perdus à cause des grèves. Un autre indicateur de ce climat social tendu est le fait que la campagne électorale de 1973 qui se termina par un balayage libéral (102 sièges sur 108) fut conduite « sur le dos » des syndicats, identifiés par le parti au pouvoir comme les principaux perturbateurs de la paix sociale. Toutes les centrales, sauf la CSD, avaient publiquement exhorté la population à rejeter le gouvernement libéral, sans pour autant se rallier à l'un ou l'autre parti d'opposition. Le résultat électoral fut cinglant pour les militants syndicaux, et ils réalisèrent qu'il leur faudrait se lancer dans une action politique plus active s'ils voulaient effectivement faire élire un gouvernement plus près de leurs aspirations.

4.1.3 Le gouvernement du Parti québécois et l'orientation idéologique des centrales syndicales

L'arrivée sur la scène politique provinciale d'un nouveau parti — le Parti québécois fondé en 1968 — devait permettre de canaliser le mécontentement populaire vis-à-vis des partis traditionnels et fournir l'occasion à plusieurs militants syndicaux de s'engager activement dans l'action politique. C'est ainsi que le Parti québécois put bénéficier de l'apport d'un grand nombre de bénévoles habitués à l'action auprès des groupes tels que les mouvements populaires et les milieux syndicaux. Ce parti, très nationaliste et très identifié à la social-démocratie des pays d'Europe du Nord, se donna plus ou moins consciemment pour mission de poursuivre le mouvement socio-politique amorcé pendant la Révolution tranquille et interrompu vers 1966. Il gagna rapidement la faveur populaire: en 1970, à sa

---

(2) *Commission d'enquête sur l'exercice de la liberté syndicale dans l'industrie de la construction.* Montréal: Éditeur officiel du Québec, 1975, 355 p.

première tentative électorale, il recueillit 23% des suffrages, et en 1973, lors du balayage libéral, il fit encore des progrès en augmentant sa part du vote populaire à 30%.

L'élection de 1976 devait concrétiser cette progression rapide et, moins de dix ans après sa fondation, le Parti québécois accéda au pouvoir, s'étant accaparé environ 41% des suffrages. Au-delà de son rôle de parti souverainiste, qui est d'ailleurs sa principale raison d'être, le Parti québécois ne s'est pas caché pour affirmer son «préjugé favorable aux travailleurs» sans pour autant être un véritable parti travailliste, comme c'est le cas du Labor Party en Angleterre ou même du NPD au Canada. Cet aspect du programme politique du PQ, en plus de s'expliquer par les traditionnelles raisons électoralistes, correspond à la réalité sociologique de ce parti qui, nous l'avons déjà dit, s'appuie largement sur les mouvements populaires et les militants syndicaux de toutes les centrales.

L'exercice du pouvoir par le PQ depuis 1976 a permis de vérifier l'ampleur de ce «préjugé favorable aux travailleurs», et a amené les diverses organisations syndicales à préciser leur véritable orientation idéologique.

4.1.3.1 Le préjugé favorable

Dans l'opposition, le Parti québécois avait maintes fois critiqué le gouvernement libéral, tant dans son comportement comme État-employeur vis-à-vis des syndicats du secteur public que dans sa gestion générale des relations du travail comme État-législateur, notamment parce qu'il refusait d'adopter des mesures dont le besoin se faisait pressant, telles que la révision du *Code du travail*, la réforme du Régime d'indemnisation des accidents du travail et la nécessaire adoption d'une *loi sur la Santé et la sécurité au travail*, le remplacement de la désuète *loi du Salaire minimum*, sans compter d'autres réformes tout aussi nécessaires, comme l'assurance-automobile, la langue d'enseignement, etc.

C'est pourquoi pendant son premier mandat de 1976–1981 le PQ a légiféré sur tous ces sujets. Il est difficile de porter un jugement clair et définitif pour déterminer jusqu'à quel point le contenu de ces lois reflète un véritable préjugé favorable du gouvernement envers les travailleurs, puisque plusieurs organisations syndicales en ont fait une critique acerbe, tout en dénonçant le caractère insuffisant des mesures adoptées. D'autre part, certaines autres organisations syndicales ont qualifié ces lois de véritables «pas en avant» et, ce qui est peut-être plus significatif, les milieux patronaux les ont ouvertement critiquées comme allant beaucoup trop loin et imposant un fardeau économique indu à l'entreprise. En définitive, le bilan n'est sans doute pas trop mauvais pour le gouvernement, et il serait sans doute faux d'affirmer que le gouvernement du Parti québécois a trahi les travailleurs en adoptant toutes ces mesures.

D'un autre côté, le comportement du gouvernement comme État-employeur n'a pas été si différent de celui de ses prédécesseurs, en ce sens qu'il n'a pas hésité, lui non plus, à adopter des mesures législatives exceptionnelles pour mettre un terme à des conflits dans le secteur public. (On en trouvera la liste au chapitre suivant.) De ce point de vue, il s'est donc attiré des reproches sévères en provenance du mouvement syndical, mais encore là il faut nuancer en fonction de chacune des centrales.

C'est sans doute à travers le type de rapports entretenus par chaque centrale avec le gouvernement et dans la nature des critiques adressées à ce dernier qu'on peut le mieux comprendre l'orientation idéologique nouvelle des diverses organisations syndicales québécoises.

4.1.3.2   Orientation idéologique des centrales syndicales

a) *La FTQ*

Les dirigeants de la FTQ, non sans avoir consulté les diverses instances de cette centrale et fait entériner la décision par les délégués lors de congrès spéciaux, optèrent pour un appui direct en faveur du Parti québécois à l'occasion des deux dernières élections (1976–1981). Les résultats électoraux donnèrent évidemment beaucoup de satisfaction à cette centrale, et c'est ainsi qu'on vit le ton des critiques à l'endroit du gouvernement du Québec changer diamétralement par rapport à ce qu'il était avant 1976. De son côté, le gouvernement trouva auprès de la FTQ les appuis nécessaires lorsqu'il présenta les projets de loi concernant les réformes déjà mentionnées.

Par conséquent, même si cette centrale avait, pendant un certain temps, épousé partiellement le langage idéologique de la CSN et de la CEQ, l'élection du gouvernement du Parti québécois démontra hors de tout doute que la FTQ était loin d'avoir des visées radicales sur le plan socio-politique. Le discours politique actuel de la FTQ se situe dans la même perspective que la social-démocratie vers laquelle tend le PQ, même si formellement aucun lien d'affiliation ne réunit ces deux organisations.

b) *La CSN et la CEQ*

Même s'il peut ne pas être tout à fait exact d'associer ces deux centrales sur le plan idéologique, il n'en demeure pas moins qu'elles possèdent suffisamment d'affinités pour que l'on en présente une analyse commune.

Ainsi, ni l'une ni l'autre n'a encouragé officiellement ses membres à appuyer le PQ lors des dernières élections, même si plusieurs militants tant à la CSN qu'à la CEQ travaillent activement dans ce parti politique. Les dirigeants de ces deux organisations syndicales ont maintenu à peu près le même langage critique à l'endroit du gouvernement actuel, quoique à la CEQ on semble plus discret depuis le changement survenu à la présidence de l'organisation en 1978. Aux yeux de ces deux centrales, le gouvernement du Parti québécois continue d'être le «gérant des multinationales» comme son prédécesseur, et il n'y a pas lieu, au moins dans les discours officiels, de modifier quoi que ce soit à l'orthodoxie idéologique.

Par ailleurs, s'il est plutôt facile de comprendre la sorte de régime économique dont la CSN et la CEQ ne désirent pas (le capitalisme), il est cependant beaucoup plus ardu de connaître le type de société souhaitée. Dans les deux cas, on fait souvent allusion à un certain «socialisme démocratique» mais, puisque l'on se refuse encore à participer activement à la création d'un parti politique, la formulation concrète de ce socialisme reste à définir. Il y a donc du côté de ces deux centrales un vacuum important entre le discours et l'action, car les organisations syndicales affiliées continuent de mettre en pratique (et avec beaucoup d'efficacité dans le secteur public où est recrutée la majorité de leurs membres) les principes du syndicalisme d'affaires nord-américain.

c) La CSD

Puisqu'elle tient son existence d'une opposition systématique au radicalisme idéologique de la CSN, il est donc plus facile de définir ce que n'est pas l'idéologie de la CSD que ce qu'elle est.

Ce refus de la condamnation irrémédiable du système capitaliste ne doit cependant pas nous amener à considérer les affiliés de la CSD comme des syndicats de boutique. Si la CSD ne cherche pas à détruire le système capitaliste dans lequel elle vit, elle désire quand même y apporter de profondes modifications en cherchant la promotion collective des travailleurs, tout en demeurant totalement indépendante des partis politiques.

Depuis quelques années et particulièrement depuis son dernier congrès de décembre 1981, la CSD cherche à passer à des formes novatrices de syndicalisme, qui ne nient pas les fonctions revendicatives mais qui y ajoutent des éléments visant à améliorer qualitativement la condition des travailleurs [3]. Sa démarche tend vers l'instauration d'une plus grande démocratie sur les lieux de travail. C'est ainsi que le programme mis de l'avant par la centrale porte, entre autres, sur «*les changements dans le fonctionnement des entreprises par l'approche socio-technique, l'enrichissement des tâches par les nouvelles formes d'organisation du travail, l'amélioration des postes de travail par l'ergonomie, etc.* [4]».

Il est trop tôt pour évaluer les chances de succès ainsi que les conséquences de ce nouveau type d'action syndicale, mais le moins qu'on puisse dire c'est que cette approche tient compte de bien des facteurs qui ont été avancés (aux États-Unis surtout) pour expliquer le plafonnement et le recul même des effectifs syndicaux. Il est vrai que, tout comme le syndicalisme américain dans son ensemble, les effectifs de la CSD se trouvent dans des secteurs où les organisations syndicales éprouvent énormément de difficultés à se maintenir. La réaction de la CSD est peut-être commandée par la stricte nécessité de survie, qui sait? Peut-être l'avenir nous révélera-t-il que la CSD aura fait preuve d'une grande clairvoyance en agissant ainsi...

---

(3)   *Document de travail ANSER*. Cinquième congrès de la CSD, 1981, 73 p.

(4)   *Ibid.*, p. 67.

4.2 LES STRUCTURES SYNDICALES

Avant d'aborder l'examen des structures de chacune des centrales syndicales œuvrant au Québec, il importe de bien saisir que le processus de formation et de développement des organisations syndicales québécoises a suivi un cheminement analogue à celui survenu antérieurement dans d'autres pays capitalistes industrialisés, tels la Grande-Bretagne ou les États-Unis. C'est pourquoi nous allons d'abord présenter les éléments universels du processus historique de formation des structures syndicales, ce qui devrait nous aider à comprendre davantage la situation québécoise.

4.2.1 Les grandes étapes de l'évolution des organisations syndicales dans les pays capitalistes industrialisés

4.2.1.1 Organisations locales de travailleurs spécialisés

La première caractéristique du développement des organisations syndicales est qu'elles naissent chez des travailleurs spécialisés dont l'activité professionnelle s'exerce au niveau local, généralement dans une petite agglomération urbaine.

Alors qu'en Grande-Bretagne on assistait à la formation de telles organisations (ordinairement appelées «sociétés mutuelles» ou «clubs») à la fin du XVIIIᵉ siècle, ce n'est que vers le premier quart du XIXᵉ qu'on en trouvait de semblables au Canada et aux États-Unis. Même si ces organisations étaient faibles et sujettes aux aléas de la conjoncture économique ainsi qu'aux représailles juridiques des employeurs — puisqu'en vertu du système de libéralisme économique qui prévalait à cette époque elles étaient illégales —, elles possédaient les principales caractéristiques des syndicats modernes : les membres payaient des cotisations qui alimentaient un fonds de secours pouvant servir à ceux qui étaient dans le besoin pour des raisons de grève, de chômage, de maladie ou de vieillesse ; des délégués ou représentants étaient élus pour s'occuper des affaires de l'organisation ; enfin, on consignait les procès-verbaux des réunions dans des registres officiels.

La fonction de ces premiers syndicats locaux était essentiellement défensive au début. La principale préoccupation des membres était généralement de s'opposer aux baisses de salaires que les employeurs voulaient leur faire subir à l'occasion, par suite des baisses survenues dans les prix des produits. Par la suite, dans des périodes de conjoncture économique plus favorable, les membres purent parfois forcer les employeurs à leur payer des salaires plus élevés, en les menaçant de ne pas travailler aux anciens taux.

On aura tout de suite compris que la force de ces premiers syndiqués reposait sur leur spécialisation professionnelle, car une telle main-d'œuvre étant plutôt rare sur le marché du travail, il n'était pas possible aux employeurs de remplacer ces salariés par d'autres travailleurs en quête d'emploi.

Cette force relative des membres des premières organisations syndicales vis-à-vis des employeurs explique aussi pourquoi de telles organisations purent se développer en dépit de leur illégalité. En effet, la plupart du temps les employeurs préféraient tolérer l'existence d'associations illégales, plutôt que de risquer de se priver d'une main-d'œuvre dont ils avaient absolument besoin pour exercer leur commerce et réaliser des profits.

Il faut cependant souligner que, en règle générale, les premières organisations locales avaient rarement le gros bout du bâton vis-à-vis de leurs employeurs. De plus, dès que la conjoncture économique cessait d'être favorable, c'est-à-dire dès que les prix baissaient et que le chômage augmentait chez les travailleurs spécialisés, les employeurs n'hésitaient pas à réduire les salaires et à saper l'organisation syndicale, en remplaçant les « têtes fortes » par de nouveaux salariés plus dociles, sans compter les poursuites juridiques qui pouvaient être prises contre l'organisation. C'est pourquoi une caractéristique universelle de ces premières organisations était leur précarité : elles disparaissaient souvent plus rapidement qu'elles n'étaient apparues.

Avant d'aborder la deuxième étape importante du développement des organisations syndicales, on doit mentionner les tentatives, survenues à l'époque où se développaient les premiers syndicats locaux, de mise sur pied des organismes interprofessionnels, à l'échelle des agglomérations urbaines. Ces organismes, communément appelés « conseils centraux » ou « conseils du travail », regroupaient des militants syndicaux déjà impliqués dans leur organisation locale de métiers et dans certaines activités politiques, et avaient pour fonction de mettre de l'avant des revendications communes à tous les syndicats et parfois à toute la classe ouvrière. La plus importante et la plus universelle de toutes ces revendications fut sans contredit la réduction de la journée de travail. Cependant, étant donné la fragilité des organisations locales qui leur donnaient naissance, ces conseils du travail avaient une existence plutôt sporadique, du moins dans cette première étape du développement du mouvement syndical.

4.2.1.2 Organisations nationales (ou internationales) de métiers

Une deuxième étape importante dans l'évolution des organisations syndicales est franchie lorsque l'ensemble des syndicats locaux d'un même métier (ou d'une même industrie) se rassemblent organiquement à l'intérieur d'une organisation unique couvrant un territoire donné. Lorsque ce territoire correspond aux frontières d'un pays, on parle de syndicat national; par contre, si le territoire visé englobe plus d'un pays (comme le Canada et les États-Unis par exemple), on peut parler de syndicat international.

Pour qu'un tel développement survienne, il faut que les syndicats locaux soient suffisamment nombreux et puissants pour pouvoir mettre de côté une partie de leurs ressources financières et humaines, qui contribueront à donner naissance à l'organisation nationale ou internationale. Mais il faut également que les conditions propres au développement du système capitaliste lui-même aient atteint un stade où les transactions économiques débordent le cadre d'une ville ou d'une région pour s'étendre à l'ensemble d'un ou de plusieurs pays. L'économiste américain Lloyd Ullman a très bien démontré cette corrélation entre l'élargissement des marchés et la constitution d'organisations syndicales à l'échelle nationale aux États-Unis, au milieu du XIXe siècle [5].

L'objectif visé par cette consolidation de l'ensemble des syndicats locaux dans une structure unifiée est d'accroître la force économique relative de chacun de ces syndicats, en faisant sentir à chaque employeur individuel le pouvoir global de tous les affiliés. C'est pourquoi, à l'intérieur d'une telle structure, la plus grosse part de la cotisation syndicale va à l'organisation nationale qui fournit des services (dont le très important fonds de grève) aux syndicats locaux affiliés.

---

[5]   ULLMAN, L. *The Rise of the National Trade Union*. Cambridge : Harvard University Press, 1955.

Historiquement, dans tous les pays capitalistes industrialisés, ce furent les travailleurs spécialisés qui se dotèrent les premiers de telles organisations nationales, quoique les mineurs, à cause de l'importance de ce produit dans l'économie des pays industrialisés, emboîtèrent le pas assez rapidement eux aussi. Les travailleurs semi-qualifiés ou non qualifiés s'organisèrent beaucoup plus tard et en empruntant un mode de regroupement différent, soit celui de l'industrie plutôt que celui du métier.

4.2.1.3 Conseils de métiers ou du travail à l'échelle des villes

C'est généralement lorsque la précédente étape est franchie que les conseils du travail, dont nous avons déjà brièvement parlé, peuvent être mis sur pied de façon définitive. Ces organismes interprofessionnels ont la possibilité de coordonner les revendications et les luttes communes à plusieurs syndicats à l'intérieur d'une ville ou d'une région géographique donnée, comme ce fut le cas pour la réduction de la journée de travail. Ils peuvent également assumer des fonctions de représentations politiques, tel le fait de mettre de l'avant différentes réformes sociales susceptibles d'améliorer le sort de la classe ouvrière.

La création de telles organisations indique généralement que le mouvement syndical d'un pays donné a atteint suffisamment de maturité et de reconnaissance par les pouvoirs publics pour que son existence ne soit plus remise en question.

4.2.1.4 La centrale syndicale

Les structures syndicales atteignent enfin leur épanouissement définitif lorsque l'ensemble des syndicats nationaux (ou internationaux) ainsi que les conseils du travail décident de créer une centrale nationale à laquelle tous les éléments syndicaux seront affiliés. C'est ainsi que l'on trouve dans tous les pays au moins une centrale syndicale dont la fonction est principalement de représenter les intérêts de ses affiliés vis-à-vis du gouvernement national.

Il peut cependant exister, dans un même pays, plus d'une centrale syndicale. Cela se produit lorsque les organisations affiliées n'épousent pas la même idéologie, ne préconisent pas les mêmes pratiques syndicales, ou tout simplement lorsqu'elles regroupent des travailleurs possédant des caractéristiques occupationnelles différentes. Ceci est notamment le cas en France et au Québec.

4.2.2 Principes essentiels de fonctionnement des syndicats

La présentation précédente expliquait la création de différentes structures à partir du développement historique des organisations syndicales. La conclusion que l'on peut en tirer est que le processus de formation des structures syndicales a suivi une dynamique allant du niveau local jusqu'à celui de la centrale (et non l'inverse), en passant par la création de diverses structures intermédiaires.

On peut également comprendre la raison d'être et le rôle des divers éléments des structures syndicales en se rapportant cette fois à la double nature (ou fonction) de l'institution syndicale, à savoir qu'un syndicat est d'abord et avant tout un instrument de défense et de promotion des intérêts économico-professionnels de ses membres, et également un agent de transformation sociale.

La première de ces fonctions peut être accomplie par n'importe quel groupe occupationnel d'une façon isolée, s'il est le moindrement important sur le plan numérique ou s'il réussit à regrouper une partie significative des travailleurs exerçant la même activité professionnelle. Si ces conditions se réalisent, le groupe peut acquérir suffisamment de pouvoir vis-à-vis des employeurs concernés pour que la défense des intérêts des salariés soit adéquatement assurée.

Les syndicats qui limitent leur rôle à cette seule dimension ne voient généralement pas la nécessité de se regrouper organiquement avec d'autres organisations poursuivant les mêmes buts. On les appelle communément des syndicats «indépendants» qui, malgré la connotation péjorative que cette appellation comporte, peuvent quand même être très efficaces du point de vue de la négociation collective lorsque les conditions mentionnées précédemment sont remplies. On peut pratiquement assimiler l'action de ces syndicats à celle des corporations professionnelles, du moins quant aux objectifs de défense des intérêts de leurs membres.

La deuxième fonction remplie par l'institution syndicale est celle d'«agent de transformation sociale». Au-delà de la simple défense des intérêts professionnels, la plupart des syndicats véhiculent un projet de société plus juste, plus démocratique, voire plus égalitaire. Ceci les amène, en tant que groupes de pression, à formuler des revendications d'ordre social ou communautaire sur des sujets fort diversifiés, qui n'ont souvent rien à voir avec la négociation collective, tels que le logement, le transport en commun, la santé, etc. Tous ces sujets dépassent la stricte préoccupation professionnelle de chacune des fédérations ou syndicats, et intéressent l'ensemble des syndiqués et des non-syndiqués.

C'est pourquoi, pour assumer cette deuxième fonction, les syndicats doivent se doter de structures de représentation particulières qui complètent celles ayant pour objet la défense des intérêts professionnels. Ces structures doivent alors permettre des regroupements interprofessionnels à tous les niveaux dans un territoire national donné, à partir de la ville, de la région, de la province et du pays.

Contrairement à la fonction première du syndicalisme qui peut être assumée par tout groupement professionnel suffisamment organisé, cette deuxième dimension implique que les syndiqués élèvent leurs préoccupations au-dessus des seules conditions liées à leur propre travail, pour s'associer avec d'autres syndiqués dans la poursuite d'objectifs dont pourra bénéficier l'ensemble de la classe ouvrière. C'est pourquoi cette deuxième dimension de l'action syndicale peut difficilement être assumée par les syndicats ou fédérations professionnelles indépendantes. Même lorsque ces organisations font de la représentation politique auprès des gouvernements, c'est généralement dans le but de faire adopter des mesures dont pourront bénéficier leurs membres. Une telle représentation politique est donc essentiellement conçue comme un complément à la négociation collective.

Ces quelques pages d'introduction nous auront fait comprendre que les structures syndicales existent pour répondre à des besoins bien précis : il existe des structures pour assurer le maintien et l'amélioration des conditions de travail, et d'autres pour s'occuper de la représentation politique auprès des différents niveaux de gouvernement ainsi que pour coordonner l'ensemble des activités communes à plusieurs syndicats.

Le premier type de structure concerne principalement les relations entre les unités locales et le syndicat (ou la fédération professionnelle), et peut exister chez n'importe quel groupe de travailleurs possédant des affinités professionnelles et constituant un groupe suffisamment important pour faire sentir sa force auprès des employeurs. Il s'applique donc aussi bien aux syndicats affiliés à une centrale syndicale qu'aux syndicats (ou fédérations professionnelles) indépendants. Quant au second type, il existe exclusivement dans les syndicats affiliés à une centrale, dont nous allons maintenant parler plus en détail.

4.2.3 Le congrès du travail du Canada et ses affiliés

4.2.3.1 Les syndicats nationaux ou internationaux et leurs unités locales

Ces organisations syndicales, que l'on appelle parfois *unions*, *associations* ou *fraternités*, sont des regroupements d'unités locales dont les membres exercent le même métier ou la même occupation, ou encore travaillent dans la même industrie. Leur fonction principale est d'aider leurs membres à conclure des conventions collectives avec leurs employeurs respectifs. Pour ce faire, elles fournissent les services de professionnels aguerris à la négociation collective et essaient de faire peser tout le poids du syndicat dans leur rapport de force avec chacun des employeurs, par la constitution d'un fonds de grève alimenté par toutes les unités locales.

Les plus importants de ces syndicats nationaux et internationaux ont affilié leurs unités locales au Congrès du travail du Canada, principale centrale syndicale au pays. (Voir les tableaux 4.2 et 4.3.) Cependant, dans le cas des syndicats internationaux, les unités locales sont regroupées dans des «districts» canadiens. Ces districts agissent comme intermédiaires entre les unités locales et le CTC. Leur degré d'autonomie par rapport au siège social américain varie par contre considérablement d'un syndicat à l'autre : les syndicats de métiers de la construction laissent peu d'autonomie à leurs districts canadiens, tandis que les syndicats industriels, comme les métallos et les Travailleurs unis de l'automobile, laissent les affiliés canadiens très autonomes dans leur fonctionnement.

Les syndicats nationaux et internationaux ont une entière autonomie dans leur organisation, leurs régies interne et externe et leurs politiques tant vis-à-vis du CTC que de l'AFL-CIO. Ils peuvent exercer une représentation auprès des différents niveaux de gouvernement sans passer par le CTC ou ses organismes intermédiaires. Ils

TABLEAU 4.2 : Répartition des effectifs syndicaux d'après l'affiliation aux centrales syndicales, 1981

Centrales syndicales	Effectifs	
	Chiffres	Pourcentage (%)
CTC	2 369 351	68,0
AFL-CIO/CTC	1 286 775	37,0
CTC seulement	1 082 576	31,0
CSN	210 430	6,0
CSD	44 263	1,2
CSC	29 776	0,9
AFL-CIO seulement	2 958 (a)	0,1
Syndicats internationaux non affiliés (b)	101 805	2,9
Syndicats nationaux non affiliés	641 430	18,4
Organisations locales indépendantes	87 018	2,5
TOTAL	3 487 231	100,0

(a) Ces chiffres sont antérieurs à la création du nouvel organisme représentant les syndicats de la construction qui se sont désaffiliés du CTC.
(b) Incluant les 92 000 membres du syndicat des « teamsters ».

Source : Travail-Canada. *Répertoire des organisations de travailleurs au Canada, 1981.* Ottawa : ministère des Approvisionnements et Services, 1981, p. 18.

ne sont limités que par leur juridiction professionnelle qu'ils n'ont pas (en principe) le droit d'accroître au détriment de celle des autres syndicats. Enfin, ils peuvent être l'objet de sanctions de la part de l'AFL-CIO ou du CTC dans les seuls cas de maraudage ou de violation du code d'éthique syndical ; ces sanctions sont d'abord la suspension, ensuite l'expulsion [6]. C'est ainsi que l'un des plus gros syndicats internationaux, celui des chauffeurs de camions (mieux connu sous le nom de « Teamsters »), est devenu indépendant à la suite de son expulsion de l'AFL-CIO en 1957.

Les unités locales de ces syndicats ne forment pas des entités juridiques distinctes (comme à la CSN). Elles sont simplement des sections du syndicat auxquelles elles sont rattachées. Elles possèdent

---

(6) DION, G. et BOIVIN, J. Textes choisis à l'usage exclusif des étudiants du cours *Introduction aux relations industrielles*. Université Laval : Département des relations industrielles, août 1979, p. 97.

TABLEAU 4.3: **Répartition des effectifs syndicaux d'après le genre de syndicat et l'affiliation, 1981**

Genre et affiliation	Nombre de syndicats	Effectifs Chiffres	Pourcentage (%)
Syndicats internationaux	77	1 557 792	44,7
AFL-CIO-CTC	61	1 286 775	36,9
CTC seulement	5	166 254	4,8
AFL-CIO seulement	6 (a)	2 958	0,1
Syndicats non affiliés	5 (b)	101 805	2,9
Syndicats nationaux	139	1 812 983	52,0
CTC	23	905 322	26,0
CSN	10 (c)	209 900	6,0
CSD	3 (d)	26 555	0,8
CSC (e)	16	29 776	0,8
Syndicats non affiliés	87 (f)	641 430	18,4

Syndicats locaux à charte directe			
CTC	$\frac{278}{94}$	$\frac{29\,438}{11\,000}$	$\frac{0,8}{0,3}$
CSN	3	530	—
CSD	181	17 908	0,5
Organisations locales indépendantes	213	87 018	2,5

(a) Ces chiffres sont antérieurs à la création du nouvel organisme représentant les syndicats de la construction qui se sont désaffiliés du CTC.

(b) Incluant les 92 000 membres du syndicat des «teamsters».

(c) Il s'agit des 10 fédérations professionnelles de la CSN.

(d) Il s'agit des 3 fédérations professionnelles de la CSD.

(e) Confédération des syndicats canadiens.

(f) Incluant la CEQ, le Syndicat des fonctionnaires provinciaux du Québec, la Fédération des syndicats professionnels d'infirmiers et d'infirmières du Québec, et autres organisations syndicales du même genre à travers le Canada. La CEQ n'est pas considérée comme une centrale syndicale mais plutôt comme une fédération professionnelle (ou syndicat national), du point de vue de cette publication.

Source : Travail-Canada. *Répertoire des organisations de travailleurs au Canada, 1981.* Ottawa : ministère des Approvisionnements et Services, 1981, p. 19.

d'ailleurs des statuts uniformes établis par la constitution du syndicat dont elles ne peuvent se désaffilier.

Les unités locales perçoivent les cotisations au nom du syndicat, lequel leur remet un pourcentage pour leur administration. Elles ont généralement la responsabilité de verser la capitation au CTC ainsi qu'à ses organismes intermédiaires — les fédérations provinciales et les conseils régionaux —, dont nous parlerons plus loin.

Il faut remarquer que la décision de s'affilier aux fédérations provinciales du CTC de même qu'aux conseils régionaux est prise par chaque syndicat national ou international, et non pas par leurs unités locales.

4.2.3.2 Les organismes de représentation politique

a) *Le CTC, les fédérations provinciales et les conseils du travail*

Alors que la principale tâche des syndicats nationaux et internationaux est de veiller à la défense des intérêts professionnels de leurs membres, le rôle principal d'une centrale syndicale comme le CTC est d'assurer la représentation de ses affiliés auprès du gouvernement fédéral. Comme il agit, à l'occasion, en tant qu'arbitre concernant les conflits de juridiction entre ses affiliés, il peut leur imposer des sanctions telles la suspension et même l'expulsion s'ils ne respectent pas ses décisions. Les mêmes sanctions peuvent également être appliquées aux syndicats qui violent le code d'éthique syndical. À part ces situations plutôt exceptionnelles, le CTC ne possède aucun pouvoir constitutionnel sur les sections locales ni sur les syndicats affiliés.

Malgré ce peu de pouvoir réel auprès de ses affiliés, le CTC manifeste tout de même une présence effective considérable à travers le pays par le biais d'une structure de représentation sur laquelle il possède une autorité exclusive. D'abord, le CTC a créé dans chaque province une fédération dont le rôle est de représenter les affiliés travaillant sur ce territoire auprès du gouvernement concerné. Ces fédérations, dont la Fédération des travailleurs du Québec, possèdent leurs propres statuts qui ne peuvent cependant pas aller à l'encontre de ceux du CTC. Elles possèdent comme affiliées sur une base volontaire les unités locales des syndicats nationaux ou internationaux se trouvant dans cette province, et sur une base obligatoire, les unités locales directement affiliées au CTC sans passer par un syndicat. (Cette situation se produit de façon exceptionnelle lorsque des travailleurs d'un métier ou d'une industrie pour lesquels aucun syndicat national ou international n'exerce de juridiction, se forment en organe. Comme on le voit d'après le tableau 4.2, il existait en 1981 94 unités locales constituées en charte directement par le CTC, qui regroupaient 11 000 travailleurs ou 0,3% de tous les syndiqués canadiens.)

D'autre part, dans toutes les villes et régions où le CTC possède des affiliés, il a mis sur pied des structures de représentation locale ou régionale que l'on appelle «conseils du travail». Ces conseils représentent les affiliés concernés auprès des instances politiques et communautaires. Ils peuvent coordonner les luttes de plusieurs unités locales dans des occasions particulières. Ils aident également les affiliés du CTC à soutenir la concurrence d'organisations syndicales affiliées à d'autres centrales. Enfin, ils contribuent généralement au fonctionnement des programmes d'éducation syndicale.

L'affiliation à ces conseils du travail locaux ou régionaux se fait en vertu du même principe qui détermine l'affiliation aux fédérations provinciales, c'est-à-dire que les unités locales de syndicats internationaux et nationaux sont libres d'y adhérer, alors que celles directement affiliées au CTC sont, pour leur part, tenues de s'affilier.

b) *Le cas particulier de la Fédération des travailleurs du Québec*

Les dirigeants de la FTQ ont soutenu depuis le milieu des années 1960 que leur organisation, bien que structurellement équivalente aux autres fédérations provinciales, devait jouer un rôle beaucoup plus considérable en raison des différences culturelles (langue) et syndicales (présence de centrales rivales), rôle que le CTC était lui-même incapable d'assumer de façon compétente. Selon ce raisonnement, le renforcement du CTC au Québec devait passer par un renforcement des pouvoirs de la FTQ. C'est pourquoi, après de nombreuses tractations auprès des dirigeants du CTC et beaucoup de manœuvres de couloir auprès de ceux des autres fédérations provinciales, les dirigeants de la FTQ obtinrent finalement, au Congrès annuel de 1974, les trois concessions suivantes :

« *1. Que le CTC délègue à la FTQ la juridiction sur l'éducation et les argents [sic] associés au fonctionnement du service d'éducation du CTC — Québec;*

2. que le CTC négocie avec la FTQ une formule de péréquation des argents [sic] versés au CTC par les travailleurs québécois et pour lesquels ils ne reçoivent pas de services, suite aux particularités culturelles, linguistiques, syndicales, politiques du Québec;

3. que le CTC délègue à la FTQ la juridiction sur les conseils du travail, ce qui implique juridiction sur le personnel du CTC donnant le service aux conseils avec retour des sommes d'argent équivalentes. »[7]

Bien qu'il ait fallu plusieurs années pour mettre ces recommandations en pratique, on constate que leur réalisation effective a permis à la FTQ de renforcer sa présence au Québec en créant de nouveaux conseils du travail et en ajoutant du personnel aux conseils existants. Par ailleurs, la retombée qui fut sans doute la plus bénéfique pour la FTQ se trouve du côté de l'amélioration (quantitative et qualitative) des programmes d'éducation offerts aux affiliés de la FTQ et du CTC.

Étant donné le rôle très actif que doit jouer la FTQ, cela explique l'image de centrale syndicale (au même titre que la CSN) que ses dirigeants tentent de projeter dans l'opinion publique. Pour le profane, il ne fait aucun doute que cette opération a grandement réussi.

4.2.3.3 Structure organisationnelle du Congrès du travail du Canada

Maintenant que nous connaissons les principales composantes de la structure organisationnelle du CTC, nous pouvons présenter son organigramme. La figure 4.1 permet de situer chacun des éléments de la structure du CTC que nous avons présentés précédemment à partir de la double nature de l'institution syndicale, à savoir : agent de défense des intérêts économico-professionnels (négociation collective) et agent de transformation sociale (représentation politique,

---

(7) *Appel aux syndiqués de tout le Canada.* Document préparé par la Fédération des travailleurs du Québec et soumis aux délégués du congrès biennal du Congrès du travail du Canada, Vancouver, mai 1974, p. 15.

FIGURE 4.1 : Structure organisationnelle du CTC

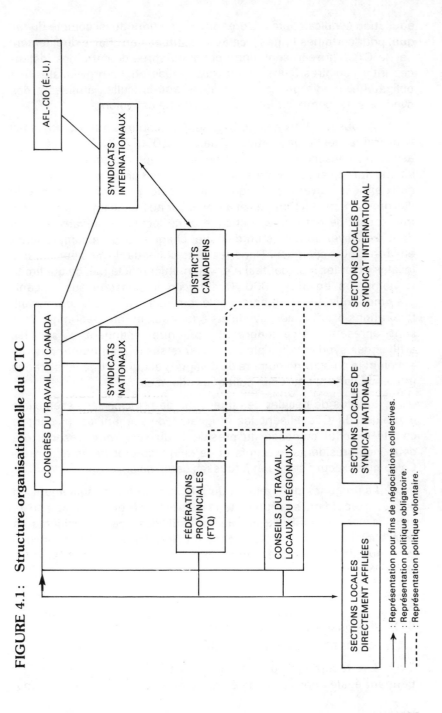

→ : Représentation pour fins de négociations collectives.
— : Représentation politique obligatoire.
----- : Représentation politique volontaire.

éducation syndicale, etc.). L'organigramme tient aussi compte du fait que, pour certaines unités locales (constituées en charte directement par le CTC), la représentation politique auprès de certaines instances intermédiaires (conseils du travail, fédérations provinciales) est obligatoire, tandis que pour certaines autres (celles affiliées à des syndicats nationaux ou internationaux) elle est volontaire.

À tous les deux ans, le CTC tient un congrès qui est l'instance souveraine de l'organisation. Quelque 2 000 à 2 300 délégués y assistent, consacrant la plupart de leur temps à discuter les propositions qui doivent déterminer la politique que suivra le CTC durant les deux années suivantes. Chaque unité locale a le droit de soumettre des propositions au Congrès et d'y envoyer au moins un délégué. Il est intéressant de noter que si chaque unité locale se prévalait de son droit d'envoyer au moins un délégué, chaque congrès comprendrait environ 8 500 délégués. Dans les faits cependant, plusieurs unités locales (dont les plus petites) n'envoient aucun délégué, ce qui limite le nombre à environ 2 000. Comme on le constate sur l'organigramme, tous les éléments de la structure (conseils du travail, fédérations provinciales, syndicats nationaux et internationaux, etc.) sont représentés à ce congrès. En pratique cependant, ce sont les affiliés des syndicats les plus importants sur le plan numérique qui envoient le plus grand nombre de délégués et qui ont une plus grande influence dans le choix des politiques adoptées.

En plus de décider des questions de principe les assemblées biennales du CTC élisent les dirigeants de l'organisation, dont le comité exécutif composé du président, du secrétaire-trésorier, de deux vice-présidents exécutifs et de cinq vice-présidents généraux. Ce comité exécutif se réunit à tous les deux mois.

Les organes de direction du CTC comprennent également un conseil exécutif qui se réunit à tous les trois mois et qui est composé, en plus des membres du comité exécutif, des douze présidents de fédérations provinciales (Territoires du Nord-Ouest et Yukon inclus) ainsi que de dix vice-présidents hors cadres représentant les principaux affiliés du CTC.

4.2.3.4 Structure organisationnelle de la Fédération des travailleurs du Québec

Les fédérations provinciales des travailleurs comme la FTQ tiennent également des congrès statutaires qui sont l'instance souveraine de l'organisation. Celui de la FTQ est biennal et il survient habituellement en décembre des années impaires (alors que celui du CTC a lieu en mai des années paires). Des congrès extraordinaires sont également convoqués dans des situations d'urgence. Un tel congrès spécial eut lieu notamment lorsqu'il fut décidé d'accorder un appui électoral au Parti québécois en 1976 et en 1981.

Ces congrès procèdent sensiblement de la même façon que ceux du CTC, sauf qu'on y trouve environ 1 000 délégués. En plus d'élire les dirigeants (un président, un secrétaire général et sept vice-présidents) et d'expédier les travaux habituels, les Congrès des fédérations se préoccupent des diverses questions intéressant les travailleurs qui relèvent de l'autorité provinciale.

Comme on peut le constater à la figure 4.2, la représentation au congrès provient des unités locales et des conseils du travail. Chaque section locale a droit à un délégué, quel que soit le nombre de ses membres jusqu'à concurrence de trois cents (300), puis à un délégué additionnel pour chaque tranche supplémentaire de deux cents (200) membres ou d'une fraction simple de ce nombre [8]. Chaque conseil du travail (local ou régional) a droit à trois délégués quel que soit le nombre de ses membres, et à un délégué additionnel pour chaque tranche de 20 000 membres ou d'une fraction majoritaire de ce nombre. Les délégués doivent être membres d'une section locale affiliée à la FTQ [9].

Outre le Bureau exécutif composé des sept dirigeants élus par le congrès et se réunissant à tous les mois, il existe un autre organe de direction intermédiaire entre les congrès: le Conseil général.

Cet organisme, qui se réunit à intervalles réguliers au moins trois (3) fois par année, a la responsabilité de donner suite aux orientations prises en congrès, d'orienter la Fédération entre les congrès, de statuer sur les recommandations de son Bureau et de réviser l'expédition des affaires courantes dont est chargé le Bureau [10].

Le Conseil général est composé, en plus des membres du Bureau, de directeurs représentant les conseils locaux et régionaux et

(8)   *Statuts de la Fédération des travailleurs du Québec* (1977). Article 15.

(9)   *Ibid.*, article 16.

(10) *Ibid.*, art. 42.

FIGURE 4.2 : Structures de décision de la FTQ

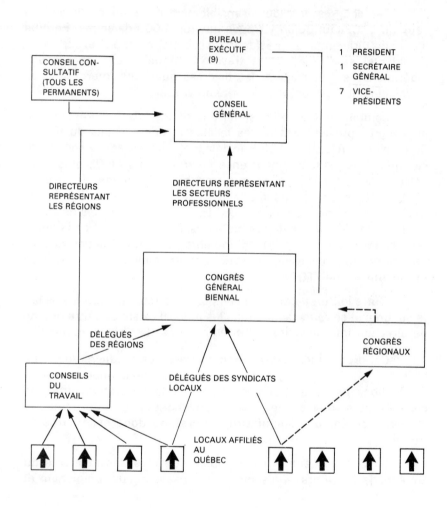

Source : **Statuts de la FTQ (1977)**, p. 46.

de directeurs représentant les secteurs professionnels. Les directeurs représentant les secteurs professionnels sont élus lors du congrès par l'ensemble des délégués de chacun de ces secteurs qui se réunissent en caucus particuliers à cette fin. Les secteurs professionnels délèguent au Conseil général leurs directeurs au prorata du nombre des membres qu'ils regroupent, selon la formule suivante : si le nombre est inférieur à 5 000, un directeur ; s'il se situe entre 5 000 et 9 999, deux directeurs ; s'il se situe entre 10 000 et 19 999, trois directeurs ; s'il se situe entre 20 000 et 29 999, 4 directeurs ; et un directeur additionnel pour chaque tranche supplémentaire de 10 000 membres[11]. Il existe 19 secteurs professionnels qui, en vertu de la formule de représentation, envoient environ 50 directeurs au Conseil général.

Les conseils du travail et les conseils régionaux sont représentés selon la formule suivante : 2 000 membres et moins, un directeur ; 2 001 membres à 5 000, deux directeurs ; 5 001 membres à 10 000, trois directeurs ; 10 001 membres à 40 000, quatre directeurs ; 40 001 membres et plus, cinq directeurs[12]. Il existe 19 conseils locaux et régionaux qui sont représentés par 38 directeurs au sein du Conseil général.

Il est important de constater la légère supériorité numérique des directeurs provenant des secteurs professionnels par rapport à ceux provenant des conseils du travail. Cette composition assure que le Conseil général de la FTQ devrait, en principe, être relativement moins influencé par les éléments «politiques» au sein de l'organisation et plus par les individus dont la préoccupation principale concerne les intérêts matériels ou économiques des membres. En effet, les conseils du travail étant ordinairement impliqués dans des activités à caractère politique, une plus grande représentation de leur part à l'intérieur du Conseil général amènerait sans doute cet organisme à se préoccuper davantage de considérations politiques ou idéologiques, ce qui n'est actuellement pas le cas à la FTQ.

---

(11) *Ibid.*, art. 34.

(12) *Ibid.*, art. 36.

4.2.4 La Confédération des syndicats nationaux

4.2.4.1 Les organisations affiliées

L'expression « syndicats nationaux » peut porter à confusion puisque nous l'avons déjà utilisée dans le cas de certains affiliés du Congrès du travail du Canada. À la CSN, on désigne comme « syndicat » l'unité locale de regroupement, alors que dans la nomenclature précédente on appelait cet élément de base de la structure syndicale « section locale ». Les syndicats locaux de la CSN sont rattachés à des « fédérations professionnelles » qui jouent le même rôle que les syndicats nationaux ou internationaux, c'est-à-dire qu'elles assurent la défense des intérêts économiques des membres, notamment au moyen de la négociation collective. Une fédération professionnelle regroupe donc des syndicats locaux dont les membres travaillent dans des secteurs d'activités connexes tels que la métallurgie, les pâtes et papiers, les communications, les affaires sociales, la construction, etc. Le tableau 4.4 donne un aperçu de la taille de ces diverses fédérations.

TABLEAU 4.4 : **Effectifs de la CSN par fédération professionnelle, 1981**

Fédérations professionnelles	Effectifs	Pourcentage du total (%)
Affaires sociales	75 000	35,2
Construction	35 000	16,4
Services publics	23 000	10,8
Mines, métallurgie et produits chimiques	22 000	10,3
Papier et produits de la forêt	18 000	8,4
Commerce	18 000	8,4
Enseignement	9 500	4,5
Vêtement	6 900	3,2
Communication	4 000	1,9
Professionnels, salariés et cadres	1 900	0,9
	213 300 (a)	100,0

(a) L'écart entre ce chiffre et ceux des tableaux 4.2 et 4.3 n'est pas expliqué dans le *Répertoire des organisations de travailleurs au Canada, 1981*.

Source : Travail-Canada. *Répertoire des organisations de travailleurs au Canada, 1981*. Ottawa : ministère des Approvisionnements et Services, 1981, p. 64–69.

Il faut souligner que la base de regroupement des syndicats locaux est de type «industriel» et qu'il n'existe pas à proprement parler de «syndicats de métiers» à la CSN, même dans l'industrie de la construction. S'il est vrai que les fédérations professionnelles ont pour tâche principale d'assister les syndicats locaux dans leurs négociations collectives, comme c'est le cas pour les syndicats nationaux et internationaux, il existe quand même une distinction fondamentale entre ces derniers et les fédérations professionnelles de la CSN. Cette distinction provient du fait que le fonds de grève est centralisé à la CSN plutôt que d'être contrôlé par les fédérations professionnelles. Plusieurs raisons historiques liées au développement de cette organisation syndicale expliquent sans doute cette situation particulière, mais on peut avancer que l'un des principaux facteurs tient à la dimension relativement petite de plusieurs fédérations. Étant donné que la CSN compte environ 210 000 membres, nombre inférieur à celui que comprend le Syndicat canadien de la fonction publique, il y a tout intérêt à ce que les cotisations soient versées à un seul fonds de grève plutôt qu'à plusieurs.

Quant aux syndicats locaux, contrairement à la situation qui prévaut dans le reste du syndicalisme nord-américain, ils forment une entité juridique distincte de la fédération à laquelle ils sont affiliés. Ils ont donc une plus grande autonomie décisionnelle, et la CSN permet quasi automatiquement l'accès au fonds de grève lorsque les membres d'un syndicat local décident de déclencher un arrêt de travail. Les syndicats locaux peuvent également se désaffilier, ce que ne peuvent faire les sections locales de syndicats nationaux ou internationaux.

Les syndicats locaux perçoivent les différentes cotisations versées aux diverses instances de la centrale : capitation imposée pour l'administration générale de la CSN, fonds de défense professionnelle, cotisations à la fédération professionnelle et aux conseils centraux auxquels les syndicats locaux sont obligés de s'affilier.

Les conseils centraux de la CSN jouent un rôle identique à celui des conseils du travail locaux ou régionaux dans les structures du CTC et de la FTQ. Étant donné que l'affiliation leur est obligatoire, ils jouissent d'une plus grande influence au sein de la centrale. Ce sont des organismes de représentation régionale créés par la CSN, qui ont le pouvoir de déterminer la capitation que doivent payer les syndicats locaux pour leur administration.

Quant à la centrale, elle possède des pouvoirs réels sur les affiliés qu'elle représente exclusivement auprès du gouvernement fédéral et du gouvernement provincial. Ces pouvoirs proviennent des services et de l'aide technique qu'elle peut offrir, et du fonds de grève commun à tous qu'elle contrôle.

4.2.4.2 Structure organisationnelle de la CSN

Tout comme le CTC et la FTQ, la CSN tient des congrès statutaires à tous les deux ans en plus d'organiser à l'occasion, des congrès spéciaux. Comme dans les deux cas précédents, les Congrès constituent l'instance suprême de l'organisation et ils regroupent de 800 à 900 délégués. La figure 4.3 présente la structure décisionnelle de la CSN en indiquant les principales instances impliquées.

Chaque syndicat local a droit à un délégué au congrès, quel que soit le nombre de ses membres. Dès que l'effectif atteint 150 membres, ce syndicat a droit à deux délégués ; il a droit à un délégué de plus par 200 membres additionnels [13]. Les fédérations et les conseils centraux ont droit à trois délégués chacun. Les six membres de l'exécutif, soit le président, le secrétaire, le trésorier et trois vice-présidents, ont l'autorisation d'assister au congrès avec tous les privilèges des délégués, même s'ils ne sont pas eux-mêmes délégués ; c'est d'ailleurs le congrès qui les élit [14].

Outre le comité exécutif qui administre les affaires courantes de la centrale, il existe deux instances de représentation inter-médiaires qui se réunissent régulièrement entre les congrès : il s'agit du Bureau confédéral et du Conseil confédéral.

Le Bureau confédéral est composé d'un nombre égal de repré-sentants des conseils centraux et des fédérations professionnelles (soit 22 chacun), lesquels, en compagnie des six membres de l'exé-cutif, se réunissent au moins une fois tous les deux mois à une date fixée par le comité exécutif.

Parmi les pouvoirs du Bureau confédéral figurent les suivants : faire à l'exécutif ou au Conseil confédéral toute recommandation qu'il juge utile ; obtenir de l'exécutif des rapports sur ses activités ; exé-cuter tous les mandats confiés par le Congrès, le Conseil confédéral ainsi que par les statuts et règlements ; surveiller l'administration du

---

(13) *Statuts et règlements de la CSN* (1975). Article 18.02.

(14) *Ibid.*, art. 18.03 et 18.04.

FIGURE 4.3 :   Structure organisationnelle de la CSN

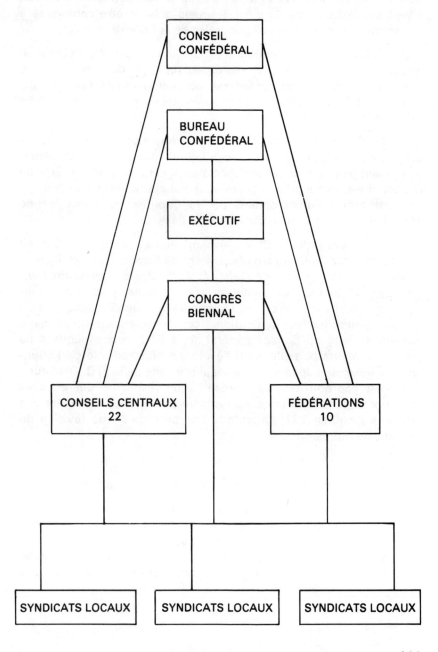

fonds de défense professionnelle et prendre les décisions quant à son application conformément aux règlements qui s'y rattachent; contribuer à la réalisation des mémoires que la CSN peut soumettre aux divers gouvernements du pays, lesquels doivent être conformes à l'orientation et aux politiques générales de la CSN [15].

Enfin, le Conseil confédéral est une instance de représentation encore plus large puisqu'il regroupe, en plus des membres de l'exécutif et du Bureau confédéral, 65 représentants des conseils centraux et 53 des fédérations professionnelles, pour un total de 168 personnes.

Ce Conseil ce réunit au moins une fois tous les quatre mois à une date fixée par le Bureau confédéral, mais il peut se réunir également pour des occasions spéciales. Il est l'autorité suprême de la CSN entre les congrès. À cet effet, il doit exécuter les mandats qui lui sont expressément confiés par le Congrès, et il exerce une surveillance sur le Bureau confédéral et l'exécutif.

Les statuts de la CSN prévoient également que le Conseil confédéral «*contribue au développement de l'orientation idéologique et des politiques générales, selon la ligne des décisions du Congrès* [16]». Comme la représentation des instances «politiques» (conseils centraux) est légèrement supérieure à celle des instances de «négociation collective» (fédérations), contrairement à la situation qui prévaut au sein du Conseil général de la FTQ, cela explique sans doute (du moins partiellement) l'évolution plus radicale de l'orientation idéologique de la CSN par rapport à celle de la FTQ. D'ailleurs, cette disproportion dans la représentation respective des conseils centraux et des fédérations était encore plus grande en faveur des premiers jusqu'en 1978, alors que l'on procéda à une révision du système de représentation.

4.2.5   La Centrale des syndicats démocratiques

La structure organisationnelle de la CSD possède certaines caractéristiques similaires à celle de la CSN, comme par exemple le fait que chaque syndicat local demeure une entité distincte et autonome, mais elle s'en distingue également à plusieurs égards. D'abord, signalons que même si les syndicats locaux peuvent être

---

(15) *Ibid.*, art. 46.

(16) *Ibid.*, art. 51.05.

regroupés sur une base professionnelle et régionale, ce regroupement est facultatif plutôt qu'obligatoire. C'est pourquoi il n'existe que trois fédérations à la CSD, les autres syndicats (181) étant rattachés directement à la centrale, quoique dans les faits ceux-ci sont regroupés sur la base de grands secteurs économiques tels que celui du bâtiment et du bois, de l'agro-alimentaire, etc. Par ailleurs, comme à la CSN, le fonds de défense professionnelle est centralisé.

Le Congrès de la CSD est l'organisme souverain comme dans tout le reste du mouvement syndical, mais seuls les syndicats locaux y sont représentés sur la base d'un délégué par syndicat et d'un délégué additionnel pour chaque tranche de 200 membres [17].

Il n'existe pas, à la CSD, d'instance de direction entre les congrès comparables à celles du Bureau et du Conseil confédéral de la CSN, dont la caractéristique essentielle est d'être constituée de représentants en provenance de structures de regroupement intermédiaires, à savoir les fédérations et les conseils centraux. La CSD a plutôt mis sur pied un organisme de représentation directe des syndicats locaux pour agir comme instance de décision entre les congrès. Il s'agit de l'assemblée plénière au sein de laquelle chaque syndicat a droit à au moins un délégué officiel et autant de délégués «fraternels» qu'il veut envoyer. De plus, chaque syndicat dont l'effectif cotisant atteint 1 000 membres a droit à un délégué officiel additionnel, et ainsi de suite à tous les 1 000 membres additionnels [18]. Ce forum de démocratie directe se réunit au moins une fois tous les trois mois.

Deux autres instances ont un rôle important à jouer : le comité exécutif composé de cinq membres, soit le président, le vice-président, le secrétaire, le trésorier et le coordonnateur des services, tous élus par le congrès, et le conseil de direction qui se compose des cinq membres du comité exécutif, d'un représentant des trois fédérations reconnues par la centrale (celle du textile, celle de l'industrie du vêtement et celle de la métallurgie, des mines et des produits chimiques), ainsi que de six représentants désignés par l'ensemble des syndicats non fédérés. Ces six représentants doivent venir de syndicats différents et, autant que possible, de régions différentes ; ils sont choisis à l'occasion du congrès, et toute vacance est comblée par l'ensemble des syndicats non fédérés participant à l'assemblée plénière [19].

---

(17) *Règlements de la Centrale des syndicats démocratiques* (1972). Article IX.

(18) *Ibid.*, art. VIII.

(19) *Ibid.*, art. XI.

Le conseil de direction est un organisme d'administration et de coordination qui, de concert avec le comité exécutif et sous son autorité, reçoit entre autres les demandes de juridiction des groupements professionnels et des regroupements régionaux, auxquelles il donne suite s'il le juge à propos par voie de recommandation à l'assemblée plénière qui en dispose. Il a aussi le pouvoir, avec l'autorisation du congrès, d'emprunter des fonds dans les limites fixées par ce dernier ou par l'assemblée plénière. Il se réunit au moins une fois par mois.

Au-delà de la querelle idéologique à l'intérieur de la CSN qui a contribué à la création de la CSD, les dirigeants de la nouvelle centrale ont grandement fait état de la bureaucratisation à outrance de la CSN, ainsi que de la multiplicité des organes de direction qui minait le caractère démocratique de la vie syndicale dans cette dernière centrale. C'est pourquoi, en mettant sur pied la CSD, ces dirigeants ont voulu s'assurer que la nouvelle centrale serait effectivement contrôlée par les syndicats affiliés et que les contrôles des mandats se feraient de la façon la plus directe possible.

Toute la structure de la CSD témoigne de cette hantise de la bureaucratisation et de l'abus des instances décisionnelles qui pourraient miner la vie démocratique des syndicats. On peut cependant se demander si le mode de représentation actuel pourrait être aussi viable, si jamais la centrale voyait ses effectifs grossir jusqu'à atteindre des proportions comparables à celles de la CSN ou de la FTQ.

4.2.6   La Centrale de l'enseignement du Québec

Même si cette organisation possède les attributs formels d'une centrale syndicale, il ne faut pas oublier que la très grande partie de ses effectifs est constituée d'enseignants, plus particulièrement des niveaux primaire et secondaire du secteur d'enseignement public [20]. C'est d'ailleurs pourquoi le *Répertoire des organisations de travailleurs au Canada* publié par Travail Canada [21] considère plutôt la CEQ

---

(20) François Delorme et Gaspar Lassonde établissaient à 94% la proportion des effectifs de la CEQ, lesquels étaient constitués de professeurs des niveaux élémentaire et secondaire. DELORME, F. et LASSONDE, G. *Aspects de la réalité syndicale québécoise*. Gouvernement du Québec : ministère du Travail et de la Main-d'œuvre, 1978, p. 32.

(21) Ministère des Approvisionnements et Services, gouvernement du Canada, 1981.

FIGURE 4.4: Structure organisationnelle de la CSD

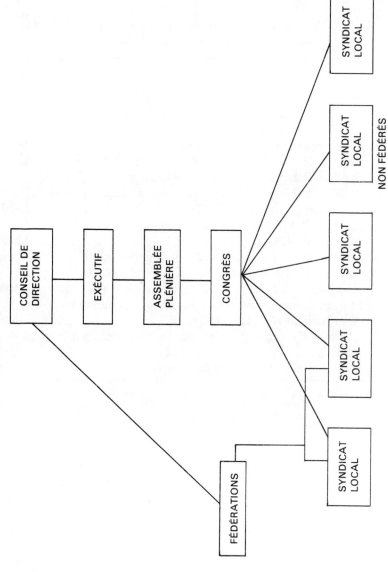

comme une fédération professionnelle indépendante. En fait, avec ses 81 033 membres, la CEQ serait le neuvième syndicat en importance au Canada. (Voir le tableau 4.5.)

TABLEAU 4.5: **Effectifs des 10 syndicats les plus importants sur le plan numérique, 1981**

	Effectifs
1. Syndicat canadien de la fonction publique (CTC)	267 047
2. Syndicat national de la fonction publique provinciale (CTC)	210 000
3. Métallurgistes unis d'Amérique (AFL-CIO/CTC).......	197 000
4. Alliance de la fonction publique du Canada (CTC)	154 743
5. Syndicat international des travailleurs unis de l'automobile, de l'aéronautique et de l'astronautique, et des instruments aratoires (AFL-CIO/CTC)	134 000
6. Syndicat des travailleurs de l'alimentation et du commerce (AFL-CIO/CTC)	130 000
7. Fraternité internationale d'Amérique des camionneurs, chauffeurs, préposés d'entrepôts et aides (Indépendant)	92 000
8. Fraternité unie des charpentiers et menuisiers d'Amérique (FAT-COI/CTC) (a)	89 010
9. Centrale de l'enseignement du Québec (Indépendant)	81 033
10. Fédération des affaires sociales (CSN)	75 000

(a) Ces chiffres sont antérieurs à la désaffiliation de ce syndicat du CTC.
Source: Travail-Canada. ***Répertoire des organisations de Travailleurs au Canada, 1981***. Ottawa : ministère des Approvisionnements et Services, 1981, p. 15.

La figure 4.5 donne un aperçu de la structure organisationnelle de la CEQ. Comme toutes les centrales, son instance souveraine est un congrès auquel participent des délégués représentant les organismes affiliés au prorata de leurs membres. Une réunion statutaire a lieu toutes les deux années paires.

La représentation au Congrès se fait sur la base suivante : chaque syndicat a droit à deux délégués s'il possède 300 membres ou moins, et à un délégué additionnel pour chaque tranche de 150 membres au-delà de 300. Les fédérations ont droit à un délégué si

FIGURE 4.5 : Structure organisationnelle de la CEQ

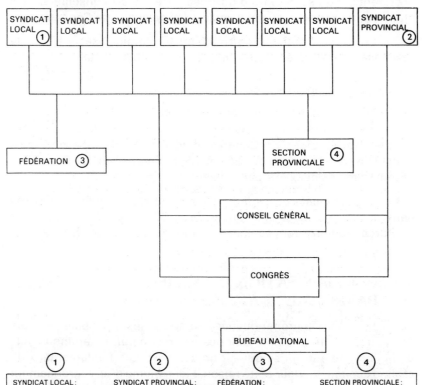

SYNDICAT LOCAL : Syndicat dont la juridiction couvre un certain territoire géographique strictement local ou régional, pouvant ne regrouper qu'une catégorie de membres (ex. : personnel de soutien) ou plusieurs catégories de membres (ex. : personnel de soutien et enseignants). Ce syndicat est directement représenté au Conseil général et au Congrès. Il peut se regrouper au sein d'une section provinciale.

SYNDICAT PROVINCIAL : Syndicat dont la juridiction couvre l'ensemble du territoire québécois, et qui réunit les travailleurs de l'enseignement ayant une unité particulière d'intérêts. Il est directement représenté au Conseil général et au Congrès. Actuellement, il n'existe à la CEQ qu'un syndicat provincial, soit l'Association des professionnels non enseignants du Québec (APNEQ).

FÉDÉRATION : Section provinciale dont la juridiction couvre l'ensemble du territoire québécois, et qui regroupe des syndicats de travailleurs de l'enseignement ayant une unité particulière d'intérêts. La fédération est directement représentée au Conseil général et au Congrès. Actuellement, il n'existe à la CEQ qu'une seule fédération de ce type, soit celle des CÉGEP.

SECTION PROVINCIALE : Organisme de coordination et de services dont la juridiction couvre l'ensemble du territoire québécois, et qui réunit des syndicats ou des sections de syndicats ayant une unité particulière d'intérêts. Ce type de section n'a aucune représentation politique directe au Conseil général et au Congrès (ex. : fédération des professeurs d'université).

Source : La CEQ, c'est quoi ? Centrale de l'enseignement du Québec, décembre 1974.

elles ont 1 000 membres ou moins, et à un délégué de plus par tranche de 1 000 membres additionnels. Les membres du Bureau national font aussi partie des délégués au Congrès. Le Bureau national est constitué du président de la centrale, de deux vice-présidents, d'un secrétaire, d'un trésorier et de six conseillers, tous élus pour une période de deux ans par les délégués du Congrès.

Le Bureau national agit comme un comité exécutif; il a la responsabilité d'expédier les affaires courantes, d'établir les programmes d'action et de contrôler leur exécution, et il est aussi responsable du personnel de la centrale.

Entre les congrès, l'organe de décision est le Conseil général qui a pour fonction de préciser les orientations de la centrale, de réaliser les décisions du Congrès, d'adopter le plan d'action et le budget; il peut aussi établir des politiques nouvelles. Le Conseil se réunit au moins deux fois par année.

Les syndicats et les fédérations sont représentés au Conseil général par un délégué par tranche de 1 000 membres. Les membres du Bureau national font également partie du Conseil général[22].

4.3 L'ORGANISATION DU MILIEU PATRONAL

Le monde patronal québécois partage les principales valeurs des milieux d'affaires nord-américains en général, notamment celle de la liberté d'entreprise qui est un des postulats fondamentaux du régime capitaliste. Pour cette raison, l'idée même d'un regroupement patronal apparaît comme contraire à la libre entreprise. Comme le souligne à juste titre Julien Bauer:

«*Tant qu'il s'agit d'une action de défense très générale de l'économie de marché, il n'est guère difficile, même pour les tenants du libéralisme classique, d'atteindre un consensus sur les règles du jeu puisque ces règles du jeu (économie de marché) sont la raison d'être des entreprises. Par contre dès qu'il s'agit d'appliquer ces règles générales à des situations concrètes, en particulier à l'intérieur d'une même industrie,*

---

(22) *Structures de la CEQ, Série 1 : Formation syndicale de base, document 3.* Centrale de l'enseignement du Québec, janvier 1977, 11 p.

l'ambiguïté de l'association patronale apparaît : grouper sur la base d'intérêts communs des entreprises en situation de concurrence sur le marché. Pour résoudre cette ambiguïté, il est nécessaire que l'association réconcilie les notions de concurrence et de concertation. »[23]

Cette situation explique bien pourquoi l'on trouve très peu d'associations d'employeurs accréditées pour les fins de la négociation collective au Québec. En effet, si l'on fait exception de certains secteurs économiques particuliers, tels la construction, le vêtement, l'imprimerie, le camionnage et les services publics dépendant du gouvernement provincial, où l'on trouve de telles associations, la très grande majorité des entreprises négocient individuellement leurs conventions collectives [24]. D'ailleurs, dans bien des cas où de telles associations existent, elles ne sont pas le résultat d'une décision volontaire de la part des principaux intéressés, mais ont été plus ou moins imposées par la volonté du législateur, généralement dans le contexte d'un décret adopté en vertu de la loi spécifiquement prévue à cette fin [25].

Même si l'on ne trouve pas beaucoup d'associations d'employeurs ayant formellement pour fonction principale de négocier des conventions collectives, nous devons toutefois constater que les intérêts des milieux d'affaires et du monde patronal sont quand même représentés par de nombreux organismes, tels l'Association canadienne des manufacturiers, la Chambre de commerce de la province de Québec, la Chambre de commerce de Montréal, le Montreal Board of Trade, la Chambre de commerce de Québec, les Chambres de commerce des autres villes d'importance au Québec, le Conseil du patronat du Québec et le Centre des dirigeants d'entreprise. Deux facteurs principaux expliquent la présence de tels organismes de représentation : la force des syndicats dans la société en général ou dans un secteur économique particulier, et l'intervention des pouvoirs publics, que ce soit en matière de fiscalité, de lois du travail, etc.

---

(23) BAUER, J. «Patrons et patronat au Québec». *Revue canadienne de science politique*. Septembre 1976, vol. IX, n° 3, p. 473.

(24) Ainsi, selon les statistiques concernant les conventions collectives déposées au ministère du Travail, de la Main-d'œuvre et de la Sécurité du revenu du Québec en date d'octobre 1980, 91% des certificats d'accréditation concernaient un seul employeur dans un seul établissement avec un seul syndicat. Cette source a été obtenue directement du fichier des conventions collectives du MTMOSR.

(25) *Loi des Décrets de la convention collective*. S.Q. 1940, c.38 modifiée par S.R.Q., 1964, c.143 ; S.Q. 1968, c.45, a.59 ; L.Q. 1969, cc.51, aa.59 à 62 incl. et 60, a.12.

En nous référant à l'article déjà cité de Julien Bauer, nous allons présenter quelques caractéristiques des entreprises membres de ces associations, et nous préciserons les différents rôles qu'elles sont appelées à jouer. Le texte dont nous nous inspirons est un extrait d'une thèse de doctorat intitulée : *Les Employeurs et leurs associations face aux syndicats et aux pouvoirs publics au Québec* [26]. La recherche portait sur trois des principaux secteurs d'activité économique au Québec : les pâtes et papiers, la métallurgie primaire et les textiles.

Nous n'analyserons pas en détail les résultats de ce travail qui cherchait à connaître le degré d'efficacité des associations patronales en prenant comme instrument de mesure les concepts de *représentativité* et d'*homogénéité*. Nous allons cependant dévoiler quelques constatations que l'étude a permis de mettre à jour.

4.3.1 Caractéristiques des entreprises

Bauer s'est demandé si les entreprises avaient des intérêts communs qui l'emportaient sur la concurrence, et si elles étaient prêtes à participer à un syndicalisme patronal. Constatant qu'elles étaient de plus en plus confrontées à des centres de décision extérieurs à l'entreprise, il lui a semblé logique que les entreprises unissent leurs forces pour y faire face.

Les conclusions de son étude — dont une partie des données a été obtenue par des entrevues systématiques auprès des grandes entreprises et, par échantillonnage au hasard, des petites et moyennes entreprises — sont les suivantes : parmi les grandes entreprises, il y a une assez forte tendance au rapprochement ; cependant, chez les petites et moyennes entreprises, on trouve beaucoup de méfiance à l'égard des rapprochements. Les grandes entreprises sont systématiquement membres de toutes les associations patronales qui couvrent tous ou une partie de leurs intérêts. Elles sont prêtes à collaborer par le paiement de cotisations, l'envoi de représentants aux comités de travail et l'échange de renseignements. D'autre part seules quelques PME sont affiliées à des associations patronales. La plupart d'entre elles ne désirent pas payer de cotisations, n'ont pas les ressources pour participer activement à la vie des associations, et ne veulent pas partager leurs renseignements.

---

(26) Thèse non publiée, présentée à l'université de Paris (Sorbonne) le 29 mai 1974.

Les dirigeants des grandes compagnies peuvent avoir une attitude plus détachée que les propriétaires de petites compagnies. Contrairement aux petits, ils ont des assises solides ; ils ne se sentent pas perdus dans un monde hostile ; ils ont conscience que les pouvoirs publics ne resteront pas insensibles à la menace de fermetures d'usines ; les cadres ont l'espoir de trouver, le cas échéant, un autre emploi ; les propriétaires ou les actionnaires majoritaires ont quelquefois des intérêts dans d'autres secteurs. Les petits propriétaires, eux, sont réellement soumis aux lois du marché et risquent la faillite ; ils se battent le dos au mur et ne voient dans une action commune qu'une perte de temps.

L'impact des deux forces que constituent les syndicats et les pouvoirs publics est ressenti très différemment, et a des conséquences multiples sur le rapprochement interentreprises. Le syndicalisme, d'ailleurs, n'atteint que les grandes entreprises et une minorité des PME. Par contre, chaque implantation syndicale dans une PME pousse irrésistiblement l'entreprise à chercher, sinon de l'aide, du moins du réconfort au sein d'associations toujours prêtes à condamner les exagérations des syndicats.

D'autre part, la pression des pouvoirs publics s'exerce autant sur les petites que sur les grandes entreprises. L'intervention gouvernementale crée deux types de besoins dans les entreprises : comprendre la législation et négocier son application. Parmi les services les plus demandés aux associations figurent ceux qui ont trait à l'application des décisions gouvernementales et à l'utilisation des possibilités offertes. Ce genre de services est particulièrement utile aux PME qui n'ont pas les compétences requises pour suivre l'évolution de la législation. Par contre, la marge de manœuvre des PME est très limitée quant à la négociation avec les pouvoirs publics : elles manquent de personnel qualifié pour présenter leurs positions ; leur impact économique et social est restreint ; leurs rapports sont limités au niveau local (député, maire). Les grandes entreprises n'ont pas ce genre de problèmes. Même en mauvaise posture, elles gardent un certain personnel qualifié et suscitent l'intervention des pouvoirs publics, soucieux d'éviter une augmentation du chômage. Quand il s'agit de négocier avec les autorités, elles peuvent compter sur leurs avocats-conseils. Les grandes entreprises sont des clientes des cabinets d'avocats, lesquels se trouvent situés à un point stratégique des relations entre l'économie et la politique.

4.3.2 Les associations patronales

On peut regrouper les associations patronales selon deux types : les associations verticales et les associations horizontales. Les associations verticales sont divisées en fonction des industries ou des produits ; elles groupent des entreprises ayant des productions similaires ou appartenant au même secteur économique. Les associations horizontales groupent les entreprises par aire géographique, quelle que soit la production des entreprises. D'autres associations patronales fédèrent sur le plan provincial ou national des associations d'industrie, autrement dit des associations verticales [27].

4.3.3 Les associations patronales verticales

Ces associations répondent à des besoins précis et limités. Elles sont nombreuses mais leurs préoccupations sont étroites, de sorte qu'une même entreprise peut appartenir à plusieurs associations verticales pour recevoir de chacune certains services spécialisés. Ces associations représentent leurs membres auprès des différents ordres de gouvernement. Ainsi, l'Association canadienne des pâtes et papiers intervient auprès du gouvernement fédéral, alors que le Conseil des producteurs de pâtes et papiers du Québec fait de même auprès du gouvernement provincial. Dans leurs relations avec les syndicats, ces associations sont prudentes. Elles entretiennent parfois des liens formels avec ceux-ci, comme c'est le cas du Comité syndical-patronal de l'Institut canadien des textiles qui comprend des représentants de la FTQ et de la CSD.

De façon générale, les petites et moyennes entreprises sont écrasées par les grandes entreprises au sein des associations verticales [28].

La relative homogénéité de chaque association verticale permet aux diverses associations d'un même secteur d'entretenir de bonnes relations, car loin d'être concurrentes elles se répartissent le travail.

Certains rapports de force au sein d'une industrie n'apparaissent pas dans le fonctionnement des associations. Ainsi, le

---

(27) «Patrons et patronat au Québec». *Revue canadienne de science politique*. Septembre 1976, vol. IX, n° 3, p. 478.

(28) *Ibid.*, p. 485.

«pattern» des conventions collectives de l'industrie des pâtes et papiers dépend de la force et de la politique respective des compagnies, et non de la politique de l'Association canadienne des pâtes et papiers ou du Conseil des producteurs de pâtes et papiers du Québec [29].

Signalons enfin que les entreprises canadiennes et les filiales de compagnies étrangères, américaines ou autres, participent aux activités des associations tant verticales qu'horizontales.

4.3.4 Les associations patronales horizontales

Les associations patronales horizontales représentent l'intérêt général de leurs membres sur le plan communautaire à l'échelle régionale, provinciale ou nationale. Elles n'entretiennent généralement pas de liens directs avec les syndicats, quoique au Québec le Conseil du patronat du Québec participe à différents comités ou conseils consultatifs en compagnie des centrales syndicales. De telles associations donnent de l'information sur les relations industrielles, les salaires, les avantages sociaux, etc. ; elles tentent aussi de créer une atmosphère favorable aux entrepreneurs et de promouvoir des législations ayant pour effet de limiter l'influence des syndicats, comme par exemple l'interdiction du droit de grève dans les services publics, le scrutin secret avant tout déclenchement de grève, etc. [30].

Les associations horizontales, à l'exception du CPQ, sont le refuge des PME aux prises avec des forces qu'elles ne contrôlent pas : syndicats et pouvoirs publics.

Nous avons déjà nommé les principales associations patronales horizontales au Québec. Avant de s'attarder sur le rôle particulier joué par deux d'entre elles — le CPQ et le CDE —, nous allons établir une distinction entre la Chambre de commerce de la province de Québec et le CPQ, car il existe actuellement une certaine confusion entre les fonctions précises de ces organismes auxquels la plupart des grandes entreprises se sont simultanément affiliées.

Alors que la Chambre de commerce a une vocation essentiellement socio-économique *communautaire* sans directement s'identifier au patronat comme tel, le Conseil du patronat du Québec a un

---

(29) *Ibid.*, p. 486.

(30) *Ibid.*, p. 479.

caractère strictement *patronal*. Nous devons toutefois faire une exception pour le Montreal Board of Trade qui se définit à la fois comme un organisme patronal et communautaire, et qui est d'ailleurs affilié au CPQ.

Tout individu peut adhérer à la Chambre de commerce de la province de Québec, par la voie d'une chambre de commerce locale, et accéder à un poste de direction. C'est pourquoi on y trouve une forte concentration de PME. D'un autre côté, seules les corporations ou les associations patronales peuvent être membres du CPQ : les individus ne peuvent s'y associer. Il est intéressant de signaler que, s'il existe des Chambres de commerce dans toutes les régions du Canada et si l'Association des manufacturiers canadiens possède une division québécoise, nous ne retrouvons pas, à l'extérieur du Québec, d'organismes comparables au Conseil du patronat du Québec et au Centre des dirigeants d'entreprises, dont nous allons maintenant présenter les principales caractéristiques.

4.3.5   Le Conseil du patronat du Québec

Cet organisme a été créé en 1969 pour répondre à trois besoins précis : 1) avoir un porte-parole unique du patronat auprès du gouvernement du Québec, lequel souhaitait n'avoir affaire qu'à un seul organisme lors des consultations avec les employeurs ; 2) intégrer l'entreprise anglophone (À la suite de la Révolution tranquille, certaines entreprises anglophones se sont senties isolées de l'ensemble de la population francophone. Elles ont décidé de promouvoir une politique d'intégration au milieu québécois francophone. Selon Bauer, ce sont les anglophones qui ont décidé que le président du CPQ serait francophone et, de fait, tous les permanents du Conseil sont de langue française.) [31] ; 3) faire valoir le point de vue du monde patronal au sujet des modifications que le gouvernement s'apprêtait à apporter à la législation du travail, en particulier en ce qui a trait à la négociation sectorielle.

Des associations horizontales fondatrices du CPQ, trois se sont affiliées au CPQ — la division du Québec de l'AMC, le CDE et le Montreal Board of Trade —, et deux n'en sont pas membres — les Chambres de commerce de la province de Québec et de Montréal.

---

(31) *Ibid.*, p. 481.

Le Conseil du patronat du Québec agit sur la place publique plutôt que par les manœuvres de couloir traditionnelles des entreprises. Il utilise des moyens variés tels que la présentation de mémoires au gouvernement, les conférences de presse, la participation à des congrès ou colloques, les émissions de télévision et de radio, etc. Il publie un bulletin mensuel à l'intention de ses membres et des médias, un bulletin d'information interne et un bulletin sur les relations du travail. Il organise lui-même des sessions d'études et des colloques. Il publie des brochures sur l'entreprise et le système économique, dont deux ont été tirées à plus de 20 000 exemplaires : *Détruire le système actuel, c'est à y penser* (1972) et *Des profits ? Oui, mais pour qui ?* (1976)[32]. On aura reconnu que ces documents constituent les répliques des documents produits par la CSN et la CEQ à la même époque, lesquels préconisent la destruction du système capitaliste.

Le Conseil du patronat émet également des avis sur tous les projets de loi ou règlements ayant un impact sur la vie de l'entreprise. Il présente un mémoire annuel sur les priorités budgétaires de l'État québécois, ainsi qu'un mémoire annuel au Premier ministre, qui aborde les grandes questions relatives au développement économique et social.

Une des fonctions importantes du CPQ est de défendre les intérêts de ses affiliés auprès des différents organismes de concertation, tels le Conseil consultatif du travail et de la main-d'œuvre, le Conseil de planification et de développement, le Conseil supérieur de l'éducation, le Conseil consultatif de l'environnement, le Conseil de la protection du consommateur, etc.

Malgré toutes ces activités fort diversifiées, la majeure partie des travaux du CPQ porte sur l'organisation des relations du travail. Sous cette perspective, le CPQ cherche à rallier ses membres derrière certaines grandes lignes de pensée, et veut également participer à toutes les grandes questions soulevées par le législateur ou les partenaires sociaux, telles que : le syndicalisme de cadres, la négociation sectorielle (ou accréditation multipatronale), la rémunération au rendement, la négociation collective dans le secteur public, la santé et la sécurité au travail, le salaire minimum et les normes minimales de travail, la réforme de la législation du travail[33].

---

(32) DUFOUR, G. « Les acteurs : l'organisation patronale ». *La Gestion des relations du travail* (Noël Mallette, édit.). Montréal : McGraw-Hill, 1980, chap. 18, p. 374.

(33) *Ibid.*, p. 379-380.

4.3.6 Structure et philosophie du CPQ

Comme nous l'avons déjà mentionné, habituellement le CPQ affilie essentiellement des associations (il y en a environ 125) plutôt que des entreprises individuelles. Par contre, parce qu'à un certain moment il a éprouvé des difficultés financières, il a dû se tourner vers de grandes entreprises individuelles pour assurer son fonctionnement. C'est pourquoi on compte quelque 300 membres corporatifs (grandes entreprises) qui fournissent environ 80% du budget du CPQ. Même si ces membres corporatifs ne font pas partie de la structure formelle (voir la figure 4.6), car le bureau des gouverneurs où ils sont représentés n'est que consultatif, ils ont néanmoins un poids considérable, ne serait-ce qu'en vertu de leur grande implication financière au sein du CPQ. C'est pourquoi, malgré la forte représentation numérique des PME au sein du Conseil du patronat, on peut affirmer que ce sont les grandes entreprises multinationales qui dictent ses principales orientations.

Cette dépendance financière vis-à-vis des grandes entreprises explique, en partie du moins, les positions de plus en plus conservatrices défendues par le CPQ. Lors de sa création, le Conseil du patronat témoignait d'une grande ouverture d'esprit, reconnaissant la légitimité du syndicalisme et, dans une certaine mesure, de l'intervention de l'État; il n'hésitait pas à faire l'autocritique du patronat. Bref, sa philosophie se rapprochait de celle du CDE, dont nous parlerons plus loin. Depuis quelques années, le CPQ arrête de critiquer le patronat, surtout sur l'aspect très litigieux du contrôle québécois des entreprises. On peut citer trois domaines où le CPQ a modifié son orientation initiale.

Alors qu'en 1969 le CPQ disait reconnaître le rôle joué par le syndicalisme dans notre société comme un élément important dans le bon fonctionnement de la structure sociale, il a depuis pondéré cette recommandation en signalant que l'importance de ce rôle ne peut être reconnue que de façon générale et non de façon absolue, comme l'indiquait la déclaration originale. Selon le vice-président exécutif, « *le patronat a en effet été confronté à trop d'excès, notamment dans les secteurs de la construction ou les secteurs public et parapublic, pour reconnaître de façon absolue un rôle positif à un certain type de syndicalisme* [34] ».

---

(34) *Ibid.*, p. 378.

FIGURE 4.6 :   Structure organisationnelle du Conseil du patronat du Québec

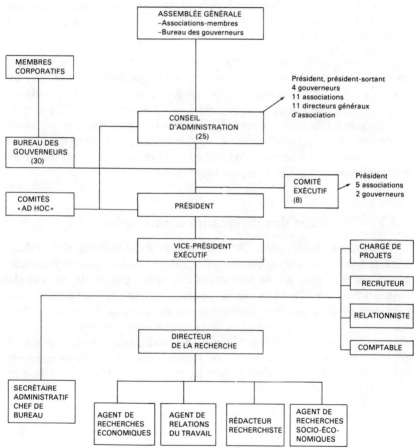

ASSEMBLÉE GÉNÉRALE
−Associations-membres
−Bureau des gouverneurs

MEMBRES
CORPORATIFS

Président, président-sortant
4 gouverneurs
11 associations
11 directeurs généraux
d'association

CONSEIL
D'ADMINISTRATION
(25)

BUREAU DES
GOUVERNEURS
(30)

COMITÉS
«AD HOC»

PRÉSIDENT

COMITÉ
EXÉCUTIF
(8)

Président
5 associations
2 gouverneurs

VICE-PRÉSIDENT
EXÉCUTIF

CHARGÉ DE
PROJETS

RECRUTEUR

RELATIONNISTE

DIRECTEUR
DE LA RECHERCHE

COMPTABLE

SECRÉTAIRE
ADMINISTRATIF
CHEF DE
BUREAU

AGENT DE
RECHERCHES
ÉCONOMIQUES

AGENT DE
RELATIONS
DU TRAVAIL

RÉDACTEUR
RECHERCHISTE

AGENT DE
RECHERCHES
SOCIO-ÉCO-
NOMIQUES

Source :   DUFOUR, G., « Les acteurs : l'organisation patronale ». *La Gestion des relations du travail au Québec* (Noël Mallette, édit.). Montréal : Mc Graw-Hill, 1980, p. 384-385.

D'autre part, le CPQ a modifié sa déclaration initiale selon laquelle «*en autant que faire se peut, la législation du travail doit venir confirmer un consensus réalisé préalablement par les parties patronale et syndicale*». Il lui semble que dans certains domaines, comme la détermination des services essentiels, une absence de consensus des parties patronale et syndicale a servi de prétexte au gouvernement pour rester inactif et laisser ainsi la population sans garantie. La déclaration modifiée du CPQ, tout en maintenant le principe d'une législation venant confirmer un consensus patronal syndical, précise qu'en l'absence d'un tel consensus, «*il appartient à l'État de prendre ses responsabilités* [35]».

Finalement, même si le CPQ a toujours reconnu que, en dépit de ses nombreux défauts, notre régime de négociations collectives du travail est efficace, il a tenu à préciser qu'un tel régime n'est valable que si 1) la liberté pour chaque salarié d'adhérer ou non à l'association de son choix est respectée, 2) l'entreprise accorde une véritable reconnaissance au syndicalisme, et 3) les deux parties travaillent à la création de mécanismes de négociation efficaces, dans un esprit de dépassement des affrontements inutiles [36].

4.3.7 Le centre des dirigeants d'entreprise

Auparavant appelé l'Association professionnelle des industries, le CDE est une association patronale interprofessionnelle engagée dans la recherche, la formation et l'action patronale, en vue de l'intégration de l'homme dans l'entreprise et de l'adaptation de l'entreprise aux besoins économiques et sociaux du milieu dans lequel elle exerce ses activités. Il se préoccupe particulièrement du rôle de l'homme d'affaires et du patronat dans l'évolution de la société, du perfectionnement de l'entreprise et de l'organisation patronale, ainsi que des mécanismes de concertation entre l'État et ses partenaires sociaux [37].

Le CDE regroupe 400 entreprises, surtout des PME, qui sont représentées au sein de l'organisme par 1 000 individus. Il est

---

(35) «Patrons et patronat au Québec». *Revue canadienne de science politique.* Septembre 1976, vol. IX, n° 3, p. 378.

(36) *Ibid.,* p. 378-379.

(37) *Ibid.,* p. 372.

structuré en sections régionales (7) et possède plusieurs comités. Son conseil d'administration comprend 21 membres dont 14 sont désignés par les sections régionales. Il y a un comité exécutif de 10 personnes et chaque section régionale possède son propre conseil d'administration [38].

Une des idées de base du CDE étant la structuration du patronat, le Centre a préconisé la création du CPQ et a contribué à sa formation. On pourrait peut-être se demander pourquoi le CDE continue d'exister puisque le CPQ, qui regroupe également les grandes entreprises, poursuit l'objectif de représenter toute la partie patronale. Une des raisons provient probablement de la philosophie différente des deux organismes. Selon Bauer, «*pour le CPQ l'intérêt commun du patronat doit être cherché au niveau des relations entre les différentes branches de l'industrie, alors que pour le CDE l'intérêt commun doit être cherché dans les relations entre entreprises et entre responsables* [39]». D'autre part, «*le CPQ se veut le représentant du patronat québécois qui a une existence "sui generis" tandis que le CDE voit dans le patronat deux groupes: le premier, québécois, composé de petites et moyennes entreprises, le second composé de filiales de sociétés étrangères, filiales qui devraient s'intégrer au milieu québécois* [40]».

L'évolution de la conjoncture politique du Québec a aussi contribué à élargir le fossé entre les conceptions respectives du rôle des milieux d'affaires dans la société. Alors que le CPQ a opéré un certain virage à droite et adopté des positions de plus en plus critiques vis-à-vis du rôle de l'État, le CDE, tout en continuant d'affirmer sa foi dans l'entreprise privée, ne la considère pas comme une fin en soi. Le CDE défend le libéralisme économique, mais pas comme les autres associations patronales qui s'en tiennent au dogme de l'économie de marché. Il favorise plutôt un libéralisme teinté d'humanisme qui fait appel à la responsabilité de chaque individu et qui considère l'entreprise privée, avec des modifications imposées par le temps, comme le meilleur rempart contre une société autoritaire [41]. Quant au rôle de l'État que les autres associations veulent voir réduit au minimum, le

---

(38) *Loc. cit.*

(39) *Ibid.*, p. 482.

(40) «Patrons et patronat au Québec». *Revue canadienne de science politique*. Septembre 1976, vol. IX, n° 3, p. 482.

(41) *Ibid.*, p. 480.

CDE considère plutôt que l'État «*joue nécessairement un rôle prioritaire comme surveillant, arbitre et promoteur des intérêts collectifs* [42]».

La meilleure façon de décrire la philosophie du CDE et son rôle au sein du CPQ est peut-être de citer une expression qui revient souvent dans les publications de l'organisme : le CDE tente d'être le fer de lance «*de la branche consciente du patronat* [43]» au sein du CPQ ou, tout au moins, sa mauvaise conscience.

CONCLUSION

Selon l'étude de Bauer, les grandes entreprises ne semblent guère tenir à avoir un seul porte-parole, le CPQ. Avoir un seul porte-parole signifierait non seulement que les entreprises partagent un credo commun, ce qui n'est pas le cas, mais qu'elles partagent la plupart du temps des prises de position communes, ce qui n'est pas le cas non plus. C'est pourquoi elles ont préféré maintenir leur adhésion et leur cotisation aux associations, outre le support financier qu'elles offrent au CPQ ; ceci leur permet, tout en tirant les avantages d'une confédération patronale, de garder d'autres canaux de communication avec les autorités et l'opinion publique [44].

Les affiliations multiples répondent également à des soucis de politiques extérieure et intérieure des grandes entreprises. La politique extérieure prévoit que la grande entreprise doit être présente partout pour ne pas être prise au dépourvu par des changements inattendus, tant de la société que des associations. La politique intérieure consiste à déléguer dans les associations les cadres dont les opinions sont les plus proches de celles défendues par l'association : un cadre francophone à la Chambre de commerce de Montréal, un anglophone au Montreal Board of Trade, un conservateur à l'Association des manufacturiers canadiens, un réformiste au CDE, etc. Ainsi, l'entreprise fait d'une pierre deux coups : elle permet à ses cadres de trouver un milieu dans lequel ils peuvent s'épanouir, et elle projette grâce à eux une image sympathique à l'intérieur de chaque association [45].

---

(42) *Loc. cit.*
(43) Ibid., p. 484.
(44) *Loc. cit.*
(45) *Loc. cit.*

Chapitre 5

Les antécédents et

le cadre légal de la

négociation collective *

5.1 LES ANTÉCÉDENTS DU RÉGIME ACTUEL DE NÉGOCIATION

Lorsqu'on essaie de retracer les origines du régime actuel de négociation collective, on ne peut dissocier cette recherche de celle plus fondamentale encore qui concerne l'évolution du mouvement syndical lui-même. C'est pourquoi l'acceptation par des pouvoirs publics de ce mode de détermination des conditions de travail des salariés est étroitement liée à la reconnaissance du phénomène syndical lui-même.

On a vu au chapitre 3 que les syndicats étaient apparus dans l'illégalité la plus complète en vertu des postulats fondamentaux sous-tendant le système de libre concurrence, et que ce n'est que graduellement qu'ils en vinrent à se faire accepter comme des organisations ayant droit de cité dans notre société. Au début de leur existence, c'est-à-dire dans la période précédant la reconnaissance du droit d'association (1827–1872), certains syndicats, malgré leur

---

* Nous remercions le professeur Rodrigue Blouin du Département des relations industrielles de l'université Laval pour les commentaires judicieux qu'il nous a fournis pour la préparation de ce chapitre.

illégalité, étaient tolérés par les employeurs, principalement dans les entreprises regroupant des travailleurs spécialisés, tels les charpentiers, les cordonniers, les typographes, etc. La raison de la tolérance de ces associations a déjà été mentionnée et l'on peut la répéter brièvement : en raison du caractère spécialisé du travail accompli par ces travailleurs, les employeurs, en période de plein emploi, ne pouvaient pas se passer de leurs services, fussent-ils membres d'organisations illicites.

5.1.1 Détermination unilatérale des conditions de travail VS discussions conjointes

L'établissement de rapports entre employeurs et représentants d'employés, que l'on pourrait qualifier de négociations collectives (« collective bargaining »), est un phénomène assez récent en Amérique du Nord, comme en témoigne le rapport de la Commission industrielle soumis au Congrès des États-Unis en 1902, qui affirme : « *This term, collective bargaining, is not often employed in common speech in the United States, but is gradually coming into use among employers and employees in Great Britain. It evidently describes quite accurately the practice by which employers and employees in conference, from time to time, agree upon the terms under which labor shall be performed* [1] ». Par contre, certaines recherches ont permis de constater que des propositions et contrepropositions entre employeurs et représentants des employés avaient été échangées pendant la grève des cordonniers de Philadelphie en 1799, grève qui donna lieu quelques années plus tard au célèbre procès des syndicats pour conspiration criminelle [2]. Malgré tout, ces cas demeureront plutôt l'exception que la règle générale, et ce ne sera véritablement qu'à la fin du XIXᵉ siècle que la négociation collective prendra son essor définitif.

La faible utilisation de la négociation collective au XIXᵉ siècle provient du fait que celle-ci est inséparablement liée au syndicalisme et que, pendant cette période, les syndicats n'ont pas encore véritablement assuré leur stabilité institutionnelle, comme on l'a vu au chapitre 3. Ni les employeurs ni les travailleurs ne pouvaient donc apprendre à utiliser adéquatement une méthode de détermination des

---

(1) *Final Report of the Industrial Commission*. Reports of the Industrial Commission. 1902, vol. 19, p. 834.

(2) CHAMBERLAIN, N.W. et KUHN, J.W. *Collective Bargaining* (2ᵉ éd.). New York : McGraw-Hill, 1965, p. 7.

conditions de travail qui dépendait si vitalement de l'existence même des syndicats. Ce ne sera que lorsque ceux-ci seront devenus des organisations assez fortes pour résister aux crises économiques et à l'opposition des employeurs que la négociation collective pourra se développer dans le sens qu'on lui connaît aujourd'hui.

La méthode courante pour modifier les conditions de travail des employés consistait principalement, au XIXᵉ siècle, en des actions unilatérales décrétées par les syndiqués ou par les employeurs. Neil Chamberlain décrit ainsi la façon dont les syndicats s'y prenaient pour obtenir une augmentation de rémunération pour leurs membres :

> «*The members of the trade society would gather, agree among themselves on the "price list" or piece rates that were to be sought, and take an oath that none would work for less or work alongside any journeyman who worked for less... Committees from among their number would then be appointed to visit the shops of the masters to inform them of the action taken and to advise them that their employees would not report for work until the demand had been met.*» [3]

Comme la plupart du temps les employeurs refusaient de consentir à l'augmentation demandée, une grève était déclenchée et une guerre d'usure s'ensuivait entre le syndicat et les employeurs concernés. L'attitude respective du patron et des employés n'était pas au compromis. La bataille s'engageait jusqu'à ce que l'une ou l'autre des parties cède, ce qui, lorsqu'il s'agissait du syndicat, signifiait presque automatiquement sa disparition.

Cette procédure n'était donc pas de la véritable négociation. Il s'agissait plutôt d'une épreuve de force économique pour déterminer laquelle de la décision de l'employeur ou de celle du syndicat prévaudrait en matière de conditions du travail. De plus, même si des documents écrits (généralement sous la forme de listes de salaires pour la confection de tel ou tel produit) résultaient parfois de ces affrontements, il ne s'agissait pas d'ententes formelles, mais plutôt de déclarations unilatérales, stipulant que si les taux n'étaient pas respectés, les travailleurs refuseraient de travailler.

L'inconvénient majeur d'un tel système était que ces conditions déterminées unilatéralement n'étaient valables que tant et aussi longtemps que la conjoncture économique, et surtout l'état du marché

---

(3) *Ibid.*, p. 6.

du travail, le permettaient. Dès qu'un employeur se sentait en mesure de réduire les taux parce que le syndicat était trop faible pour s'y opposer, rien ne l'empêchait d'agir ainsi puisqu'il n'avait pas signé d'accord avec le syndicat.

Le refus systématique des employeurs de reconnaître les syndicats et l'état d'illégalité dans lequel ceux-ci se trouvaient sont deux raisons importantes qui expliquent le recours à ces pratiques unilatérales plutôt qu'à la négociation collective pendant une bonne partie du XIXe siècle.

Malgré tout, à partir du milieu du siècle, le recours à des discussions conjointes entre employeurs et représentants des employés connut un certain succès, notamment grâce aux efforts du célèbre éditeur du *New York Tribune*, Horace Greeley, qui manifesta un vif intérêt envers cette question. Celui-ci était convaincu que l'impact de la concurrence sur les petits employeurs serait grandement diminué si toutes les entreprises adoptaient une même échelle de salaires. C'est pourquoi il chercha à convaincre les propriétaires de journaux de s'associer et de soumettre des contrepropositions communes aux syndicats, lorsque ceux-ci chercheraient à imposer leurs listes de salaires à certains propriétaires (4).

Même si cette première tentative échoua à cause du refus des propriétaires de s'associer et de reconnaître l'organisation syndicale, Greeley profita de sa position d'éditeur en chef du *Tribune* pour propager les vertus de la négociation collective en rapportant dans son journal tous les cas d'ententes collectives qui étaient portés à sa connaissance (5).

La négociation collective reçut un encouragement substantiel en 1869, après qu'imprimeurs et propriétaires de journaux se furent engagés dans un long conflit, par suite du refus de ces derniers d'appliquer une échelle salariale unilatéralement promulguée par le syndicat. Après huit semaines de grèves, les principaux responsables

---

(4)   CHAMBERLAIN, N.W. et KUHN, J.W. *Collective Bargaining* (2e éd.). New York : McGraw-Hill, 1965, p. 7.
      L'exemple utilisé ici se réfère malheureusement au contexte américain plutôt qu'au contexte canadien, car nous ne connaissons pas de sources fiables relatant de semblables événements au Canada. Cependant, si l'on en juge par l'évolution de ces relations, nous pouvons sans doute déduire que les relations patronales-syndicales possédaient suffisamment de traits communs dans les deux pays.

(5)   *Ibid.*, p. 29.

de chaque côté en vinrent à se rencontrer informellement et à discuter en privé dans «*une ambiance de concessions mutuelles*»[6]. Trois semaines plus tard, les dirigeants des deux parties parvinrent à s'entendre sur un document écrit qui contenait, entre autres choses, la clause suivante : «*This scale shall not be altered except by a call for a mutual conference between a joint committee of employers and journeymen, and no alterations shall take effect except upon one month's notice by either party or the other, unless by mutual consent* [7]».

Graduellement, la négociation collective devint de plus en plus populaire, et l'accord national signé en 1891 dans l'industrie de la fabrication de poêles (stove foundry) lui donna une impulsion certaine. Même si des accords avaient été antérieurement conclus entre employeurs et syndicats, aucun n'avait l'envergure de celui-ci qui, selon le célèbre historien du syndicalisme américain, Selig Perlman, doit être considéré comme le prototype inaugurant l'ère des conventions collectives modernes [8].

Malgré tout, la négociation collective ne s'étendit pas uniformément à travers tous les secteurs de l'économie. La résistance opiniâtre de nombreux employeurs à la syndicalisation de leurs employés, dans un contexte où l'action syndicale ne jouissait d'aucune protection légale, explique que pendant que la négociation collective apparaissait progressivement dans certains métiers et dans certaines industries, celle-ci recevait une opposition farouche dans d'autres secteurs économiques. C'est pourquoi il faudra attendre le moment où les gouvernements décideront qu'il est dans l'intérêt public d'imposer aux employeurs l'obligation de négocier pour que cette méthode de détermination des conditions de travail connaisse la popularité qu'on lui reconnaît aujourd'hui. Il importe donc d'examiner maintenant comment les pouvoirs publics ont graduellement permis à l'action syndicale de se développer, ce qui nous permettra de comprendre jusqu'à quel point la négociation collective est liée à l'essence même du syndicalisme.

(6) *Ibid.*, p. 34.

(7) STEVENS, G.A. New York Typographical Union n⁰ 6. Annual Report of the Bureau of Labor Statistics, New York : Department of Labor, 1911, partie I, p. 303.

(8) PERLMAN, S. *A History of Trade Unionism in the United States*. New York : Augustus M. Kelley Inc., 1950, p. 142–145.

5.1.2 Les principales étapes conduisant à la négociation collective obligatoire

a) *Exceptions en droit pénal favorables au fait syndical (1872-1900)*

La reconnaissance du droit d'association consécutive à *l'Acte concernant les associations ouvrières* [9], même si elle a constitué une victoire importante pour le syndicalisme canadien, n'a pas pour autant créé d'obligations aux employeurs envers les syndicats. Il s'agit là d'une loi négative qui ne confère aucun droit précis aux syndicats si ce n'est celui d'exister sans que leurs membres risquent d'être poursuivis pour avoir participé à une conspiration criminelle.

D'ailleurs jusqu'en 1900, c'est davantage au moyen d'amendements au Code criminel visant à réglementer l'exercice du piquetage pacifique ou à réconcilier l'action syndicale avec les législations concernant la restriction du commerce et de la libre concurrence plutôt que par des textes législatifs positifs, que les activités des syndicats sont reconnues. Ainsi, l'*Acte pour amender la loi criminelle relative à la violence, aux menaces et à la molestation de 1875-1876* [10] permet le piquetage pacifique à titre exceptionnel.

D'autre part, la conquête législative de 1872 est sérieusement compromise par la *Loi à l'effet de prévenir et supprimer les coalitions formées pour gêner le commerce* adoptée par le gouvernement fédéral en 1889 [11], car celle-ci enlève aux syndicats leur immunité contre les poursuites pour limitation de commerce ou conspiration criminelle. Heureusement pour les syndicats, l'*Amendement à la loi de 1889* [12] introduit en 1900 a pour effet de soustraire les associations ouvrières de l'application de la définition du crime de conspiration en vue de restreindre le commerce et de diminuer la concurrence.

Enfin, même si lors de la codification de lois antérieures dans le Code criminel de 1892, on fait disparaître l'exception en faveur du piquetage pacifique (exception qui réapparaîtra en 1934 et que l'on retrouve à l'actuel article 381 du Code criminel), on définit le complot

---

(9) S.C. 1872, c. 30.

(10) S.C. 1875, c. 39 et S.C. 1876, c. 37.

(11) S.C. 1889, c. 41.

(12) S.C. 1900, c. 46.

pour restriction de commerce en précisant que les objets d'une union ouvrière ne sont pas illégaux pour la seule raison qu'ils restreignent le commerce [13].

Gagnon, Lebel et Verge résument assez bien la situation qui prévalait jusqu'à 1900 en affirmant que c'est «*une succession de dispositions légales d'exception, d'attitudes réticentes des juges et des pressions du mouvement syndical pour l'obtention de nouvelles exceptions qui finalement a établi la légalité des syndicats, de la grève et du piquetage pacifique* [14]».

Qu'en est-il de la négociation collective dans tout cela? Celle-ci est totalement absente des préoccupations des législateurs canadiens, qui sont davantage intéressés par les manifestations extérieures de l'action syndicale comme la grève et le piquetage que par le contenu des discussions entre employeurs et syndicats. Ces derniers, de toute façon, mettant fortement l'accent sur le caractère privé et volontaire du syndicalisme, ne sont pas intéressés à voir les gouvernements s'immiscer dans leurs activités.

b) *Législations réglementant les conflits de travail et la négociation collective (1900–1944)*

À partir de 1900, on commence à retrouver des législations spécifiques tant fédérales que provinciales qui s'intéressent aux relations patronales-syndicales. Mais le principal objet de préoccupation demeure le même: il s'agit d'empêcher ou d'atténuer les manifestations extérieures des conflits de travail. Ainsi, *l'Acte de conciliation* [15] adopté par le gouvernement fédéral en 1900 a pour but d'aider à prévenir et à régler à l'amiable les conflits ouvriers au moyen d'une sorte de conciliation volontaire. En vertu de cette Loi, le Ministre du Travail peut exercer les pouvoirs suivants: a) rechercher les causes et les circonstances du différend; b) permettre aux deux parties de se rencontrer. Elles discutent alors, sous la présidence d'une personne nommée par le Ministre et acceptée par les parties, des moyens à prendre pour régler le conflit à l'amiable; c) après avoir pris connaissance des causes du différend, et sur demande des

---

(13) GAGNON, R., LEBEL, L., VERGE, P. *Droit du travail en vigueur au Québec*. Québec: PUL, 1971, p. 78.

(14) *Loc. cit.*

(15) S.C. 1900, c. 24.

patrons et des ouvriers intéressés, dans une région ou dans un métier, le Ministre peut nommer un conseil de conciliation; d) enfin, par une requête des deux parties opposantes, le Ministre peut nommer un ou des arbitres [16].

Cette Loi, modelée sur une loi britannique de 1896, ne restreint aucunement la liberté des patrons et des ouvriers, car elle n'est qu'une mesure facultative pour régler les conflits avant qu'ils ne dégénèrent en grève ou contre-grève : elle n'aide en rien à la solution des conflits ouvriers lorsque les deux parties se refusent à la conciliation [17].

Le Québec se dote l'année suivante d'une législation qui ressemble beaucoup à l'*Acte de conciliation* du gouvernement fédéral. En effet, la *loi des Différends ouvriers* [18], promulguée le 28 mars 1901, a également pour objet la solution à l'amiable des conflits entre patrons et ouvriers au moyen d'une conciliation volontaire. Cette Loi prévoit la formation de deux conseils : un conseil de conciliation composé des deux parties au différend et un tribunal d'arbitrage qui a pour but d'étudier les causes qui amenèrent le litige et les divers moyens à prendre pour le solutionner. Cependant, la sentence de ce tribunal n'est nullement obligatoire, à moins que les parties ne se soient engagées d'avance à l'accepter [19]. Un conflit ne peut être soumis au conseil de conciliation que si les deux parties en font la demande et si l'une ou l'autre produit les détails du conflit [20]. Par ailleurs, un différend peut être soumis à un conseil d'arbitrage lorsqu'une des parties au litige adresse une demande en ce sens, après avoir essayé de solutionner le conflit au conseil de conciliation ou si les deux parties s'entendent pour requérir la tenue d'un conseil d'arbitrage sans avoir soumis le conflit à un conseil de conciliation; mais encore là, elles sont libres d'accepter ou non la sentence arbitrale. Un des particularismes de ces conseils d'arbitrage tient à la durée déterminée des fonctions des membres qui y siègent et qui est de deux ans, quoique les mandats sont renouvelables. De plus, alors

(16) GUILBAULT, J. «Lois fédérales de conciliation et d'arbitrage». *La Revue du Barreau.* Montréal, juin 1949, tome 9, n° 6, p. 272.

(17) *Ibid.*, p. 273.

(18) S.Q. 1901, c. 31.

(19) GUILBAULT, J. «Les lois québécoises de conciliation et d'arbitrage». *La Revue du Barreau.* Montréal, mai 1951, tome II, n° 5, p. 236.

(20) *Ibid.*, p. 235.

que ces conseils sont des organismes permanents, à partir de 1909, on décide par un amendement à la loi de créer les conseils d'arbitrage sur une base «ad hoc», c'est-à-dire qu'un nouveau conseil est formé pour chaque conflit. Cette Loi ne sera abrogée qu'en 1964 lors de l'adoption d'un nouveau *Code du travail* [21].

Ces deux lois, l'*Acte de conciliation* et la *loi des Différends ouvriers*, témoignent de la préoccupation des législateurs fédéral et provincial d'aider les patrons et les syndicats à solutionner leurs différends sans recourir à la grève. Cependant, comme les services de conciliation ou d'arbitrage mis à la disposition des parties sont totalement facultatifs, il n'y a aucune contrainte d'imposée pour chercher à éviter le conflit. Les parties sont toujours libres de recourir à l'épreuve de force en ignorant les dispositions des lois précitées.

En 1903, le parlement fédéral introduit un premier élément de contrainte dans les rapports entre employeurs et syndicats lorsqu'il adopte la *loi d'Arbitrage des chemins de fer* [22]. Même si son champ d'application est très limité, un important précédent est créé par cette Loi qui prévoit la nomination d'un comité de conciliation chaque fois qu'il existera un conflit entre les compagnies de chemin de fer et leurs employés et qu'il sera manifeste au Ministre que les parties contestantes seront incapables de régler elles-mêmes leur différend [23]. De plus, si la conciliation aboutit à un échec, on pourra recourir à un tribunal d'arbitrage. L'élément de contrainte imposé par le législateur provient du fait que, malgré que la sentence arbitrale ne soit pas exécutoire puisque les parties sont libres de l'accepter ou de la rejeter, la grève ou le lock-out sont interdites avant la tenue d'une enquête.

Ce dernier principe sera reconduit quelques années plus tard dans la *loi des Enquêtes en matière de différends industriels* de 1907 [24]. Cette Loi rend la conciliation et l'arbitrage obligatoires avant de faire la grève ou de recourir au lock-out dans les conflits industriels qui touchent l'intérêt public. Les services et les industries touchant l'intérêt public au sens de cette Loi sont les suivants : les mines, le transport, les communications et les services publics.

---

(21) S.Q. 1964, c. 45.

(22) S.C. 1903, c. 55.

(23) GUILBAULT, J. «Lois fédérales de conciliation et d'arbitrage». *La Revue du Barreau*. Montréal, juin 1949, tome 9, n° 6, p. 274.

(24) S.C. 1907, c. 20 (Loi Lemieux).

Cette Loi est invalidée en 1925 par un arrêt du Conseil privé dans la cause *Toronto Electric Commissioners VS Snider*. La Loi est jugée « ultra vires » parce qu'elle empiète sur les pouvoirs des provinces de qui doit relever la juridiction en matière du travail, en vertu de l'article 92 de l'*Acte de l'Amérique du Nord britannique*. Cette cause est importante car elle a servi à préciser les champs de juridiction respectifs du fédéral et des provinces en ce domaine. Malgré cet accident de parcours subi par la loi fédérale, la philosophie de base du rôle de l'État dans les relations patronales-syndicales n'en est pas du tout altérée. Tout ce qui se produit à la suite de la décision du Conseil privé est un nouveau partage des responsabilités entre les juridictions respectives et un rôle accru des législations provinciales. Ainsi, en 1925, le gouvernement canadien modifie sa loi de façon à ce qu'elle ne s'applique qu'aux entreprises de juridiction fédérale et, dans les années subséquentes, les gouvernements des provinces adoptent des législations similaires dans leur domaine de compétence. Au Québec, c'est par la *loi des Enquêtes en matière de différends industriels* de 1932 [(25)] que cette application de la loi fédérale est réalisée. Il faut cependant préciser que la *loi des Grèves et contre-grèves municipales* [(26)] de 1921 avait déjà introduit une procédure de conciliation et d'arbitrage obligatoire dans le cas des agents de police, des pompiers, des ouvriers de tout système municipal d'aqueduc, et des préposés à l'incinération des déchets. Cette Loi avait été passée à la suite de sérieux conflits survenus chez les employés des pompes de l'aqueduc municipal de Montréal en 1920, et chez les policiers et pompiers de la ville de Québec l'année suivante. Comme dans le cas de la Loi de 1932, par contre, la sentence arbitrale n'était pas exécutoire et les parties étaient libres de recourir à la grève ou au lock-out après la décision arbitrale.

Toutes ces législations témoignent d'un souci accru de la part des gouvernements d'empêcher que les conflits de travail n'éclatent ouvertement, puisque non seulement met-on à la disposition des parties des services de conciliation et d'arbitrage, mais en plus on stipule désormais que, pendant ces périodes où l'on cherche à solutionner le différend, les moyens de pression habituels ne peuvent s'exercer, du moins dans les entreprises touchant l'intérêt public.

On aura cependant remarqué que, tout comme lorsqu'il s'agissait des exceptions en droit pénal, il n'est jamais question du type de

---

(25) S.Q. 1931-32, c. 46.

(26) S.Q. 1921, c. 46.

relations qui doivent exister entre employeurs et syndicats, ni de la nature des ententes conclues entre ceux-ci. Le législateur n'indique pas dans ces législations qu'il favorise la négociation collective comme méthode de détermination des conditions de travail. Il reste davantage préoccupé par le souci de maintenir la paix industrielle.

En dépit de cette absence de dispositions législatives favorisant la négociation collective, le législateur québécois s'est quand même distingué en adoptant deux lois uniques au Canada qui auront pour effet de protéger le statut de la convention collective, d'une part, et d'en accroître la portée, d'autre part.

En effet, la *loi des Syndicats professionnels* [27] de 1924 permet à des personnes qui exercent la même profession ou le même emploi de se constituer en syndicat, et celui-ci peut se faire incorporer comme personne civile. Cette Loi reconnaît que l'une des fonctions importantes des syndicats est de «*veiller à la défense et à l'avancement des intérêts économiques, sociaux et moraux de leurs membres*» (article 6), et c'est pourquoi, parmi les pouvoirs attribués aux syndicats, on inclut celui de «*passer avec tous autres syndicats, sociétés, entreprises ou personnes, les contrats ou conventions relatives à la poursuite de leur objet et spécialement ceux visant les conditions collectives de travail*» (article 9.9). Grâce à cette Loi, «*le contrat collectif, qui jusqu'alors n'était qu'un engagement d'honneur ("gentleman's agreement") devient un acte juridique permettant aux ouvriers de réclamer devant les tribunaux les salaires prévus par le contrat*» [28].

Il est à noter que les unions internationales s'étaient opposées à cette législation réclamée par les syndicats catholiques (sans doute parce que ces derniers étaient moins puissants que les premiers et que, de toute façon, les unions internationales s'objectaient à toute intervention de l'État dans les rapports entre employeurs et syndicats). Ce furent donc presque exclusivement les syndicats catholiques qui demandèrent leur incorporation. La *loi des Syndicats professionnels* existe encore aujourd'hui, mais son utilité a été grandement diminuée par l'introduction de nouvelles législations offrant une plus grande protection aux syndicats, comme nous le verrons plus loin.

Tout comme la loi précédente a été le résultat de demandes formulées par les dirigeants de la CTCC qui s'étaient inspirés d'une

(27) S.Q. 1924, c. 112.

(28) CHARTIER, R. «Les Lois du salaire minimum des femmes, des grèves et contre-grèves municipales, du département du travail et des syndicats professionnels». *Relations industrielles*. Québec: PUL, 1962, vol. 17, n⁰ 4, p. 464.

législation française, la *Loi relative à l'extension des conventions collectives* [29] sanctionnée le 20 avril 1934 est adoptée à la suite d'un cheminement analogue. C'est encore à l'intérieur de la CTCC, notamment lors de ses congrès de 1929 et 1931, que naît l'idée d'obtenir une loi visant à extensionner certaines conventions collectives. La propagande des syndicats catholiques auprès des corps publics et du patronat aboutit finalement trois ans plus tard.

D'après Marie-Louis Beaulieu, «*les auteurs du projet se sont inspirés des publications du Bureau international du travail, de la loi italienne sur les corporations, de la loi allemande passée sous la République de Weimar... (mais) une grande part du mérite en revient au sous-ministre du travail de l'époque, M. Gérard Tremblay*» [30].

Cette Loi, même si elle n'impose pas encore la négociation collective aux employeurs, vient compléter la *loi des Syndicats professionnels* de 1924 en permettant au Lieutenant-gouverneur en conseil (donc au gouvernement) de rendre obligatoire, pour tous les salariés et employeurs d'un même métier ou d'une même industrie, les dispositions d'une convention collective particulière relatives au taux de salaire et à la durée du travail, pourvu que ces dispositions aient acquis une signification et une importance prépondérante pour l'établissement des conditions de travail d'un métier ou d'une industrie, dans la région pour laquelle la convention a été conclue. Ces dispositions ont le pas sur tout contrat individuel moins généreux [31].

Les parties à une convention collective rendue obligatoire doivent constituer un comité conjoint chargé de surveiller cette convention et d'en assurer l'application.

L'objectif original d'une telle législation est d'empêcher la concurrence injuste au sein d'une même industrie ou d'un même métier, entre les employeurs dont les travailleurs sont syndiqués et ceux dont les travailleurs ne le sont pas et qui ont généralement à supporter des coûts de main-d'œuvre moins élevés. Il existe actuellement plus d'une cinquantaine de décrets qui s'appliquent à plus de 150 000 travailleurs au Québec, et on les retrouve surtout dans des secteurs économiques caractérisés par l'existence d'un grand nombre

---

(29) S.Q. 1934, c. 56.

(30) CHARTIER, R. «La création du ministère du Travail, l'extension juridique des conventions collectives et les années d'avant-guerre (1931–1939)». *Relations industrielles*. 1963, vol. 18, n⁰ 2, p. 222.

(31) *Loc. cit.*

de petits employeurs : vêtement, camionnage local, fabrication de meubles, coiffure, etc.

On constate donc que même si le Québec, comme les autres provinces canadiennes, a attendu jusqu'à la fin de la Deuxième Guerre mondiale avant d'encourager concrètement la négociation collective, il a néanmoins fait œuvre de pionnier en permettant un encadrement juridique de la convention collective par ses lois de 1924 et 1934. La présence de syndicats catholiques, phénomène unique en Amérique du Nord, y a sans doute été pour quelque chose, car aucun autre gouvernement sur ce continent n'a adopté de législations similaires.

5.2 LA NÉGOCIATION COLLECTIVE OBLIGATOIRE

5.2.1 Les lois de 1944

Il ne fait aucun doute que l'adoption de la *loi des Relations ouvrières* [32] par le gouvernement du Québec le 3 février 1944 constitue la pierre angulaire de tout le régime actuel de négociation collective. En effet, même si cette Loi a été abrogée en 1964 et remplacée par un nouveau *Code du travail* qui a lui-même subséquemment subi des amendements majeurs, c'est à cette occasion qu'a été posé le principe fondamental de l'obligation pour l'employeur de négocier une convention collective de travail avec le syndicat représentant la majorité absolue de ses employés.

a) *Trois facteurs importants*

Avant d'aborder le contenu de cette Loi et d'une autre tout aussi importante adoptée le même jour (*la loi des Différends entre les services publics et leurs salariés* [33]), il importe de bien comprendre les principaux facteurs qui ont amené le législateur québécois à poser ce geste d'encouragement en faveur de la syndicalisation et de la négociation collective. On peut identifier trois raisons majeures qui expliquent la décision politique de vouloir généraliser le régime de négociation collective à travers tout le Québec.

---

(32) S.Q. 1944, c. 30.

(33) S.Q. 1944, c. 31.

La première raison est tout à fait intrinsèque à la situation québécoise, et elle consiste à considérer les deux lois de 1944 comme l'aboutissement logique d'une série de mesures prises antérieurement, comme la *loi des Syndicats professionnels* et la *Loi relative à l'extension des conventions collectives*, lesquelles se devaient de culminer dans une législation concrète et positive en faveur de la négociation collective.

Outre les deux lois ci-haut mentionnées qui témoignent déjà de l'intérêt manifesté par le gouvernement en faveur de ce mode de détermination des conditions de travail, on retrouve d'autres références législatives peut-être moins connues, mais tout aussi révélatrices des intentions du législateur québécois. Ainsi en 1937, lorsque le gouvernement adopte la *loi des Salaires raisonnables* [34] qui deviendra trois ans plus tard la *loi du Salaire minimum* [35], le législateur admet formellement que cette Loi joue un rôle supplétif envers les nombreux salariés qui ne peuvent bénéficier des avantages du droit d'association et des conventions collectives. D'un autre côté, la *loi de la Convention collective de 1940*, nouvelle version de la loi de 1934, établit clairement «*qu'il est opportun d'adopter, d'étendre et de rendre obligatoires les conditions de travail consignées dans les conventions collectives, tant pour prévenir la concurrence déloyale faite aux signataires que pour établir le juste salaire et satisfaire à l'équité* [36]». Par conséquent, dans l'esprit du législateur québécois, l'extension juridique des conventions collectives n'a plus uniquement pour but de prévenir la concurrence déloyale entre les employeurs d'une même industrie, mais elle a également pour fonction d'établir le juste salaire. C'est donc admettre explicitement que la négociation collective constitue le meilleur moyen pour les salariés d'obtenir des conditions de travail équitables.

Cette admission est d'ailleurs confirmée dans le préambule de la *loi du Salaire minimum* adoptée la même année, où l'on affirme : «*Considérant que s'il est préférable que la réglementation nécessaire soit faite par le moyen des conventions collectives rendues obligatoires...*». De là à légiférer pour imposer la négociation collective aux employeurs, il n'y a qu'un pas... que le gouvernement devait finalement franchir quatre ans plus tard.

---

(34) S.Q. 1937, c. 50.

(35) S.Q. 1940, c. 39.

(36) CHARTIER, R. «La Seconde Guerre mondiale, le Conseil supérieur du travail et les lois ouvrières de 1944 (1940-1945)». *Relations industrielles*. 1963, vol. 18, n⁰ 3, p. 348.

Même si l'on peut présumer que le gouvernement du Québec en serait de toute évidence venu à imposer la négociation collective aux employeurs sous une forme ou sous une autre, et même si la législation provinciale a été adoptée deux semaines avant la version fédérale de la même Loi (C.P. 1003), il n'en reste pas moins que le législateur québécois, comme ceux d'autres provinces qui posèrent des gestes similaires à la même époque, avait soigneusement étudié le projet fédéral avant sa sanction. Ce projet, élaboré dans le prolongement de l'enquête menée par le Conseil national du travail en temps de guerre et qui avait identifié comme principales causes aux nombreux conflits survenus entre 1941 et 1943 le droit de négociation frustré, l'opposition patronale au syndicalisme, la crise économique et les rivalités syndicales, s'inspirait grandement du National Labor Relations Act adopté en 1935 aux États-Unis, dans des circonstances assez similaires.

Par conséquent, alors que l'on peut établir hors de tout doute que le gouvernement du Québec avait déjà opté en faveur du régime de négociation collective, et ce, peut-être même avant que les gouvernements américain et canadien en reconnaissent la nécessité, l'influence de ces deux expériences «extérieures» au contexte québécois a quand même été décisive du point de vue du contenu spécifique de la *loi des Relations ouvrières*.

Enfin, la raison peut-être la plus importante expliquant l'adoption de la *loi des Relations ouvrières de 1944* réside dans l'état de crise où se trouvaient les relations du travail au Québec (comme dans le reste du Canada, d'ailleurs) pendant la Deuxième Guerre mondiale.

En effet, deux conflits majeurs survenus dans la région du Saguenay-Lac-Saint-Jean aux usines de Price Brothers Limited et à celles de Lake St-John Power and Paper Company, de même que quelques autres grèves et menaces de grèves dans les services publics, amenèrent le gouvernement provincial à créer, en avril 1943, une commission d'enquête formée de trois membres et présidée par le juge J.-Alfred Prévost. Cette commission devait produire un rapport dont les conclusions seront assez identiques à celles formulées par le Conseil national du travail fédéral, et dont le gouvernement du Québec s'inspirera grandement pour rédiger la *loi des Relations ouvrières*.

L'une des constatations que fit la Commission Prévost était que le régime de pluralisme syndical, en l'absence d'une réglementation étatique spécifique, pouvait donner lieu à des frustrations et à des conflits importants. Ainsi, dans le cas des deux conflits mentionnés plus haut, l'employeur ayant accepté une clause de sécurité syndicale dite «atelier fermé» d'une union internationale n'acceptait de discuter les conditions de travail qu'avec ce syndicat, alors que, dans les faits, la majorité des travailleurs étaient membres d'un syndicat catholique affilié à la CTCC. D'un autre côté, la Commission constata également que plusieurs grèves étaient déclenchées dans le seul but de faire reconnaître le syndicat par l'employeur. C'est pourquoi le gouvernement du Québec, tout comme ceux des autres provinces et du gouvernement fédéral canadien, croyait, comme l'avait cru dix ans plus tôt le gouvernement des États-Unis, qu'en obligeant les employeurs à reconnaître le syndicat représentant majoritairement ses employés et à négocier avec celui-ci une convention collective de travail, l'une des causes majeures des conflits de travail de l'époque serait supprimée.

On voit donc que, malgré l'appui incontestable donné par le législateur en faveur de la syndicalisation et de la négociation collective, les pouvoirs publics n'ont pas abandonné les objectifs traditionnels poursuivis par les législations précédentes, à savoir : le maintien de la paix industrielle par la prévention et le contrôle étatique des conditions dans lesquelles s'exerce le rapport de force entre les parties syndicales et patronales. Cette dernière observation nous amène à analyser brièvement le contenu de la *loi des Relations ouvrières* et de son complément pour le secteur public : la *loi des Différends entre les services publics et leurs salariés*.

b) *Le contenu des lois de 1944 et leur application pratique*

Essentiellement, la *loi des Relations ouvrières* établit les principes suivants : reconnaissance réaffirmée et explicitée de la liberté syndicale ; détermination des pratiques déloyales interdites aux employeurs et aux salariés, comme le fait, pour l'employeur, de congédier des employés parce qu'ils participent à des activités syndicales ; obligation pour l'employeur de négocier de bonne foi une convention collective, si l'agent négociateur des salariés établit, devant la Commission chargée de surveiller l'application de la Loi, qu'il représente la majorité absolue des salariés d'une unité économique ; recours obligatoire à la procédure de conciliation et d'arbitrage en cas d'insuccès des négociations directes ; suspension du droit de grève et de lock-out, tant que les procédures indiquées n'ont pas été épuisées et qu'un délai de quatorze jours n'a pas été compté après la date de réception de la sentence arbitrale par le Ministre du Travail [37].

Contrairement au législateur américain qui, par le N.L.R.A., a laissé les parties libres de recourir à l'épreuve de force sans passer par les étapes préalables de la conciliation et de l'arbitrage, le gouvernement du Québec, comme celui des autres provinces et celui du Canada, impose une double période d'intervention conciliatrice pendant laquelle le recours à la grève ou au lock-out est interdit. Ce n'est qu'au terme de cette période que l'arrêt de travail peut avoir lieu. On retrouve là un net renforcement des procédures de conciliation par rapport à la *loi des Enquêtes en matière de différends industriels* car, on se le rappellera, cette dernière Loi ne s'appliquait qu'à certains services jugés d'intérêt public, tandis que désormais la *loi des Relations ouvrières* s'applique à toutes les entreprises du secteur privé de l'économie. De plus, deux étapes distinctes doivent être franchies (conciliation et arbitrage) avant l'acquisition du droit de grève.

Par ailleurs, la *loi des Différends entre les services publics et leurs salariés*, qui abroge l'ancienne *loi des Grèves et contre-grèves municipales* de 1921 ainsi qu'une autre loi dont nous n'avons pas parlé — la *Loi relative à l'arbitrage des différends entre certaines institutions de charité et leurs employés* [38] qui avait pour objet d'interdire le droit de grève dans le secteur concerné, tout en y substituant une formule d'arbitrage obligatoire avec sentence exécutoire — généralisent ce dernier principe à l'endroit de tous les services publics.

Ainsi, l'effet recherché par ces deux législations était de favoriser le développement du syndicalisme et de la négociation collective, tout en rétablissant la paix industrielle au sein d'une société en proie à de graves conflits sociaux. À court terme, il est indéniable que les objectifs ont été atteints, car non seulement le mouvement syndical vit ses effectifs augmenter substantiellement, par suite de l'afflux de nouveaux membres recrutés surtout chez les travailleurs semi ou non qualifiés qui ne bénéficiaient pas de la force

---

(37) *Ibid.*, p. 356.

On peut signaler également qu'en 1944 l'accréditation pouvait être émise à un conseil syndical formé de deux ou plusieurs syndicats; chacun des deux syndicats regroupant plus d'un certain nombre de salariés pouvait alors administrer la convention pour ses membres. De plus, il était possible à une association patronale de se faire accréditer. Dans les faits, ces deux dispositions n'ont pas fonctionné, mais ce n'est qu'en 1964 qu'elles disparurent de la loi.

(38) S.Q. 1939, c. 60.

économique suffisante pour forcer leurs employeurs à négocier des conventions collectives sans le concours d'une législation favorable, mais les arrêts de travail se firent également moins nombreux dans les années suivant le passage de ces lois. Par exemple, alors que de 1941 à 1944 la moyenne annuelle du nombre de grèves au Québec était de 82, ce chiffre baisse à 47,3 dans la période 1945-47 (voir tableau 5.1). D'un autre côté, au cours de la seule année 1946, les effectifs syndicaux augmentent de 22 p. cent et le taux de syndicalisation passe de 20 p. cent à 25 p. cent[39]. Il faut dire que ce sont surtout les unions internationales qui bénéficient de cette poussée, car les effectifs de la CTCC croissent très peu.

Par ailleurs, il est difficile d'attribuer à la seule efficacité des procédures de règlement des conflits, introduites par les lois de 1944, le maintien de la paix industrielle relative qu'a connue le Québec jusqu'au début des années 1960. Ainsi, comme l'indique le tableau, les divers indicateurs permettant de mesurer l'impact quantitatif du phénomène de grève révèlent l'existence d'un climat social peu perturbé par les arrêts de travail, du moins en comparaison avec celui de la période 1961-1967. Cette accalmie relative pendant la période 1944-1960 a quand même été accompagnée de quelques longs conflits spectaculaires, comme celui d'Asbestos en 1949, qui expliquent la hausse du nombre de jours/personnes perdus entre 1948 et 1955.

Il faut surtout attribuer cette paix industrielle apparente au contexte socio-politique de l'époque et surtout au style de gouvernement adopté par le Premier ministre Duplessis, plutôt que dans l'efficacité des procédures de conciliation et d'arbitrage. En effet, que ce soit directement, par l'application de différentes lois dont nous avons déjà fait mention dans la partie précédente, ou indirectement, par son interférence systématique dans les opérations de la Commission des relations ouvrières qu'il vint à contrôler subtilement, Duplessis ne cessait d'harceler le mouvement syndical. À titre d'exemple, citons le fameux règlement n° 1 de la CRO qui permet à cet organisme de retirer, selon son bon vouloir, un certificat de reconnaissance à un syndicat reconnu, soit parce qu'elle estime que celui-ci n'est plus représentatif, soit parce qu'il n'est pas considéré comme étant de bonne foi. Ce célèbre règlement sera utilisé très souvent pour retirer les certificats de reconnaissance à des syndicats trop militants,

---

(39) DAVID, H. « L'état des rapports de classe au Québec de 1945 à 1967 ». *Le Mouvement ouvrier au Québec* (Fernand Harvey, édit.). Montréal : Boréal Express, 1980, p. 236.

TABLEAU 5.1: **Diverses mesures agrégatives du mouvement de grève, de 1945 à 1967, par période de conjoncture (moyenne annuelle)**

Périodes	Nombre de grèves	jour/personnes de grève	Propension globale	Durée moyenne en jours	Nombre de grévistes	Jours de grève par gréviste
1945–46	47,3	260 249	0,26	10,9	15 609	14,9
1948–55	31,5	412 590	0,34	27,8	10 339	34,6
1956–60	38,6	383 533	0,27	28,4	12 025	27,9
1961–65	70,8	659 311	0,40	23,6	26 465	18,3
1966–67	140,0	2 100 616	1,08	26,0	118 105	15,6
1945–67	53,1	586 994	0,41	23,4	24 269	24,2

Source: DAVID, H. «Les rapports de classe au Québec de 1945 à 1956». *Le Mouvement ouvrier au Québec* (F. Harvey, édit.). Montréal: Boréal Express, 1980, p. 261.

leur interdisant de faire grève dans le cadre de la légalité [40]. De plus, comme la Loi n'oblige pas les commissaires de la CRO à justifier leurs décisions publiquement, des travailleurs syndiqués se voient souvent refuser leur demande d'accréditation, même s'ils représentent plus de 50 p. cent des travailleurs de l'entreprise. Selon un auteur fiable, le pourcentage d'auditions accordées par la CRO aux requérants est d'environ 10 p. cent au Québec alors qu'en Ontario, il y a audition presque à chaque requête [41]. Enfin, utilisant ses prérogatives de Procureur général, fonction qu'il cumulait en même temps que celle de chef du gouvernement, Duplessis n'hésita pas à dépêcher la police provinciale dans certaines grèves, sans même y avoir été sollicité par les autorités municipales concernées et souvent contre leur gré ; ces contingents escortaient les briseurs de grève jusqu'aux locaux de l'établissement ; ils molestaient les grévistes qui faisaient du piquetage ; ils mettaient à sac les quartiers généraux des syndicats ; ils arrêtaient et portaient des accusations farfelues contre les dirigeants de grève, accusations qui ne seront pas reprises une fois le conflit réglé, afin d'éloigner les dirigeants des lieux ; ils intimidaient les ouvriers en allant à leur domicile pendant la nuit et en les incitant à retourner au travail [42].

C'est donc de cette paix industrielle qu'il est question, lorsqu'on examine les statistiques du tableau. Il n'est pas étonnant que la progression des effectifs syndicaux amorcée dans la période 1945–47 ne se soit pas maintenue. En effet, de plus de 10 p. cent qu'elle était dans ces années de l'après-guerre, la croissance annuelle chute à 5,2 p. cent entre 1948–1955, et à 1,7 p. cent entre 1956 et 1960 [43].

Il est toujours difficile d'évaluer l'efficacité d'une procédure de réglementation des conflits car, comme nous venons de le voir, les indicateurs du nombre et de l'ampleur des arrêts de travail peuvent souvent être influencés par des facteurs qui n'ont rien à voir avec la procédure elle-même. On peut cependant dire de la procédure introduite par la *loi des Relations ouvrières* qu'elle fut rapidement perçue comme une mesure partiale favorisant les patrons, retardant le processus de négociation et ne menant à rien de bon pour la partie

(40) *Ibid.*, p. 235.

(41) ROBACK, L. «Unions en danger». *Renseignements ouvriers*. Montréal : Research Associates, janvier 1951, p. 41-42.

(42) DAVID, H. *Op. cit.*, p. 234.

(43) *Ibid.*, p. 240-246.

syndicale qui ne s'y conformait qu'à contrecœur pour demeurer dans la légalité. Comme le souligne Pierre Vadeboncœur :

«À cette époque, la Loi des relations ouvrières prohibait la grève tant que les procédures de conciliation et ce qu'elle appelait improprement l'arbitrage n'étaient pas terminées et qu'il ne s'était pas écoulé quatorze (14) jours depuis la réception par le Ministre des recommandations des "arbitres". Comme ces diverses procédures étaient longues et, dans bien des cas retardées par l'obstruction ou par l'inertie du Ministère, il importait de ne pas laisser traîner les négociations lorsqu'elles paraissaient vouées à l'échec, car elles éloignaient d'autant le jour où la grève, après l'"'arbitrage'", pourrait être déclenchée légalement. Dans de telles circonstances, il était préférable de passer immédiatement à l'étape subséquente imposée par la loi.» [44]

Vadeboncœur cite le conflit de Dupuis Frères pour illustrer cette situation, alors que le Président du Tribunal d'arbitrage fut nommé le 25 juin 1951 et que la décision fut connue le 7 avril 1952, soit 9 mois et demi plus tard. Parfois même, comme ce fut le cas de la célèbre grève d'Asbestos de 1949, le syndicat devait déclencher l'arrêt de travail avant l'expiration de la procédure s'il voulait maximiser le rapport de force. Il se plaçait, par contre, dans une situation d'illégalité que ne manquaient pas d'exploiter l'employeur et le gouvernement.

5.2.2   Le Code du travail de 1964

Lorsque la Révolution tranquille s'amorce au début des années 1960, de nombreuses réformes sont mises de l'avant par le gouvernement libéral de Jean Lesage et les lois du travail vont faire l'objet d'une révision en profondeur qui culminera dans l'adoption du Code du travail en 1964.

Parmi les améliorations qui s'imposent se trouve la procédure de réglementation des conflits, tant dans le secteur public que dans le secteur privé. Même si un amendement à la loi des Relations ouvrières adopté en 1961 a pour effet de parer à certains des inconvénients soulignés plus haut par Pierre Vadeboncœur (notamment en allégeant la procédure d'arbitrage [45] et en fixant un délai

---

(44) «Dupuis Frères, 1952». En grève. Montréal : Éditions du Jour, 1963, p. 109.

(45) HÉBERT, G. «La genèse du présent Code du travail». Le Code du travail du Québec (20ᵉ Congrès des relations industrielles de l'université Laval). Québec : PUL, 1965, p. 17.

statutaire après lequel les syndiqués ont le droit de faire la grève alors que les dispositions précédentes rattachaient ce délai à la publication d'une sentence arbitrale que les arbitres pouvaient rendre quand bon leur semblait [46]), on peut dire de cette modification que c'est «trop peu, trop tard».

Les frustrations accumulées par les organisations syndicales sont trop grandes pour que celles-ci se contentent de demi-mesures, et le gouvernement en place, qui manifeste une certaine ouverture vis-à-vis du mouvement syndical, peut certainement aller plus loin dans la réforme; d'autant plus que les provisions relatives à l'arbitrage obligatoire prévues par la *loi des Différends entre les services publics et leurs salariés* jouent de plus en plus au détriment des syndiqués qui se voient offrir des conditions de travail nettement inférieures à celles des travailleurs du secteur privé. C'est pourquoi on commence à assister, vers les années 1962-1963, à des grèves et à des menaces de grèves illégales de la part d'employés municipaux, d'infirmières et d'enseignants.

Dans la confusion générale entourant l'introduction d'un Code du travail qui abroge la *loi des Relations ouvrières* et six autres lois dont la *loi des Différends ouvriers de 1901*, la *loi des Enquêtes en matière de différends industriels de 1932*, et la *loi des Différends entre les services publics et leurs salariés de 1944*, et dont le gouvernement dut présenter quatre versions différentes afin de satisfaire aux exigences de plusieurs groupes de pression, les syndicats voient leurs principales revendications satisfaites. Parmi celles-ci, il faut souligner l'acquisition (on devrait dire la restauration) du droit de grève pour tous les employés du secteur public, y compris les fonctionnaires, à l'exception des policiers et des pompiers, ainsi que la suppression de l'étape de l'arbitrage suivant celle de la conciliation et précédant le recours à la grève. Désormais, et ce jusqu'à la réforme de 1977, un syndicat pourra déclencher une grève, et l'employeur un lock-out, soixante jours (90 s'il s'agit d'une première convention) après la réception par le Ministre du Travail d'un avis donné par l'une ou l'autre des parties à l'effet que les négociations sont dans une impasse, à moins que les parties ne décident de soumettre leur différend à un conseil d'arbitrage. Cette procédure vaut autant pour le secteur public que pour le secteur privé. On constate que le recours à l'arbitrage est maintenant facultatif et qu'il nécessite le consentement des deux parties, sauf dans les deux cas suivants : les pompiers et les policiers pour qui la grève demeure interdite et dont

---

(46) DAVID, H. «L'état des rapports de classe au Québec de 1945 à 1967». *Le Mouvement ouvrier au Québec* (Fernand Harvey, édit.). Montréal : Boréal Express, 1980, p. 250.

l'arbitrage obligatoire avec sentence exécutoire continue de s'appliquer.

Les seules restrictions à l'exercice du droit de grève par les employés du secteur public, autres que les policiers et les pompiers, concernent la nécessité pour le syndicat d'expédier au Ministre un avis de huit jours indiquant le moment où il entend recourir à la grève, ainsi que la mise en place à l'article 99 d'une procédure spéciale, fortement inspirée de la loi américaine *Taft-Hartley* (celle-ci étant un amendement au NLRA introduit en 1947), et qui permet au cabinet des ministres d'instituer une commission d'enquête s'il croit que la grève, actuelle ou appréhendée, peut mettre en danger la santé ou la sécurité publique. Par la même occasion, le Procureur général peut demander à un juge de la Cour supérieure d'émettre une injonction temporaire pour empêcher la grève ou y mettre fin; celle-ci doit prendre fin au plus tard vingt jours après l'expiration du délai de soixante jours accordé à la commission d'enquête pour la production de son rapport, lequel délai ne peut être prolongé.

Pour plusieurs, l'adoption du *Code du travail* semble doter le Québec de l'une des législations du travail les plus libérales en Amérique du Nord. Ce jugement est largement exagéré car, même si la nouvelle législation consolide un ensemble de lois tout en en abrogeant plusieurs autres, il ne traite finalement que des relations du travail au sens strict; malgré son titre, il ne s'agit donc pas d'un véritable *Code du travail*. D'un autre côté, son caractère avant-gardiste repose essentiellement sur l'octroi du droit de grève aux employés du secteur public, alors que le Québec a devancé la plupart des autres législations nord-américaines sur cette question. Pour le reste, le gouvernement n'a fait que « rafraîchir » l'ancienne *loi des Relations ouvrières* en étendant le droit d'association à de nouveaux groupes, comme les membres des professions libérales, les domestiques de maisons et les employés des exploitations agricoles, et en confirmant la possibilité pour les fonctionnaires de se syndiquer, quoique ni la *loi des Relations ouvrières* ni la *loi des Différends entre les services publics et leurs salariés* ne les excluait de leur juridiction. Cependant, la reconnaissance du Syndicat des fonctionnaires provinciaux du Québec, à l'intérieur même de la *loi de la Fonction publique* [47], après que celui-ci eut remporté un vote de représentation contre une association indépendante, témoigne de l'encouragement

---

(47) S.Q. 1965, c. 14.

non déguisé que manifestait le gouvernement envers la syndicalisation des employés du secteur public à cette époque, et qui contrastait singulièrement avec le style du précédent gouvernement.

En fait, c'est peut-être ce dernier facteur — l'attitude du gouvernement vis-à-vis du mouvement syndical — qui explique davantage l'allure avant-gardiste de la réforme de 1964, plutôt que le contenu objectif de la loi elle-même. Le domaine où il est le plus facile de constater ce changement d'attitude est sans doute celui de l'administration de la législation par la Commission des relations du travail, laquelle remplace l'ancienne Commission des relations ouvrières. Bien que les pouvoirs des deux organismes aient été sensiblement les mêmes, la nouvelle CRT put exercer son rôle sans ingérence politique, contrairement à son prédécesseur qui était un instrument anti-syndical dans les mains de Duplessis. Car, en dehors de l'octroi du droit de grève aux employés du secteur public, la loi ne confère aucun droit aussi fondamental que ne l'avait fait la *loi des Relations ouvrières* lorsqu'elle introduisit le principe de la négociation collective obligatoire.

5.3 ENCADREMENT LÉGAL ACTUEL DE LA NÉGOCIATION COLLECTIVE

L'encadrement légal actuel de la négociation collective au Québec repose encore aujourd'hui sur les éléments fondamentaux introduits par la *loi des Relations ouvrières de 1944* tels que : l'obligation pour un employeur de négocier de bonne foi une convention collective avec le syndicat représentant la majorité absolue de ses employés ; l'interdiction de certaines pratiques déloyales qui auraient pour effet d'empêcher la syndicalisation ou de contraindre des individus à poser des gestes considérés illégaux par la loi ; ainsi que la surveillance de l'observance de la Loi par un organisme ayant des pouvoirs quasi judiciaires. Ces éléments ont été reconduits dans le *Code du travail* de 1964 qui abrogeait la loi précédente, et dont la principale contribution était de simplifier et de libéraliser la procédure de réglementation des conflits d'intérêts en supprimant la distinction entre le secteur public et le secteur privé, et en limitant la conciliation à une seule étape obligatoire préalable à l'exercice du droit de grève.

Le *Code du travail* a subi, depuis 1964, plusieurs amendements mineurs, une transformation de forme substantielle en 1969 ainsi qu'une refonte majeure en 1977. Malgré tout, son économie générale, sauf à une exception près que nous verrons plus loin, n'a pas été fondamentalement modifiée. La principale caractéristique de l'encadrement légal actuel de la négociation collective est la tendance systématique à recourir à des dispositions législatives d'exception (lois spéciales, arrêtés en conseil) et à augmenter les pouvoirs des agents extérieurs aux parties (enquêteurs, conciliateurs, conseils d'arbitrage, etc.). La conséquence pratique de cette situation nouvelle est que l'on peut difficilement comprendre la portée des règles du *Code du travail*, sans tenir compte en même temps de celles qui sont à l'extérieur du Code. C'est pourquoi nous allons, dans un premier temps, passer en revue les principales modifications apportées au *Code du travail* depuis 1964 ; en second lieu, nous nous intéresserons aux dispositions légales hors du Code ; et enfin, nous verrons de quelle façon les pouvoirs des agents extérieurs aux parties ont été accrus, surtout depuis la réforme de 1977.

5.3.1 Les transformations du Code du travail

Depuis 1964, le *Code du travail* a subi quelques amendements mineurs relatifs aux sujets suivants : la définition de salariés [48] ; le mandat qu'une corporation scolaire peut donner à une commission scolaire régionale ou à une association de corporations scolaires pour les fins de la négociation collective [49] ; le statut des membres de certaines professions et des employés de ferme [50]. De plus, en 1969, le législateur a introduit, à la demande expresse des organisations syndicales et sous prétexte de faire disparaître les syndicats de boutique, un amendement qui avait pour effet d'éliminer du Code les associations «reconnues» et de rendre illégale toute négociation collective avec ces groupements [51]. L'objectif était certes louable, mais un effet secondaire de cet amendement était d'invalider les conventions collectives signées par d'authentiques syndicats de professionnels qui n'avaient pas demandé l'accréditation à cause du statut de «cadres» de plusieurs de leurs membres. C'est pourquoi, l'année suivante, un nouvel amendement [52] est venu régulariser le statut de ces syndicats que l'on retrouvait à Hydro-Québec et à la Ville de Montréal. La conséquence à long terme de cette modification

---

(48) S.Q. 1965, c. 14 et L.Q. 1969, c. 20.

(49) S.Q. 1965, c. 50.

(50) S.Q. 1965, c. 50.

(51) L.Q. 1969, c. 48.

(52) L.Q. 1970, c. 33.

155

législative a toutefois été très nuisible au développement du syndicalisme de cadres, comme en témoigne l'absence quasi totale aujour-
d'hui de tels syndicats qui avaient pourtant commencé à se développer
au milieu des années 1960.

En 1969 également, le gouvernement du Québec a procédé à
une révision substantielle du *Code du travail*. En effet, on a décidé de
remplacer l'organisme de surveillance du Code — la Commission des
relations du travail — par un mécanisme à trois paliers constitué des
éléments suivants : l'enquêteur, le commissaire-enquêteur et le Tribunal du travail. En 1977, on changea l'appellation d'enquêteur pour
celle d'agent d'accréditation, et l'appellation de commissaire-enquêteur
pour celle de commissaire du travail. Même si la modification de 1977
simplifiait les règles et conférait de nouveaux pouvoirs à l'agent
d'accréditation par rapport à ceux dévolus à l'enquêteur, ces changements, tout comme ceux de 1969 relatifs aux mécanismes d'application du Code, sont essentiellement d'ordre administratif et ne
remettent nullement en cause les aspects fondamentaux du régime
de rapports collectifs, institués par la loi initiale de 1944.

On peut quand même signaler qu'un des objectifs visés par
l'instauration d'un Tribunal du travail, composé de juges de la Cour
provinciale ayant une certaine expertise en matière de relations du
travail et qui doivent agir comme instance d'appel des décisions des
commissaires du travail, était la réduction des recours devant les
tribunaux civils. Il semble cependant que, depuis la douzaine d'années
que le régime fonctionne, ces recours civils soient encore très
nombreux et peut-être même davantage que dans d'autres provinces
ne possédant pas pareil tribunal spécialisé [53].

Les amendements introduits par le gouvernement du Parti
québécois en 1977 au moyen du très controversé bill 45 [54] peuvent
être considérés comme plus substantiels que toutes les autres modifications subies par le *Code du travail* depuis 1964. Le nouveau
gouvernement qui, comme celui du Parti libéral au début des années
1960, avait promis d'apporter des changements importants dans les
lois du travail [55], justifia le contenu du Projet de loi 45 sur la base du
fait que le *Code du travail* québécois était à bien des égards devenu
désuet par rapport à d'autres législations canadiennes. On insistait

---

(53) MELANÇON, V. «Les tribunaux administratifs : Le Code du travail au Québec». *La Gestion des
      relations du travail au Québec* (N. Mallette, édit.). Montréal : McGraw-Hill, 1980, p. 109-110.

(54) L.Q. 1977, c. 41.

(55) Voir le programme électoral du Parti québécois.

également sur la nécessité d'introduire des mesures pour civiliser davantage les rapports entre syndicats et employeurs, car les dernières années avaient été marquées par de violents conflits.

Paradoxalement, le Projet de loi 45 fut dénoncé autant par le monde patronal que par plusieurs organisations syndicales, les uns prétendant que la législation donnait trop de pouvoirs aux syndicats et les autres trouvant les modifications proposées insuffisantes. Un examen des principaux sujets abordés révélera peut-être si ces craintes étaient fondées, quoique seule l'expérience pratique permettra de porter un jugement adéquat sur l'impact de cette réforme.

Conciliation volontaire

L'une des façons envisagées pour améliorer le fonctionnement du processus de négociation a été de rendre la conciliation totalement volontaire, ce qui revient à consacrer l'acquisition du droit de grève dès l'expiration de la convention collective. En introduisant cette modification, le gouvernement avançait que la conciliation, lorsqu'elle était obligatoire, avait perdu toute sa signification puisque, bien souvent les parties ne la considéraient plus que comme une simple formalité à franchir avant de déclencher les moyens de pression légaux. En rendant la conciliation volontaire, le législateur québécois cherche à revenir à la philosophie fondamentale du *National Labor Relations Act*, qui consiste à laisser les parties prendre leurs responsabilités tout en permettant à la conciliation de jouer son véritable rôle lorsqu'elle sera ponctuellement utilisée à la demande de l'une ou l'autre partie ou sur l'initiative du Ministre (articles 54 et 55).

En même temps qu'il posait ce geste, le gouvernement québécois mettait sur pied un programme de médiation préventive dans le but d'aider les parties, ayant à faire face à des problèmes majeurs, à aborder ces sujets avec l'aide de conseillers du Ministre du Travail en dehors des périodes de renouvellement des conventions collectives. Il est cependant trop tôt pour savoir si ces deux mesures, que l'on veut complémentaires, ont produit des résultats positifs sur le règlement des conflits et sur le processus de négociation lui-même.

Assouplissement des modalités de l'accréditation

Le bill 45 a également assoupli les modalités et les exigences de l'accréditation, en permettant à l'agent d'accréditation de tenir un scrutin parmi les employés d'une entreprise, dès que l'association requérante démontre qu'elle représente entre 35 et 50 p. cent des travailleurs visés par l'unité de négociation (article 28b). De plus, même s'il y a désaccord entre les parties quant à l'inclusion ou à l'exclusion de certaines personnes au sein de l'unité de négociation, l'agent d'accréditation peut quand même procéder à l'accréditation de l'association requérante, s'il est d'avis que celle-ci possède le caractère représentatif, et ce, peu importe que les personnes sur lesquelles il n'y a pas accord soient éventuellement, selon la décision du commissaire du travail, incluses dans l'unité de négociation ou exclues. Il est également à remarquer que ce désaccord ne peut avoir pour effet d'empêcher la conclusion d'une convention collective.

Le *Code du travail* québécois comprend désormais une section qui traite de la première convention collective, et qui stipule qu'«*une partie peut demander au Ministre de soumettre le différend à un conseil d'arbitrage après que l'intervention du conciliateur se sera avérée infructueuse*» (article 93.1). Le Ministre n'est cependant pas obligé de désigner ce conseil d'arbitrage. Ainsi, celui-ci peut juger que la conciliation a peut-être encore des chances de régler le différend et retarder sa décision, ou encore ne pas en désigner du tout (article 93.3).

L'objectif d'une telle mesure est d'empêcher qu'une partie, généralement la partie patronale, n'use de tactique dilatoire pour empêcher un syndicat nouvellement accrédité de conclure une convention collective, ce qui est une manière déguisée de refuser de le reconnaître.

Beaucoup de critiques ont déjà été exprimées contre la formulation de cette section du *Code du travail* du Québec, notamment en ce qui concerne le rôle et les pouvoirs attribués au président du conseil d'arbitrage ainsi qu'à la nature de l'intervention du Ministre [56]. Malgré tout, il semble que les données fragmentaires disponibles jusqu'ici [57] ne justifient pas l'ampleur de ces critiques. Ainsi, sur les 99 demandes de création de conseils d'arbitrage formulées en date du 31 décembre 1979, en 25 occasions le conflit s'est réglé avant même

---

(56) LAPOINTE, M. «L'arbitrage d'une première convention collective». *Le Code du travail, 15 ans après* (34e Congrès des relations industrielles de l'université Laval). Québec: PUL, 1979, p. 159 à 163.

(57) GIRARD, M. «L'arbitrage des premières conventions collectives». *Le Marché du travail.* Centre de recherche et de statistique sur le marché du travail, Québec: ministère du Travail et de la Main-d'œuvre, juillet 1980, vol. 1, no 3, p. 40–43.

qu'une décision ne soit rendue par le conseil d'arbitrage. Ceci veut dire que, dans un nombre substantiel de cas — 25 p. cent —, une médiation informelle efficace ou la simple menace d'une décision imposée par un intervenant de l'extérieur ont permis de régler le différend. Par ailleurs, seulement 18 décisions avaient été rendues par des conseils d'arbitrage, ce qui représente moins de 1 p. cent du total des premières conventions collectives signées pendant la période couverte par l'étude mentionnée plus haut. Si l'on excepte les quelque 17 cas où une décision n'avait pas encore été rendue par le conseil d'arbitrage, il reste un certain nombre d'autres situations où le Ministre étudiait la possibilité de donner suite à une demande de création de conseils d'arbitrage ou encore où l'accréditation avait été annulée. Enfin, dans seulement trois cas, le Ministre avait refusé de nommer un conseil.

La véritable vérification de l'efficacité d'une telle mesure législative sera fournie lorsqu'on saura si cette première convention collective a été éventuellement renouvelée par le syndicat.

Précompte syndical obligatoire

Le législateur québécois a innové en rendant obligatoire une pratique qui était devenue courante dans plusieurs conventions collectives, surtout du secteur public : le précompte syndical. En effet, l'article 47 stipule qu'un employeur doit retenir sur le salaire de tout salarié faisant partie de l'unité de négociation pour laquelle une association a été accréditée, un montant égal à celui spécifié par cette association à titre de cotisation et lui remettre les sommes ainsi retenues mensuellement.

Il ne fait aucun doute qu'une telle mesure a pour effet de garantir la stabilité institutionnelle des syndicats qui se voient automatiquement conférés des revenus additionnels. Certains observateurs ont déploré cependant que cette sécurité financière octroyée aux syndicats n'ait pas été assortie de quelque responsabilité que ce soit (comme le fait de permettre à tous les cotisants de voter lors du déclenchement d'une grève, par exemple), et que rien n'ait été prévu pour respecter l'opinion des dissidents ou des objecteurs de conscience (comme le fait de permettre que le montant retenu soit versé à des œuvres de charité) [58].

---

(58) DION, G. «Le Code de 1964 a-t-il été trahi?» *Le Code du travail, 15 ans après*. Québec : PUL, 1979, p. 253.

Certaines obligations des associations accréditées

Si l'on n'a pas jugé d'imposer des responsabilités aux syndicats en contrepartie de la retenue obligatoire de la cotisation, on a quand même introduit dans le *Code du travail* différentes obligations ou normes de conduite envers les associations accréditées.

Ainsi, les élections à des fonctions à l'intérieur d'une association accréditée, la signature d'une convention collective ainsi que les votes en vue du déclenchement d'une grève doivent être faits au scrutin secret et, dans ce dernier cas, après que les membres aient reçu un avis d'au moins quarante-huit heures (articles 20.1, 20.2 et 20.3). De plus, si une grève est envisagée, le Ministre doit également être avisé dans les quarante-huit heures suivant le scrutin (article 20.2).

D'autre part, une association accréditée doit divulguer chaque année à ses membres ses états financiers (article 47.1). De plus, elle ne doit pas agir de mauvaise foi ou de manière arbitraire ou discriminatoire, ni faire preuve de négligence grave à l'endroit des salariés compris dans une unité de négociation qu'elle représente, peu importe qu'ils soient ses membres ou non (article 47.2). Un salarié, victime d'un renvoi ou d'une mesure disciplinaire, qui est d'avis que l'association accréditée a violé l'article 47.2, peut porter plainte au Ministre qui nommera un enquêteur pour tenter de régler le problème (article 47.3). Si aucun règlement n'intervient dans les quinze jours suivant la nomination de l'enquêteur ou si l'association ne donne pas suite à l'entente, le salarié doit, s'il veut se prévaloir de l'article 47.2, adresser une requête au Tribunal du travail dans les quinze jours suivants, et demander à ce dernier que sa réclamation soit déférée à l'arbitrage (article 47.3). Si le Tribunal estime que l'association a violé l'article 47.2, il peut autoriser le salarié à soumettre sa réclamation à un arbitre, lequel est nommé par le Ministre et prendre une décision en tenant compte de la convention collective, comme s'il s'agissait d'un grief. L'association paie les frais encourus par le salarié (article 47.4).

Les dispositions anti-briseurs de grève

De façon à donner suite à un élément de son programme, le Parti québécois dut inclure des dispositions concernant les briseurs de grève, lors de la réforme du *Code du travail de 1977.* Ce sont ces provisions, uniques en Amérique du Nord, qui ont été fortement décriées par le monde patronal comme une atteinte au droit de propriété, tout en étant considérées insuffisantes par plusieurs éléments du monde syndical.

Il faut dire qu'au départ, même si des études internes au ministère du Travail avaient révélé que seulement 3 p. cent des conflits étaient caractérisés par l'utilisation de briseurs de grève, certaines situations spectaculaires, comme celles des compagnies Robin Hood ou Commonwealth Plywood [59], donnaient au gouvernement une certaine justification pour trouver des mesures qui pourraient diminuer les affrontements sur les lignes de piquetage. La cessation totale de la production ou des opérations de l'entreprise pendant la durée du conflit aurait procuré évidemment une garantie de non-violence, mais le gouvernement ne voulut pas aller jusque-là, comme le souhaitaient plusieurs dirigeants syndicaux.

Le législateur développa donc l'argumentation suivante : puisque la plupart des affrontements violents surviennent lorsque l'employeur essaie de faire rentrer au travail des « scabs », il suffit de s'assurer que l'employeur n'essaiera pas d'utiliser de telles personnes pendant un conflit, sans pour autant le forcer à cesser totalement ses opérations. Ainsi, il lui sera loisible d'essayer de continuer à fonctionner avec ses cadres, s'il peut le faire.

L'article 109.1 vise donc à interdire à un employeur : a) d'utiliser les services d'une personne pour remplir les fonctions d'un salarié représenté par l'association accréditée ayant légalement déclenché la grève ou étant sous le coup d'un lock-out, si cette personne a été embauchée entre le jour du début des négociations et celui de la fin de la grève ou du lock-out ; b) d'utiliser, dans un établissement où une grève légale ou un lock-out existe, les services d'un salarié faisant partie de l'unité de négociation touchée par la grève ou le lock-out (sauf dans certaines circonstances relatives aux secteurs public et parapublic, qu'il n'est pas nécessaire de préciser ici) ; c) d'utiliser, dans un autre de ses établissements, les services d'un salarié représenté par une association accréditée qui a déclaré une grève légale ou d'un salarié lock-outé ; d) d'utiliser, dans un établissement où une grève légale ou un lock-out existe, les services de salariés qu'il emploie dans un autre établissement.

---

(59) Discours prononcé par le Ministre du Travail et de la Main-d'œuvre à l'occasion de la Deuxième lecture du Projet de loi 45. Gouvernement du Québec : ministère du Travail et de la Main-d'œuvre, le 23 août 1977. (Document non publié, non paginé, en provenance du cabinet du ministre.)

Dans le but d'apaiser les protestations des représentants patronaux, le gouvernement adoucit quelque peu les dispositions mentionnées plus haut en ajoutant l'article 109.3 qui stipule que *«l'article 109.1 ne peut avoir pour effet d'empêcher un employeur de prendre, le cas échéant, les moyens nécessaires pour éviter la destruction ou la détérioration grave de ses biens meubles ou immeubles».*

Enfin, l'article 109.4 donne au Ministre du Travail le pouvoir de dépêcher un enquêteur pour vérifier l'observation des dispositions anti-briseurs de grève, mais le seul rôle de cet enquêteur est de faire rapport au Ministre. L'employeur qui contrevient à l'article 109.1 est passible d'une amende d'au plus 1 000 $ pour chaque jour ou partie de jour pendant lequel dure l'infraction (article 142.1). Pour obtenir une telle condamnation, le syndicat doit s'adresser au Tribunal du travail (article 118.6).

La jurisprudence s'accumule graduellement concernant l'application des articles 109.1 à 109.4 et, contrairement aux craintes initiales exprimées par les syndicats, ce n'est pas l'application de l'article 109.3 qui permet à plusieurs employeurs de déjouer l'intention du législateur, mais plutôt un manque de précision dans la définition du mot «personne» à l'article 109.1. Ainsi, tant la Cour supérieure, lorsqu'elle est saisie d'une requête en injonction pour faire cesser l'utilisation de briseurs de grève, que le Tribunal du travail, lorsqu'il est saisi d'une requête en application de la pénalité prévue à l'article 142.1 du Code, en viennent de plus en plus à la conclusion que le terme «personne» n'inclut que les personnes «physiques» et non pas les personnes «morales» [60]. C'est pourquoi plusieurs employeurs sous-contractant à d'autres entreprises le travail effectué par les grévistes se voient cautionnés par cette interprétation restrictive. Il en est de même du travail accompli par des bénévoles que les tribunaux n'ont pas assimilés aux «personnes» visées par l'article 109.1.

Les perspectives futures quant à l'efficacité des dispositions anti-briseurs de grève sont donc assombries par ces récentes décisions

---

(60) Certaines des décisions rendues par la Cour supérieure sont les suivantes: Syndicat des imprimeurs de Thetford-Mines (C.S.N.) et al. c. Jos T. Beaudoin Ltée et al. (District de Mégantic, dossier n⁰ 235-05-000278-78); Travailleurs unis du pétrole, local 2 c. Shell Canada Ltée (District de Montréal, dossier n⁰ 500-05-002335-808; Union internationale des employés professionnels et de bureau, local 57 c. Drummond Business Forms (District de Montréal, dossier n⁰ 405-05-000370-79). Quant au Tribunal du travail, on retrouve une argumentation analogue dans: Gilles Ouellet c. Zeller's Ltée, Tribunal du travail, 29 sept. 1980, dossier n⁰ 700-28-000001-806.

judiciaires ou quasi judiciaires, même si plusieurs rapports d'enquêteurs font état de la violation de l'article 109.1 par l'employeur.

Malgré tout, certains juges ont rendu des jugements favorables au syndicat, et ils ont émis des injonctions ou condamné à l'amende certains employeurs [61], de sorte qu'actuellement le dossier n'est pas complètement négatif pour les syndicats.

Les dispositions particulières au secteur public

Au moment même où il déposait le Projet de loi 45 dont nous venons d'énumérer les principaux éléments, le gouvernement du Québec constituait une commission d'enquête chargée d'étudier les mécanismes de négociation dans les secteurs où il était lui-même impliqué. Cette commission tint des audiences publiques, reçut des mémoires de la part des principales parties intéressées et produisit un rapport [62] dont s'inspira le gouvernement pour modifier les règles du jeu dans ce secteur [63].

Les principales modifications proposées touchaient le calendrier des négociations dans les secteurs de l'éducation, des affaires sociales et des organismes gouvernementaux, définissaient les délais pour les changements d'allégeance syndicale, créaient un conseil d'information sur les négociations et traitaient de la délicate question des services essentiels dans le secteur des affaires sociales.

Ces modifications ont été par la suite réintroduites dans le *Code du travail* [64] et on les retrouve actuellement aux articles 111.1 à 111.12.

Nous n'examinerons pas en détail chacun des articles précités, mais nous pouvons dire quelques mots sur les dispositions relatives aux services essentiels. Soulignons d'abord que ces dispositions

---

(61) Ainsi, des amendes furent attribuées dans la cause : *Raymond Charbonneau (Travailleurs unis du pétrole, local 1) c. Shell Canada Ltée*, Tribunal du travail, 30 mai 1980, dossier n° 500-28-000064-808, et une injonction enjoignant l'employeur de ne pas utiliser des briseurs de grève fut accordée dans : *Métallurgistes unis d'Amérique, syndicat local 6833 (FTQ) c. Société d'énergie de la Baie James* (District de Montréal, dossier n° 05-012-371-793), 2 août 1979.

(62) *Rapport Martin-Bouchard*. Commission d'étude et de consultation sur la révision du régime des négociations collectives dans les secteurs public et parapublic, Éditeur officiel du Québec, 1978.

(63) Projet de loi n° 59, *Loi modifiant le Code du travail*, sanctionné le 23 juin 1978.

(64) L.Q. 1978, c. 52. Il est cependant fortement question que ces dispositions soient à nouveau modifiées. C'est pourquoi les commentaires qui suivent s'appliquent à la situation qui prévalait lors des négociations de 1979.

remplacent celles établies par le bill 253 en 1975 [65], qui avaient été largement critiquées par les organisations syndicales pendant et après la ronde de négociations de 1975.

D'une façon générale, on peut cependant dire que même si la mécanique établie pour déterminer les services essentiels est différente de celle de la loi de 1975, le principe fondamental demeure le même, et ce, malgré les responsabilités accrues confiées aux organisations syndicales. En effet, les dispositions actuelles, comme celles de 1975, prévoient qu'il revient aux parties locales de chercher à s'entendre sur le nombre de salariés par catégorie de services à maintenir en cas de conflit de travail (article 111.10 du Code actuel).

S'il y a mésentente, le *Code du travail* prévoit que, dorénavant, il revient à l'association accréditée d'élaborer une liste déterminant le nombre de salariés requis par catégorie de services maintenus en cas de conflit de travail et de transmettre celle-ci à un conseil, formé d'au moins cinq et d'au plus sept membres, nommés par le juge en chef du Tribunal du travail après consultation avec divers organismes dont la Commission des droits de la personne, l'Association des conseils de médecins et dentistes du Québec et le Comité provincial des malades. Auparavant, toute mésentente entre les parties locales déclenchait l'intervention d'un commissaire aux services essentiels nommé dans chaque cas par le juge en chef du Tribunal du travail et chargé d'amener les parties à s'entendre ou, à défaut, à rendre une décision qui lierait celles-ci, quant au nombre de personnes à maintenir en fonction pendant un conflit de travail.

La modification actuelle semble donner — et donne effectivement — beaucoup plus de pouvoirs aux syndicats locaux dans le processus de détermination des services essentiels en milieu hospitalier, d'autant plus que le Conseil mentionné plus haut n'a pas le pouvoir de modifier les listes syndicales. En effet, le conseil n'a pour fonction que d'informer le public de la situation qui prévaut en matière d'ententes, de listes syndicales et de maintien des services essentiels lors d'un conflit de travail. Même s'il peut recourir aux services d'experts pour lui faire rapport sur le maintien des services essentiels et même s'il peut se doter de conseils locaux ou régionaux, le Conseil sur le maintien des services essentiels n'a finalement qu'un pouvoir moral auprès des parties.

Si le processus s'arrêtait là, comme le souhaitaient et le souhaitent encore les milieux syndicaux, il n'y a pas de doute que la

---

(65) L.Q. 1975, c. 52.

nouvelle mécanique de détermination des services essentiels serait substantiellement différente de celle de 1975. Cependant, tel n'est pas le cas, car l'article 111.12 permet au gouvernement (donc au pouvoir exécutif qui est directement partie aux négociations selon les structures de négociation en vigueur) de suspendre l'exercice du droit de grève pour une période n'excédant pas trente jours, s'il croit qu'une grève appréhendée ou en cours dans un établissement met en danger la santé ou la sécurité publique. C'est pourquoi nous disons qu'ultimement le principe est le même que celui qui était sous-jacent à la loi de 1975, à savoir que la responsabilité légale du maintien des services essentiels n'appartient pas au syndicat, même si, en pratique, rien ne peut garantir que les services seront effectivement maintenus comme l'expérience l'a si clairement démontré.

5.3.2 Les dispositions légales hors du Code du travail

Outre les modifications qu'il a apportées au *Code du travail*, le gouvernement du Québec a eu recours, depuis 1964, à de nombreuses lois d'exception qui touchaient directement le régime de négociation collective. Ces législations peuvent être regroupées selon leur objet en deux grandes catégories : celles qui ont pour effet de soustraire certains groupes d'employés du régime général prévu au *Code du travail* ou de préciser des modalités particulières de fonctionnement du processus de négociation pour certains autres ; et celles qui ont pour effet de réglementer l'exercice des moyens de pression.

Dans la première catégorie, on retrouve deux lois adoptées en 1968 créant un régime particulier à la Sûreté du Québec [66]. Ce régime est assez unique en ce sens qu'il remplace le recours à la grève et au lock-out par un système de négociation permanente dont le fonctionnement repose sur la présence d'un comité paritaire et la possibilité d'utiliser l'arbitrage des différends.

La même année, le gouvernement adoptait également une loi qui avait pour effet de créer un régime particulier dans le secteur de la construction [67], soustrayant ainsi celui-ci de l'application générale de

---

(66) S.Q. 1968, c. 19 et 20.

(67) S.Q. 1968, c. 45.

la *loi des Décrets de convention collective*. Cette Loi a été subséquemment modifiée à plusieurs reprises, notamment en 1970[68], 1973[69], 1975[70], 1978[71] et 1980[72].

Le secteur public, bien que tombant sous la juridiction du *Code du travail*, a néanmoins fait l'objet de législations particulières qui avaient pour effet de modifier la structure de négociation. L'ensemble de ces modifications convergeait toujours dans la même direction : la centralisation des négociations dans les secteurs où le gouvernement provincial est impliqué financièrement. Ainsi, le bill 25[73] de 1967 prévoyait que la ronde subséquente de négociation dans le secteur de l'éducation se ferait au niveau provincial plutôt qu'au niveau local et que le gouvernement serait représenté directement dans ces négociations du côté patronal par le biais du ministre de l'Éducation.

Ce modèle a été étendu par la suite au secteur hospitalier et à celui des organismes paragouvernementaux, et il a été reconduit à chacune des négociations impliquant le gouvernement et les syndicats du secteur public par les lois de 1971[74], de 1974[75] et de 1978[76].

Le gouvernement, d'un autre côté, n'a pas hésité à intervenir directement dans l'exercice du rapport de force, lorsqu'il jugeait que l'intérêt public était en jeu. Cette intervention a pris la forme de législations spéciales qui avaient généralement pour objet de mettre un terme à des conflits de travail, d'empêcher que ne se déclenchent les moyens de pression ou, tout simplement, de permettre au gouvernement de déterminer unilatéralement les conditions de travail.

Comme on pouvait s'y attendre, ce sont les services publics qui ont été les plus souvent touchés, puisqu'on y retrouve quinze des vingt interventions législatives (voir le tableau 5.2). Les secteurs où des lois spéciales surviennent avec régularité sont : l'éducation, les affaires sociales, le transport en commun à Montréal et la construction.

---

(68) L.Q. 1970, c. 35.

(69) L.Q. 1973, c. 28 et 29.

(70) L.Q. 1975, c. 50 et 51.

(71) L.Q. 1978, c. 58.

(72) L.Q. 1980, c. 23.

(73) S.Q. 1966-67, c. 63.

(74) L.Q. 1971, c. 12.

(75) L.Q. 1974, c. 8.

(76) L.Q. 1978, c. 14.

TABLEAU 5.2 : Lois spéciales ayant affecté l'exercice des moyens de pression au Québec, 1965–1982, par ordre chronologique

N	Identification du secteur économique	Codification de la loi	Date	Centrales visées	Gouvernement au pouvoir
1.	Transport par traversier (Lévis)	S.Q. 1965, c. 1	22-10-65	IND	Lib.
2.	Éducation (Province)	S.Q. 1966-67, c. 63	17-02-67	CEQ	U.N.
3.	Transport en commun (Montréal)	S.Q. 1967, c. 1	21-10-67	CSN	U.N.
4.	Police (Montréal)	L.Q. 1969, c. 23	07-10-69	IND	U.N.
5.	Éducation (Chambly)	L.Q. 1969, c. 68	23-10-69	CEQ	U.N.
6.	Construction (Province)	L.Q. 1970, c. 34	08-08-70	CSN-FTQ	Lib.
7.	Médecins — Radiologistes (Province)	L.Q. 1970, c. 40	16-10-70	IND	Lib.
8.	Construction (Province)	L.Q. 1972, c. 10	29-03-72	CSN-FTQ	Lib.
9.	Secteur public et parapublic (Province)	L.Q. 1972, c. 7 (a)	21-04-72	CSN-FTQ-CEQ	Lib.
10.	Hydro-Québec (Province)	L.Q. 1972, c. 9	15-11-72	FTQ	Lib.
11.	Construction (Province)	L.Q. 1974, c. 38	24-12-74	FTQ	Lib.
12.	Transport en commun (Montréal)	L.Q. 1975, c. 56	27-09-75	CSN	Lib.
13.	Affaires sociales (Province)	L.Q. 1975, c. 52	19-12-75	CSN-FTQ	Lib.
14.	Éducation (Province)	L.Q. 1976, c. 38	09-04-76	CEQ	Lib.
15.	Affaires sociales (Province)	L.Q. 1976, c. 29	24-07-76	IND	Lib.
16.	Secteur public et parapublic (Province)	L.Q. 1979, c. 50	12-11-79	CSN-FTQ-CEQ	P.Q.
17.	Hydro-Québec (Province)	L.Q. 1979, c. 62	18-12-79	FTQ	P.Q.
18.	Ville de Montréal et CUM	L.Q. 1980, c. 1	24-03-80	FTQ	P.Q.
19.	Éducation (Trois-Rivières)	L.Q. 1980, c. 22	24-10-80	CEQ	P.Q.
20.	Transport en commun (Montréal)	P.L. 47, 3e session, 32e législature	15-01-82	CSN-IND	P.Q.

N.B. À ces législations dites « spéciales » on pourrait ajouter les amendements apportés au *Code du travail* (L.Q. 1978, c. 52) qui ont eu pour effet d'imposer une procédure permanente de détermination des services essentiels en cas de conflit dans les institutions de santé.

a) Cette Loi a été modifiée par L.Q. 1972, c. 8, 30 juin 1972. L'objet principal de la modification portait sur une prolongation du délai donné aux parties pour en arriver à une entente, avant que le lieutenant-gouverneur en conseil ne procède à l'adoption d'un décret.

Il est utile de noter que les interventions législatives ont été utilisées fréquemment par les trois partis politiques ayant gouverné le Québec depuis 1964. En effet le Parti libéral a été au pouvoir pendant sept années, et on peut lui attribuer onze de ces législations ; l'Union nationale a gouverné pendant quatre années et est responsable de quatre législations, tandis que le Parti québécois a passé cinq lois spéciales en six années. Il y a donc un phénomène inhérent à la dynamique de la négociation collective (dans le secteur public surtout) qui est indépendant de la philosophie ou du style de gouvernement des partis politiques.

5.3.3 Accroissement des pouvoirs des agents extérieurs aux parties

L'État ne se contente plus d'intervenir directement au moyen de législations spéciales, il a prévu de multiples occasions dans les différentes phases du processus de négociation où la puissance publique peut se manifester. Fernand Morin les a regroupés en six catégories, et nous citons directement son texte car il exprime clairement notre pensée sur les ramifications de l'intervention étatique prévue à l'intérieur du Code [77]. Ces occasions sont les suivantes :

celle relative au gouvernement des syndicats :
— les articles 20.1 à 20.5 établissent maintenant des modalités particulières pour le choix des représentants syndicaux, la prise de décision pour faire grève et pour la conclusion d'une convention collective, etc. ;
— les articles 47.3, 47.4 et 47.5 permettent au ministre d'intervenir par voie d'enquête afin d'établir par un long et complexe processus si le syndicat représente équitablement tous les salariés et, au besoin, pour forcer l'arbitrage aux frais du syndicat ;

celle relative à la négociation proprement dite :
— l'intervention du ministre est possible à toutes les étapes de la négociation : dès le début de la négociation, il reçoit copie de l'avis (art. 52.1) puis, il peut dépêcher de son propre chef un conciliateur (art. 54) ou un enquêteur, médiateur ou autre personne (art. 3a de la Loi du ministère du Travail) ;

celle pour l'exercice des moyens de pression :
— le syndicat doit informer le ministre de la décision syndicale

---

(77) MORIN, F. «Le Code du travail a-t-il été trahi?» *Le Code du travail : 15 ans après*. Québec: PUL, 1979, p. 240-241.

de faire grève (art. 20.2) et donner un avis dans les 48 heures du début de la grève (art. 58.1). En ces circonstances, le ministre peut vérifier par voie d'enquête si les articles 109.1 et 109.2 sont respectés (art. 109.4);

celle qui affecte directement le contenu de la convention collective:
— les articles 47 et 63 dispensent les parties de négocier certaines formules de sécurité syndicale puisqu'un minimum de sécurité est maintenant directement conféré au syndicat accrédité par la Loi. Ce qui n'empêche pas les parties d'ajouter à la convention collective d'autres garanties. La charte de la langue française impose à chacune des conventions collectives des modalités précises relatives à la langue (art. 50);

celle relative à l'administration de la convention collective:
— l'intervention d'un arbitre pour imposer le respect intégral de la convention collective est précisée au Code et l'arbitre y puise des pouvoirs importants en lieu et place de la convention collective. Ainsi, l'article 100.13 confère des pouvoirs précis aux arbitres en matière disciplinaire, impose aux arbitres le respect des délais à défaut par la convention collective d'en imposer de plus rigoureux (art. 101.5 et 101.7), etc.

CONCLUSION

L'idée originale du *National Labor Relations Act* qui a servi d'inspiration à la *loi des Relations ouvrières* de 1944 et au *Code du travail* de 1964 était de favoriser la reconnaissance des syndicats et d'encourager la négociation collective, deux éléments fondamentaux qui devaient en même temps favoriser la paix industrielle. L'exercice de moyens de pression était également reconnu comme une caractéristique importante du régime de négociation collective et comme une composante intégrante de notre système démocratique.

Tout ce que la législation visait était d'amener les parties à discuter ensemble et, pour le reste, le gouvernement se devait de se tenir à l'écart des rapports employeurs–syndicats, si ce n'est que pour assurer son rôle de protecteur de l'intérêt général.

On peut dorénavant constater que cette philosophie initiale est à peu près disparue, et qu'avec le développement de la négociation collective dans les services d'intérêts vitaux pour la population ainsi que l'accroissement de la négociation sectorielle (que l'on pense à la construction), l'omniprésence de l'État dans les rapports collectifs est devenue une donnée permanente de notre régime de négociation collective.

Deux questions fondamentales se posent alors : Est-il toujours possible de considérer comme «privées» les relations patronales-syndicales et de protéger le caractère «privé» de la convention collective selon la philosophie traditionnelle du *Code du travail*?

D'autre part, peut-on continuer de transposer plus ou moins intégralement les mécanismes de négociation collective dans les secteurs d'emploi où l'État joue le rôle de principal employeur, alors même que ces mécanismes ont été conçus pour s'appliquer au secteur privé de l'économie?

Ces deux questions, le regretté spécialiste des relations industrielles, Jean-Réal Cardin, se les posait lors d'une conférence intitulée «La philosophie du Code du travail» et prononcée dans le cadre du Congrès des relations industrielles de l'université Laval de 1973 qui avait pour thème *La politisation des relations du travail*[78]. Huit années plus tard, et même si le contexte social du Québec semble moins agité qu'à cette époque, il faut bien reconnaître que ces remarques sont aussi, sinon plus encore, pertinentes.

---

(78) *La Politisation des relations du travail* (28ᵉ Congrès des relations industrielles de l'université Laval). Québec : PUL, 1973, p. 85-86.

Deuxième partie

La négociation

collective

Après avoir abordé certaines considérations relatives au contexte dans lequel se déroulent les relations patronales-syndicales et présenté certaines caractéristiques concernant les organisations syndicales, nous discuterons maintenant de ces relations proprement dites.

L'une des fonctions les plus importantes (sinon la plus importante) exercées par les syndicats dans les sociétés occidentales est de veiller à la défense des intérêts économiques et professionnels de leurs membres; et c'est au moyen de la négociation de conventions collectives de travail avec les employeurs que ce rôle est assuré.

Nous avons déjà donné au chapitre 2 une très longue définition de la négociation collective, et nous nous contenterons d'en rappeler ici les éléments essentiels : il s'agit d'un processus de libre discussion entre deux agents économiques dont les intérêts sont à la fois conflictuels et convergents, dans le but d'en arriver à une entente relative aux conditions de travail; étant donné la nature particulière des relations entre les deux agents, la recherche de l'entente exige un certain nombre de compromis et de concessions auquel on parvient par un exercice de marchandage.

La négociation collective est donc la période la plus cruciale et la plus spectaculaire pour le syndicat et pour l'entreprise car, au terme de celle-ci, un contrat de travail est déterminé. C'est ainsi que les deux prochains chapitres aborderont successivement les thèmes suivants : la préparation des parties en vue des négociations ainsi que le déroulement proprement dit.

Il y a cependant une seconde phase dans la négociation d'une convention collective qui est tout aussi importante, et c'est celle qui consiste à administrer le contrat. C'est pourquoi le dernier chapitre du volume sera consacré à cette question.

Chapitre 6

La préparation en vue des négociations collectives

INTRODUCTION

Le processus de négociation collective peut être plus ou moins sophistiqué selon le type et la taille de l'entreprise concernée, mais on peut quand même identifier des traits généraux que l'on retrouve dans toutes les situations. Les deux chapitres qui suivent constituent un effort en vue de présenter les différentes opérations auxquelles doivent s'astreindre les parties engagées dans ce processus.

Nous avons essayé de respecter un ordre chronologique et c'est pourquoi ce chapitre-ci abordera les étapes devant être franchies par les parties avant qu'elles ne se présentent à la table de négociation, tandis que le suivant s'attaquera à la négociation proprement dite.

En ce qui concerne la préparation en vue des négociations, nous avons retenu les principaux éléments suivants : les contraintes auxquelles font face les parties, la préparation des demandes et des offres respectives, les comités de négociation et l'établissement d'une politique salariale.

6.1 LES CONTRAINTES AUXQUELLES FONT FACE LES PARTIES

Avant même que les parties ne s'organisent en vue de la négociation collective, elles doivent être conscientes des contraintes qui se trouvent dans leur environnement. Nous allons passer brièvement en revue certaines de ces contraintes.

6.1.1 Contraintes du côté syndical

La plupart des contraintes que l'on retrouve du côté syndical proviennent de la nature essentiellement politique de cette institution. En effet, un syndicat est sous la direction de personnes qui ont des intérêts communs, mais aussi des besoins différents. Puisque tout poste syndical doit être gagné par voie d'élection, les employés qui sont appelés à se prononcer voteront pour le candidat qu'ils perçoivent comme étant le plus apte à satisfaire leurs aspirations. Les candidats en lice auront à faire des promesses qui, si elles sont acceptées par la suite par l'assemblée générale du syndicat, se traduiront par des demandes lors de la négociation de la convention collective.

Certains membres aspirant aux postes de représentants syndicaux ou des candidats rivaux peuvent être à la source de mésententes au sein du syndicat. Ces mésententes, si elles sont le moindrement sérieuses, peuvent entraîner un manque de cohésion dans la stratégie que le syndicat entend utiliser.

Depuis quelques années, on constate de plus en plus que les employés membres d'un syndicat rejettent les recommandations formulées par leur exécutif en vue de renouveler la convention collective. Ce phénomène s'explique par le fait que les concessions obtenues ne répondent pas aux attentes des employés ou encore que certains groupes minoritaires ayant des intérêts divergents ne sont pas satisfaits du compromis recommandé.

On a de plus constaté que le rejet par les membres d'une recommandation du comité de négociation mine la crédibilité de l'employeur envers ce syndicat et affecte sérieusement la bonne marche des négociations.

Les relations entre l'organisme syndical et ses membres (la base) est un autre facteur qu'il faut considérer dans le déroulement du processus de négociation. Au Québec, certaines centrales sont en compétition entre elles et, si les employés ne sont pas convaincus que leur syndicat les défend adéquatement, ils adhéreront à un syndicat appartenant à une centrale rivale.

Les représentants des syndicats affiliés à une centrale ont la responsabilité d'informer cette dernière des aspirations et des besoins de leurs membres. Cette communication aidera à sensibiliser les autorités de la centrale aux objectifs que poursuit le syndicat dans la négociation d'une convention collective, et permettra d'apporter une aide précieuse dans le choix des moyens d'action. Cette collaboration entre les syndicats et leur centrale aide les représentants des syndicats locaux à convaincre plus facilement leurs membres que les gains qu'ils ont obtenus sont égaux ou supérieurs à ceux gagnés par des syndicats rivaux.

En dernier lieu, les comparaisons se font entre les travailleurs eux-mêmes sans égard aux structures syndicales. Ces comparaisons sont basées principalement sur les salaires et les conditions de travail pour des postes similaires dans une industrie particulière ou à l'intérieur de certaines régions géographiques.

Les types d'entreprises situées dans une région ou dans une ville influencent la structure de la politique salariale. Traditionnellement, certaines industries ont des différences considérables de salaires avec d'autres qui fabriquent un produit différent et ces écarts peuvent s'expliquer par une foule de raisons. Dans ces cas, les employés acceptent plus facilement les écarts de salaires et de conditions de travail, même s'ils occupent un poste similaire.

Un autre point de comparaison retenu par les employés : la négociation d'une entente collective par un syndicat avec une entreprise qui opère sur une base provinciale ou nationale. Dans ce cas, les représentants supérieurs de la centrale s'efforcent de négocier un contrat type qui s'appliquera à tous les syndicats locaux affiliés, et ce, dans le but d'éviter une concurrence entre ces syndicats.

Les comparaisons qu'effectuent les employés ne proviennent donc pas uniquement d'un règlement obtenu par des syndicats rivaux ou de gains réalisés par d'autres salariés. En effet, certaines demandes sont la résultante des influences législatives, sociales et institutionnelles qui s'exercent sur le comportement des travailleurs, et qui se manifestent par la poursuite de nouveaux objectifs jugés essentiels pour assurer leur bien-être.

Finalement, il y a lieu d'ajouter que les influences internes ou externes qui s'exercent sur un syndicat continueront à créer certaines pressions politiques, et auront un impact sur la nature des demandes syndicales et sur le processus de la négociation collective.

6.1.2 Contraintes du côté de l'employeur

Les grandes corporations appartiennent aux actionnaires qui se rencontrent annuellement, dans le but de connaître le bilan de l'exercice financier et de procéder à l'élection du conseil d'administration. Les administrateurs élus se réunissent à intervalles réguliers afin d'élaborer les politiques de la compagnie.

Le personnel de direction de l'entreprise comprend l'ensemble des personnes qui sont investies du pouvoir de représenter le conseil d'administration dans ses relations avec les employés. Ces personnes ont à accomplir certaines fonctions bien définies. Ces dernières comprennent la planification, l'organisation, le recrutement du personnel, la mise en place de certaines méthodes de contrôle et la direction de l'entreprise.

Les créanciers qui ont investi dans l'entreprise exigent certaines garanties, afin de s'assurer que l'argent investi leur apporte un revenu raisonnable. Dans ce contexte, ils fixent le taux d'intérêt et établissent le mode ainsi que les montants du capital qui doivent être remboursés. Si l'entreprise ne peut respecter ses engagements financiers, les créanciers peuvent alors participer à la direction active de cette dernière.

Les coûts de fabrication d'un produit ont un impact primordial sur la possibilité de le vendre à un prix compétitif. À qualité égale, le consommateur achètera le produit qui lui apparaîtra le plus rentable. La relation entre les coûts de fabrication, les compétiteurs et les consommateurs est donc très importante dans la mise en marché du produit.

Les salaires et les avantages sociaux accordés aux employés sont une partie intégrante des coûts de fabrication. Considérant que ces coûts peuvent faire augmenter ou diminuer le volume des ventes, on constate que les consommateurs et les compétiteurs exercent également une influence sur la négociation d'une convention collective.

Les centrales syndicales, étant des corps légalement constitués, exercent également une influence sur les prises de décisions du personnel de maîtrise. Certains dirigeants d'entreprises sont d'avis

178

que les responsabilités qu'ils estiment avoir envers leurs employés ne coïncident pas toujours avec les objectifs poursuivis par les chefs syndicaux.

On constate que, depuis plusieurs années, le champ de négociation de la convention collective s'est élargi constamment. Ces incursions de la part des syndicats ont eu pour effet de restreindre graduellement les décisions unilatérales de l'employeur. Les syndicats se perçoivent comme un interlocuteur qui doit se prononcer dans les prises de décisions de l'entreprise, surtout si ces décisions peuvent affecter le bien-être de leurs membres.

Les différents ordres de gouvernement, par le biais des législations et des règlements, ont aussi un impact sur la conduite des affaires de l'entreprise. En effet, les administrateurs et le personnel de maîtrise doivent se conformer à un ensemble de législations (*loi de l'Impôt, Loi antimonopole, loi de la Protection du consommateur*) qui les touchent à divers degrés. Cependant, les lois traitant des relations patronales-syndicales ou celles qui régissent les conditions des salariés ont une influence primordiale dans le processus de négociation. La liberté d'association, les droits et obligations des syndicats, l'obligation de négocier une convention collective de bonne foi, la reconnaissance du droit de grève, la *Loi assurant la sécurité et la santé au travail* sont autant d'interventions qui visent à assurer une structure légale entourant la négociation d'une convention collective.

Il faut aussi mentionner que le personnel de maîtrise qui gère effectivement l'entreprise est composé d'un groupe hétérogène de personnes qui ont pour mandat de poursuivre les buts ou les objectifs que l'entreprise veut atteindre. Ces personnes qui n'assument pas les mêmes responsabilités peuvent avoir des priorités différentes et conflictuelles dans la réalisation des objectifs, lors du processus de la négociation d'une convention collective.

À titre d'exemple, qu'il suffise d'analyser la réaction de certains directeurs de services en regard d'une demande syndicale visant à réduire les heures de travail. Le Service des finances s'objectera fortement en invoquant le coût additionnel de main-d'œuvre que représente une telle concession, coût qui pourrait affecter la position compétitive de l'entreprise. Le Service de l'exploitation résistera aussi à cette demande en soutenant qu'une diminution des heures de travail entraînera une baisse de production. De plus, les dirigeants de ce Service souligneront qu'une telle diminution aura pour effet d'augmenter le coût de fabrication du produit, ce qui aura pour effet d'affecter la position compétitive de l'entreprise. D'autre part, les Services de mise en marché, des relations publiques et des ventes pourront être favorables à cette demande, en alléguant que l'acceptation de cette demande est préférable à une grève ou à un arrêt de production qui pourrait causer des effets désastreux auprès des consommateurs ou des clients de l'entreprise. Le Service d'ingénierie pourra aussi militer en faveur de cette demande, parce que l'acceptation de cette dernière entraînera nécessairement une augmentation de la main-d'œuvre qui ne sera compensée que par un programme de modernisation de l'équipement.

Le Service des relations industrielles pourra aussi y être favorable, sachant bien qu'un refus entraînera une grève ou un conflit de travail qui affectera les bonnes relations du travail pour des mois ou des années à venir.

Le comité de direction de l'entreprise aura donc à étudier et à analyser toutes les positions prises par les directeurs de services avant d'accepter, de refuser ou de proposer un compromis au syndicat. Dans certains cas, les négociateurs syndicaux perçoivent ces divergences d'opinions et visent un compromis qui ralliera la majorité des membres du personnel de direction.

Il est cependant très important de souligner qu'en dépit du fait que le personnel de maîtrise doit faire face à des responsabilités envers différents groupes de personnes, d'institutions privées ou publiques, il doit aussi considérer que la notion de profit est un reflet de sa compétence et que la solvabilité de l'entreprise est intimement liée aux intérêts des propriétaires. Dans cet ordre d'idée, le rendement et les actions prises par le personnel de gestion sont identifiés aux intérêts des actionnaires de l'entreprise.

Dans ce contexte, il faut conclure que l'entreprise doit également être considérée comme un système politique. Différents groupes de personnes ou d'institutions, tant publiques que privées, exercent une influence certaine sur la conduite des affaires de l'entreprise. Les contraintes et les zones d'influence ont une répercussion certaine sur les prises de décisions du personnel de gestion et ce phénomène a un impact très important dans le processus de la négociation collective.

6.2 LA PRÉPARATION DES DEMANDES SYNDICALES ET DES OFFRES PATRONALES

Aussi étrange que cela puisse paraître, les informations utilisées par l'employeur et par le syndicat pour la formulation de leurs propositions respectives sont souvent puisées aux mêmes endroits. Les renseignements qu'utilisent les parties proviennent principalement des sources suivantes :

6.2.1 Les opinions

La formulation des propositions concernant la convention collective joue un rôle prépondérant lors de certaines réunions du personnel de maîtrise, lors de rencontres patronales-syndicales ou encore à l'occasion de rencontres entre les contremaîtres et les employés. Les syndicats obtiennent généralement l'opinion de leurs membres lors de leurs assemblées régulières ou encore d'assemblées ou de congrès convoqués à cette fin. Des questionnaires distribués aux employés peuvent aussi avoir une certaine utilité, si l'occasion le justifie.

6.2.2 L'analyse de l'expérience

La principale source d'information provient de la connaissance des problèmes auxquels les parties ont à faire face dans la vie quotidienne. Pour l'employeur comme pour le syndicat, cette analyse permet de prendre conscience des problèmes et de rechercher les solutions adéquates qui s'imposent lors des négociations.

6.2.3 L'étude des griefs

Lorsqu'il existe déjà une convention collective, l'employeur et le syndicat examinent la nature des griefs, puisque ces derniers reflètent fréquemment les difficultés rencontrées dans l'application et l'interprétation de la convention collective. La fréquence des griefs de même nature et leur mode de règlement apportent une indication sur les modifications à apporter à certaines clauses, et aident les deux parties à prévoir les modalités de ces modifications.

6.2.4 Les violations de la convention collective

Il en est également ainsi lorsque le mécontentement des employés, occasionné par l'application de certaines clauses de la convention collective, donne lieu à des griefs, des arrêts ou des ralentissements de travail, ou engendre l'application de nombreuses mesures disciplinaires. Toutes ces éventualités laissent présager qu'il peut exister certaines déficiences dans le contrat de travail, et qu'il y aurait lieu de les éliminer à l'occasion des négociations.

6.2.5 Les sentences arbitrales

Les griefs soumis à l'arbitrage et les décisions rendues peuvent aussi être reliés à certaines propositions qu'une partie veut apporter à la convention collective. Le seul fait de ne pas avoir convaincu l'arbitre du bien-fondé du grief ne justifie pas nécessairement l'amendement du contrat de travail par une des parties. Cependant, certaines décisions font état de l'ambiguïté d'une clause, et dans ce cas les deux parties ont intérêt à la clarifier. En dernier lieu, si les motifs d'une sentence arbitrale apparaissent insatisfaisants pour une partie, cette dernière pourra formuler des demandes pour modifier l'article en question.

6.2.6 La recherche des données salariales

Les recherches faites pour connaître les salaires payés pour chaque catégorie d'emploi, les conditions de travail ou les avantages sociaux, dans les entreprises comparables ou celles qui sont situées dans la région, sont un outil très utile pour évaluer d'une façon adéquate les propositions ou les demandes formulées par l'une ou l'autre des parties. Plusieurs méthodes peuvent être utilisées, mais nous nous limiterons à celles qui ont une relation directe avec l'aspect monétaire de la convention :

— Les descriptions de fonction et la nature du travail comprenant :

- le nombre d'employés dans chaque classification ;
- les salaires minima et maxima pour chaque classification ;
- la moyenne des heures effectivement travaillées dans chacune des classifications ;
- les systèmes de travail à bonis s'ils existent.

— Le montant des augmentations statutaires qui sont accordées et la méthode qu'on utilise pour verser ces augmentations.

— Les dates du renouvellement des conventions collectives, les augmentations consenties ainsi que les raisons qui ont été invoquées par les parties pour accorder ou réclamer ces augmentations.

— L'étude des avantages sociaux qui sont en relation directe avec le coût de la main-d'œuvre.

6.3 LES COMITÉS DE NÉGOCIATION

6.3.1 Le comité syndical

Le comité qui représente un syndicat accrédité négociant avec un employeur est généralement composé d'employés de l'usine élus pour cette occasion. Les membres du comité sont généralement des délégués d'atelier ou des employés qui siègent à certains comités, et le président du syndicat local en fait toujours partie.

Dans la très grande majorité des cas, ce comité est assisté par un conseiller technique ou un agent d'affaires désigné par l'organisation à laquelle le syndicat est affilié. Cette personne-ressource, en plus d'apporter son expertise à la table de négociation, agira en quelque sorte comme un catalyseur dans les relations employeurs-employés. N'étant pas un employé de la firme, il pourra s'exprimer plus librement et prendre certaines actions sans crainte de représailles.

Même si le conseiller technique est généralement le porte-parole officiel du syndicat, il ne faut pas mésestimer l'influence et le rôle important que jouent les membres du comité de négociation. Ces derniers doivent fournir à l'agent d'affaires toutes les informations pertinentes aux amendements soumis tant par le syndicat que par l'employeur. Ils doivent aussi l'informer de l'impact de toute position qu'il serait tenté de prendre, et le prévenir de la réaction que les membres pourraient avoir devant tout compromis. Ils ont aussi la responsabilité d'établir une liaison efficace avec les employés de l'usine, afin d'informer ces derniers de la marche des négociations. En dernier lieu, si un accord est conclu entre l'employeur et le comité de négociation, les membres de ce comité auront à justifier leurs positions en assemblée générale, et ils devront expliquer à leurs confrères les raisons pour lesquelles le compromis recommandé n'est pas le mandat original qui leur avait été donné au début des négociations.

Lorsque tous ou la majorité des syndicats d'une entreprise, qui opère sur une base nationale ou provinciale, sont affiliés à une même fédération, les négociations peuvent être conduites à l'échelle nationale ou provinciale. Dans ce cas, les négociations sont généralement sous la direction du président de la fédération ou de son représentant, lequel est accompagné des représentants des syndicats locaux affiliés.

La question de la représentativité des divers syndicats locaux au sein du comité de négociation a créé plusieurs problèmes, mais les fédérations les ont résolus en proposant diverses solutions qui assurent aux officiers des différents syndicats locaux et aux membres un droit de représentation.

Le comité de négociation est composé des officiers supérieurs de la fédération et des représentants des syndicats affiliés à cette fédération. Tous les membres de ce comité participent activement aux réunions de négociation et établissent une stratégie qui permettra de conclure une entente répondant aux aspirations des membres. Si un accord est conclu, les représentants de chaque syndicat local qui furent élus comme membres du comité de négociation auront comme tâche de renseigner les membres de leur syndicat local sur les décisions prises par l'ensemble du comité, et de leur fournir toutes les explications qu'ils jugent pertinentes.

Les représentants de l'entreprise et ceux de la fédération négocient une convention type qui régira tous les syndiqués affiliés à cette fédération. Ce contrat ne comprend pas la négociation de certaines clauses particulières qui s'appliquent à quelques syndicats locaux. Ces clauses sont alors discutées au niveau de chaque usine, et un comité de négociation est alors élu parmi les employés de ces usines. Généralement, un conseiller technique de la fédération assistera le comité de négociation lors des négociations de ces clauses particulières.

Il est important de noter qu'au Canada, l'entente finale requiert l'approbation des membres de chaque unité de négociation, puisqu'en cas de conflit les lois de chaque province s'appliquent.

Certaines entreprises ont à négocier avec différents syndicats de métiers, chacun d'entre eux étant accrédité pour représenter les employés de chaque métier. Dans ce cas, les employés de chaque unité accréditée délèguent un représentant au comité de négociation, et un président ou un porte-parole est élu parmi ces représentants. Ce comité de négociation représente tous les salariés de l'usine, même si ces derniers sont membres de syndicats différents. Le processus de négociation est alors sensiblement le même que lorsque l'employeur a à négocier avec un seul syndicat accrédité.

La ratification, par les salariés de l'entreprise, du contrat de travail est une pratique universelle. Les membres du comité de négociation, même s'ils jugent que le compromis est acceptable, ne peuvent que recommander son acceptation aux employés. Si ces derniers rejettent l'entente, les membres du comité doivent continuer les négociations afin de tenter d'obtenir de l'employeur des propositions plus avantageuses.

Le comité de négociation tient compte du type de syndicat (industriel ou de métier) pour lequel il a le mandat de négocier un contrat de travail, de la diversité des groupes d'intérêts des salariés de l'entreprise et du nombre d'employés qu'il représente.

Les membres d'un syndicat de métier qui regroupe des salariés accomplissant des fonctions similaires, ayant un entraînement et des connaissances identiques, ont généralement des intérêts professionnels très spécifiques. Dans ce cas, il est relativement facile pour un comité de négociation de faire des représentations auprès de l'employeur afin que les aspirations des salariés soient satisfaites.

Certains syndicats, et c'est la majorité, regroupent presque tous les salariés qui sont sur la liste de paie de l'entreprise. L'expérience prouve que, dans ce type de syndicat, la principale difficulté que rencontre le comité de négociation est de faire l'unanimité sur les demandes formulées par le syndicat, puisque ce dernier est composé de différents groupes de salariés qui n'ont pas les mêmes intérêts ni les mêmes besoins.

La diversité d'intérêts de groupes importants d'employés peut entraîner le rejet de la convention collective proposée ou encore donner naissance à une fragmentation de l'unité de négociation. Pour éviter une telle situation, le comité de négociation est généralement composé de personnes représentant les différents secteurs d'activités de l'entreprise.

Depuis quelques années, plusieurs syndicats ont changé d'allégeance ou encore ont formé des syndicats indépendants. Ce phénomène peut s'expliquer par le fait que le syndicat auquel les employés étaient membres ne répondait pas à leurs aspirations ou par le fait que leurs intérêts étaient mal défendus. La fragmentation d'une unité de négociation ou un changement d'allégeance ne doit pas être interprété comme un rejet de la négociation collective, mais plutôt comme le sentiment qu'a un groupe important d'employés que leurs intérêts et leurs aspirations seront mieux défendus par leur propre syndicat ou par un syndicat rival.

L'analyse de la diversité des intérêts des employés et la satisfaction des besoins et des aspirations des membres d'un syndicat jouent donc un rôle capital dans les prises de décisions du comité de négociation.

6.3.2 Le comité patronal

Il n'y a aucune politique standard concernant la formation et la composition des comités patronaux de négociation. La constitution de ces comités a un lien direct avec l'importance et la dimension de l'entreprise et avec les responsabilités qui sont attribuées aux membres de ce comité.

Dans la petite ou moyenne entreprise, l'employeur conduit généralement les négociations mais a recours, tout comme les syndicats, à des experts qui le conseillent sur la conduite à suivre lors de négociations. Dans ces cas, le comité de négociation est composé de l'employeur, de son conseiller ainsi que des principaux chefs de départements.

Lorsque les négociations sont centralisées, c'est-à-dire conduites à l'échelle nationale ou provinciale, le comité de négociation est généralement composé du vice-président du Service des finances, du vice-président du Service de l'exploitation, du vice-président du Service des relations industrielles, et ces personnes sont accompagnées des directeurs de chaque usine et des directeurs de personnel de ces usines.

Deux tendances se sont développées au cours des dernières années en ce qui a trait aux responsabilités des membres des comités de négociation. Certaines entreprises chargent le vice-président du Service de l'exploitation de négocier la convention collective. Dans ce cas, le vice-président du Service des relations industrielles assiste aux négociations à titre de conseiller. Par contre, d'autres entreprises considèrent le vice-président du Service des relations industrielles comme le porte-parole officiel de la compagnie et à ce titre, il agit comme coordonnateur et dirige le comité de négociation. Cette politique nécessite que le personnel de gestion du Service de l'exploitation agisse comme personne-ressource, et qu'il ait la responsabilité de conseiller le porte-parole sur l'impact qu'auraient certains amendements syndicaux sur la productivité et la bonne marche de l'entreprise.

Le pouvoir décisionnel du comité patronal de négociation, en ce qui concerne l'acceptation de certaines demandes syndicales ou la formulation de compromis liant la compagnie, peut varier selon l'importance et le genre d'entreprise. Le propriétaire ou le président d'une compagnie siégeant au comité de négociation a l'autorité voulue pour accepter toute entente avec les négociateurs syndicaux. Dans ce cas, il peut y avoir une consultation préalable entre le président et ses conseillers, et le compromis accepté n'est sujet à aucune ratification ultérieure de la part de la partie patronale.

La procédure n'est pas aussi expéditive lorsque les personnes qui ont l'autorité de prendre les décisions finales ne font pas partie du comité de négociation. Dans ce cas, un processus assez élaboré est mis en place afin de donner aux négociateurs patronaux un mandat qui leur permettra de poursuivre les négociations, sans être constamment obligés de se référer au bureau de direction pour la formulation d'un compromis ou pour le rejet définitif d'une demande syndicale.

Dans plusieurs entreprises, les amendements patronaux, avant d'être présentés au syndicat, sont soumis au président qui statuera sur la ligne de conduite à prendre devant les positions syndicales. Dans un deuxième temps, les demandes syndicales sont étudiées, et les membres du comité de négociation font part à la direction des répercussions de ces demandes sur le plan financier et sur celui affectant la productivité et la bonne marche de l'entreprise. Ordinairement, une enquête portant sur les salaires, les avantages sociaux et les conditions de travail est effectuée auprès des entreprises comparables et les résultats de cette enquête sont transmis au président. Ce dernier, possédant toutes les données nécessaires pour prendre une décision, donne aux négociateurs un mandat qui comprend l'ensemble des propositions finales à offrir au syndicat. Il sera alors loisible aux négociateurs de présenter au syndicat les offres appropriées.

Certaines entreprises ont une structure de négociation entièrement décentralisée, c'est-à-dire que chaque usine doit négocier sa convention. Étant donné la situation géographique de chacune de ces usines et des aspirations des employés de chaque usine, le conseil de direction s'assure ordinairement que les politiques générales concernant les relations patronales-syndicales sont uniformes, et que certaines conditions de travail sont adaptées aux besoins des employés de chaque usine.

Dans ce type de structure de négociation, le gérant de l'usine conduit les négociations. Ce dernier peut être assisté du vice-président du Service des relations industrielles qui le guidera et qui aura l'autorité de prendre des décisions importantes, conformes à la politique de la compagnie. Dans d'autres cas, le directeur de l'usine négocie lui-même la convention, et toute décision importante doit être soumise au siège social pour approbation. Cette procédure peut entraîner des délais importants dans la marche des négociations et, si tel est le cas, les négociateurs syndicaux formulent de nombreuses plaintes selon lesquelles le personnel local de maîtrise ne possède pas l'autorité nécessaire pour conclure une convention collective.

Pour éviter de telles situations, plusieurs entreprises importantes, très concentrées sur le plan économique et dont le taux de syndicalisation est élevé, favorisent la négociation cadre, c'est-à-dire une structure de négociation complètement centralisée. Lors de ces négociations, les représentants patronaux et syndicaux négocient généralement les clauses à portée générale, comme celles traitant des augmentations de salaires, des régimes de rentes, de la durée des heures de travail et des avantages sociaux. Les clauses particulières à chaque usine sont ensuite négociées au niveau local. Ce genre de négociation ne garantit pas que tous les syndicats locaux membres de la fédération accepteront le règlement proposé, mais il assure l'uniformité des conditions de travail dans toute l'entreprise.

6.3.3 Les comités de stratégie

Au tout début des négociations, les deux parties forment un comité de stratégie. Le but de ce comité est de seconder les activités du comité de négociation et de coordonner les activités et les décisions des négociateurs.

Les membres du comité syndical sont généralement choisis parmi les délégués d'ateliers, et certains officiers de l'exécutif du syndicat en font également partie. Étant en rapport quotidien avec les employés de l'entreprise et connaissant la majorité d'entre eux, les délégués d'ateliers s'assurent de leur mobilisation. Ils s'enquièrent de la réaction des employés devant le déroulement des négociations, analysent l'impact de certains compromis que les négociateurs pourraient proposer, et conseillent les membres du comité de négociation sur les attitudes à prendre devant l'employeur.

Lorsque les négociations s'avèrent difficiles, les délégués d'ateliers sont souvent les instigateurs de certains moyens de pression qui rendent le conflit plus onéreux pour l'employeur. Les méthodes utilisées dans ces cas sont entre autres : les ralentissements de travail, l'intimidation des contremaîtres, les bris d'équipement, le vandalisme et la distribution de tracts.

Lorsque la grève est déclenchée, le rôle du comité de stratégie est de prendre tous les moyens pour que l'arrêt de travail soit le plus efficace possible. Les membres de ce comité ont la responsabilité d'organiser des lignes de piquetage efficaces afin d'empêcher l'entreprise de continuer toute forme de production et de distribution. Dans certains cas, les membres du comité de stratégie serviront aussi de conseillers à leur exécutif pour l'organisation de campagnes de publicité destinées à sensibiliser et à rallier le public à leur cause.

Le comité patronal de stratégie est formé avant le début des négociations, et il a comme responsabilité d'établir les stratégies de négociation selon plusieurs scénarios. Ce comité a également comme mandat de prévoir plusieurs hypothèses de déroulement des négociations et d'établir une ligne de conduite pour chacune de ces hypothèses. Ce comité peut être composé du président de la compagnie et de tous les directeurs de départements qui sont affectés de près ou de loin par le déroulement de la négociation collective.

Les membres de ce comité renseignent la direction et le comité de négociation sur tout développement qui peut surgir dans la conduite des affaires de l'entreprise, et qui peut avoir un impact sur la signature de la convention collective. Ils s'enquièrent de la bonne marche de la production ou de toute activité qui pourrait perturber les opérations de l'entreprise, et s'informent si possible de la réaction des employés aux offres patronales. Ils peuvent aussi conseiller la direction sur la méthode à prendre concernant la diffusion des offres patronales aux employés et aux médias.

Si une grève est déclarée, certains services sont essentiels pour protéger les biens et l'équipement de l'entreprise. En face d'une telle éventualité, les membres du comité de stratégie doivent prévoir quels sont les services essentiels et de quelle manière ils seront assurés.

Lorsqu'un syndicat déclare une grève, la centrale à laquelle il est affilié délègue un de ses permanents qui agit comme directeur de la grève. Cette personne a la responsabilité de coordonner toutes les activités et les actions prises lors du conflit de travail et elle doit assurer la mobilisation des officiers locaux et des membres afin que tous soient solidaires dans l'atteinte des objectifs visés. Il a aussi le mandat d'autoriser les déboursés qui sont nécessaires et doit contrôler les indemnités de grève versées aux employés ainsi que les modes de paiement. En raison de la nature de ses fonctions, le directeur de grève ne participe généralement pas aux négociations, mais il est en quelque sorte l'officier de liaison entre la centrale et le syndicat en grève.

6.4 ÉTABLISSEMENT D'UNE POLITIQUE SALARIALE

INTRODUCTION

En premier lieu, il importe de souligner qu'il n'y a pas de formule magique ni de méthode précise qui peuvent s'appliquer à tous les cas et dans toutes les entreprises. En effet, les personnes qui ont à concevoir une politique salariale doivent prendre en considération un nombre important de facteurs et ces derniers varient selon les circonstances, les régions et les entreprises. De plus, certains mécanismes peuvent être efficaces pour une période et s'avérer désuets peu après. Cependant, les parties en présence ont intérêt à utiliser les mêmes critères qui les ont guidées lors de l'élaboration de la politique salariale.

Avant d'aborder l'analyse des divers critères, il y a lieu d'apporter deux commentaires qui sont à la base de tout système et qui provoquent la mise en marche de la procédure entière. Ainsi, le but premier des parties aux prises dans une négociation est une victoire qui se mesure en cents/heure plutôt qu'une idée de «justice distributrice». L'établissement des principes et des critères est un outil qui sert à justifier la prise de décision de chacun plutôt qu'un énoncé des raisons qui les ont motivés dans cette prise de décision.

En second lieu, dans la majorité des cas de fixation de salaire, le facteur le plus important, bien qu'il soit invisible et difficilement pondérable, est le pouvoir de négociation des parties en présence. Il s'agit d'un critère sur lequel on ne discute pas et qui normalement ne justifie pas une décision précise parce que non susceptible d'être traduit exactement en cents/heure. Nous en reparlerons d'ailleurs au prochain chapitre.

Prenant en considération ces deux restrictions, il y a lieu de passer en revue les critères qu'on invoque constamment, d'étudier leur importance relative et d'analyser leur fréquence.

6.4.1 Les comparaisons

Ce critère est utilisé dans la presque totalité des négociations, parce que chacun semble pouvoir retirer un avantage de son application. Pour les travailleurs, les comparaisons permettent un règlement propice à l'obtention d'une augmentation de salaire qu'ils jugent adéquate, et les salariés, normalement, ne se sentiront pas lésés s'ils sont placés sur le même pied que les autres travailleurs de l'industrie, de la localité ou de la région. Les syndicats voient, dans l'emploi des comparaisons, un guide que leurs négociateurs peuvent invoquer. D'autre part, l'employeur obtient l'assurance que, si les salaires sont basés sur une juste comparaison, les compétiteurs ne profiteront pas d'un coût de revient plus avantageux et qu'il pourra recruter la main-d'œuvre compétente dont il a besoin. Enfin, le public a la garantie qu'une décision basée sur un tel critère sera apte à satisfaire les attentes normales des parties. Les taux obtenus par comparaison, s'il ne sont pas toujours parfaitement justes, ne peuvent du moins être considérés comme injustes. Enfin, deux autres raisons militent en faveur de l'emploi des comparaisons : d'abord elles sont très faciles à traduire en cents/heure et ensuite les membres du syndicat et le public les comprennent sans difficulté. La méthode prise pour calculer les différentiels et établir des taux comparables peut cependant être une source de complications. Ainsi, le contenu des tâches d'une même classification peut varier sensiblement d'une entreprise à l'autre. De plus, si la méthode de paiement est différente d'une firme à l'autre, il est difficile de comparer les salaires des employés. La composition de l'unité de négociation qui peut influencer la structure salariale d'une entreprise peut aussi apporter certains ennuis lors des comparaisons salariales. Enfin, la multitude des avantages sociaux provoque une distorsion évidente dans le gain réel des employés, et les parties qui utilisent cette méthode doivent tenir compte de ce facteur dans son utilisation.

Plusieurs formes de comparaisons peuvent être utilisées par les négociateurs lors des négociations des conventions collectives. La première, et celle qui est utilisée le plus fréquemment par les parties, consiste à comparer les salaires d'entreprises d'un même secteur industriel. La parité des salaires entre ces diverses entreprises revêt une telle importance aux yeux des parties que la majorité des conventions sont réglées sur cette base. La difficulté la plus importante dans l'application d'une telle politique de comparaison consiste à déterminer si on compare deux entités identiques. Considérant la complexité de notre économie, il y a toujours possibilité de trouver des différences entre deux firmes en apparence similaires, et plusieurs problèmes surgissent lorsqu'on tente de déterminer des facteurs comparables. Il y a donc lieu de tenir compte des différentiels inter-régionaux, de la nature de l'opération et des tendances du marché.

Les comparaisons entre entreprises similaires doivent toujours tenir compte du site géographique des usines et certains écarts peuvent exister dans les salaires payés par chaque usine. Dans certains cas, la base géographique de comparaison varie selon le secteur d'activité comparé. Par exemple, pour l'industrie de l'automobile, les négociations se font sur une base multinationale; pour l'acier primaire, on négocie sur une base nationale; pour les ouvriers de la construction, les parties négocient sur une base provinciale. D'autre part, deux autres formes de comparaisons peuvent être utilisées, mais on y recourt rarement à cause des multiples objections qui sont apportées et des nombreuses difficultés qu'elles présentent. Les comparaisons entre les usines d'une même entreprise qui négocient dans une structure complètement décentralisée n'ont pas d'autre utilité que l'établissement de la structure de base des salaires et des avantages sociaux, puisque dans la plupart des cas les négociations s'effectuent au niveau des usines. En second lieu, les comparaisons entre syndicats d'une même centrale sont invoquées lorsque la fédération ou tout autre échelon supérieur dans le mouvement syndical a adopté comme politique de viser la parité des salaires entre ses divers syndicats locaux.

6.4.2 Méthode pour établir le calcul du salaire global ou du coût à l'heure de travail

Dans l'utilisation du critère de comparaison, on a fait état qu'une comparaison basée uniquement sur les salaires de base de deux entreprises similaires était une méthode inadéquate et imprécise. Pour que ce facteur ait une utilité, les deux parties doivent connaître, en plus du salaire de base, le coût et la nature des avantages sociaux reflétés ou non dans le salaire, le temps productif des employés ou toute autre considération monétaire qui entraîne une dépense pour l'entreprise.

Cette méthode est utilisée de plus en plus, puisqu'elle permet de calculer avec précision le coût des demandes syndicales ainsi que le coût des augmentations offertes par l'employeur. Cette formule fut aussi mise de l'avant lors de la passation de la *Loi anti-inflation* par le

Parlement fédéral en 1976, afin de déterminer le coût des augmentations salariales ; le gouvernement du Québec l'a utilisée sous l'appellation du salaire global en 1979 lors de ses négociations avec ses employés. Le coût à l'heure de travail est indispensable pour l'employeur et cette méthode lui permet de connaître le coût de revient de la main-d'œuvre. D'autre part, elle permet aux négociateurs syndicaux d'utiliser ces données afin d'établir les priorités à donner à certaines demandes monétaires.

Ce calcul se fait généralement sur une base annuelle. Pour établir le nombre d'heures que l'employeur est appelé à payer, il suffit de multiplier les heures régulières hebdomadaires par le nombre de semaines que l'employé doit travailler. Prenons l'exemple d'une usine qui a une semaine normale de travail de quarante (40) heures et qui fonctionne cinquante-deux (52) semaines par année. Les heures régulières sont établies comme suit :

$$52 \text{ semaines} \times 40 \text{ heures} = 2\,080 \text{ heures.}$$

De ce total, il faut soustraire toutes les heures où l'employé est absent de son travail, qu'il soit rémunéré ou non. Ces absences sont entre autres les vacances payées, les jours fériés et chômés, les pauses café, les congés avec ou sans solde. Poursuivant le même exemple, supposons que le total de ces absences soit de 309 heures, les heures productives de l'employé seront établies comme suit :

$$2\,080 \text{ heures} - 309 \text{ heures} = 1\,771 \text{ heures.}$$

Pour effectuer ce calcul, il est important de toujours utiliser la moyenne des heures non travaillées pour chaque type d'absence pour l'ensemble des employés de l'unité d'accréditation. On doit aussi ajouter au temps productif la moyenne des heures supplémentaires accomplies par les membres de cette unité.

Les heures productives étant déterminées, on peut procéder au calcul du salaire total versé à l'employé. Ce montant s'obtient en additionnant au salaire moyen payé par l'entreprise le coût des primes ou des allocations de toute nature versées aux employés, le coût des jours fériés et celui des vacances. Le total du salaire moyen et des sommes versées pour ces avantages sociaux constitue le salaire réel payé à l'employé.

L'entreprise contribue à des avantages statutaires prévus dans les conventions collectives et dont le coût n'est pas inclus dans le salaire de l'employé. Ces avantages sont, entre autres, les contributions payées par l'entreprise pour la caisse de retraite, les plans d'assurance-vie et santé, l'assurance-chômage, la fourniture des vêtements ou des uniformes, les subventions accordées pour la cafétéria ou le stationnement gratuit.

Le total du salaire de base, des diverses allocations et des avantages sociaux accordés à l'employé, qu'ils soient inclus ou non dans son salaire, représente le montant annuel moyen que l'entreprise doit verser pour cet employé. Le coût à l'heure de travail s'obtient en divisant le coût annuel total du salaire et des avantages sociaux accordés à l'employé par le nombre d'heures productives accomplies par cet employé.

Les deux tableaux ci-dessous illustrent la méthode de calcul du coût à l'heure de travail et l'établissement des heures travaillées.

TABLEAU 6.1 : Calcul du coût des heures effectivement travaillées — Exemple fictif

A) *Établissement du nombre d'heures travaillées*

Heures régulières de la semaine : 52 semaines × 40 heures =		2 080 h

Moins :

Jours fériés 8 jours × 8 heures =	64 h	
Vacances	106 h	
Congés sans solde	62 h	
	232 h ou 29 j.	
Périodes de repos (260 − 29) × 20 min/jour =	77 h	
	309 h	
Heures régulières travaillées		1 771 h
Heures supplémentaires		60 h
Total — Heures travaillées		1 831 h

B) *Calcul de la prime de nuit et de soir*

1 771 + 77 = 1 848 heures × 20¢ l'heure pour 2/3 des employés	246,40 $

C) *Calcul des avantages statutaires*

R.R.Q. Contribution de l'employeur et de l'employé
(12 894,40 − 1 100 × 1,8% = 214,10 $ maximum 190,80 $)

C.A.C.

Employé (12 894,40 × 1,35%)	174,07 $
Employeur (174,07 × 1,4) =	243,70 $

R.A.M.Q.

(12 894,40 × 1,5%)	193,42 $

C.A.T.
(12 894,40 × 2,25%)   290,12 $
D) *Calcul des avantages supplémentaires*

Assurance-maladie supplémentaire
(50% par l'employeur)
Prime mensuelle 5,00 $ × 12 mois × 50% =   30,00 $

Régime supplémentaire de retraite
Part de l'employeur 4% du salaire de base
Part de l'employé 4% du salaire de base
(12 108,00 × 4%) =   484,32 $

Assurance-salaire et assurance-vie
Taux 5% du salaire de base de 12 108,00 $ 605,40 $
    dont 2/3 par l'employeur   403,60 $
    et 1/3 par l'employé   201,80 $

Vêtements de travail
Chemises — 3 fois l'an   18,00 $
Pantalons — 2 par année   26,00 $
Souliers de sécurité — 1 paire   28,00 $
Gants de travail — 2 paires   12,00 $
                                                               84,00 $

TABLEAU 6.2 : Coût annuel moyen et coût à l'heure de travail — Exemple fictif

Taux de base moyen horaire   6,00 $

Salaire de base au taux régulier

Heures travaillées	1 771 heures	10 626,00 $
Jours fériés	64 heures	384,00 $
Vacances	106 heures	636,00 $
Périodes de repos	77 heures	462,00 $
Congés sans solde	62 heures	0
	2 080 heures dont 2 018 heures payées	12 108,00 $

Avantages reflétés dans le salaire

Prime de nuit et de soir	246,00 $	
Heures supplémentaires (60)	540,00 $	786,40 $
Total — Salaire		12 894,40 $

Avantages additionnels au salaire

Avantages statutaires

R.R.Q.   190,80 $

195

C.A.C.	243,70 $	
R.A.M.Q.	193,42 $	
C.A.T.	290,12 $	
	918,04 $	
Avantages supplémentaires		
Assurance-maladie supplémentaire	30,00 $	
Régime supplémentaire de retraite	484,32 $	
Assurance-salaire et assurance-vie	403,60 $	
Vêtements de travail	84,00 $	
	1 001,92 $	
Total — Avantages additionnels au salaire		1 919,96 $
Coût annuel moyen pour 1 831 heures		14 814,36 $
Coût à l'heure de travail	14 814,36 $	
	1 831 heures	8,09 $
Pourcentage du coût à l'heure de travail par rapport au taux de base	8,09 $	135%
	6,00	
Revenu de l'employé avant impôts		
Salaire		
Déductions		
R.R.Q.	190,80 $	
C.A.C.	174,07 $	
Assurance-maladie supplémentaire	30,00 $	
Régime supplémentaire de retraite	484,32 $	
Assurance-salaire et assurance-vie	201,80 $	1 080,99 $
Revenu de l'employé avant impôts		11 813,41 $

6.4.3 Le coût de la vie

Basé sur le principe de la fluctuation des prix, le critère «coût de la vie» attire peu d'attention quand l'indice des prix à la consommation est stable, il revêt toutefois une importance quelconque ou considérable selon qu'il s'agit d'une baisse ou d'une hausse de l'indice. Les raisons principales qui ont présidé à l'insertion dans les conventions collectives des clauses d'indexation des salaires résident dans une présomption que le revenu réel des travailleurs et, par là, leur pouvoir d'achat, ne devrait pas être déprécié par une hausse des prix, hausse qui est normalement hors de leur contrôle.

L'indice des prix à la consommation est assez facilement traduisible en cents/heure et, malgré certaines variations dans la méthode de calcul et des mésententes mineures à leur sujet, son évaluation demeure dans le domaine du connu et du pondérable. De plus, quelque discutable que soit la construction de l'indice, elle donne un résultat relativement exact de l'augmentation ou de la diminution en pourcentage, qui est rapidement convertissable en un ajustement des salaires.

Les clauses d'indemnité de vie chère contenues dans les conventions collectives sont de plus en plus nombreuses, et certaines d'entre elles ont un mécanisme plus ou moins compliqué. Lorsqu'une clause d'indexation s'applique, il est généralement prévu qu'à une augmentation de tant de points de l'indice correspond une hausse de salaire de tant de cents par heure : par exemple, 1 cent de plus par heure pour chaque augmentation de 0,3 de l'indice des prix à la consommation. Par contre, d'autres clauses d'indexation prévoient qu'une augmentation peut être accordée en prenant comme base l'augmentation en pourcentage de l'indice des prix à la consommation durant une certaine période ou après qu'un certain pourcentage de l'indice a été atteint.

On peut prendre comme exemple la clause d'indexation contenue dans la convention collective qui régit la Steel Company of Canada et les Métallurgistes unis d'Amérique (1977). On constatera que l'essentiel des augmentations salariales provient de cette clause plutôt que des hausses annuelles des salaires de base.

En premier lieu, on doit noter que l'augmentation du salaire de base consentie a été de 2,56 p. cent du salaire de base et le contrat stipule :

— que le taux de salaire augmentera à la suite de toute augmentation de l'indice des prix à la consommation ;

— que cette augmentation sera de 1 cent de l'heure pour chaque augmentation de 0,3 point de l'indice ;

— que le calcul des ajustements découlant de la clause d'indexation se fera trimestriellement.

Compte tenu de ces éléments, quelle sera la sensibilité des salaires aux augmentations en pourcentage de l'indice des prix à la consommation ? Supposons que pour la première année, l'indice des prix à la consommation augmente de 7 p. cent dans un cas et de 8 p. cent dans l'autre. Calculons l'impact de ces hausses sur l'échelle des salaires:

	7%	8%
I.P.C. de juillet 1978	177,7	177,7
I.P.C. de juillet 1979	190,1	191,9
Points d'augmentation	12,4	14,2
Conversion en cents/heure		
(1¢ pour 0,3 point)	41,0	47,0
Augmentation de salaire	5⅛%	5⅞%
Protection contre l'inflation	73%	73%

En tenant compte des hypothèses utilisées, les employés bénéficient d'une augmentation de 2,56 p. cent de salaire de base ainsi que d'un réajustement en vertu de la clause d'indexation équivalant à 73 p. cent de l'augmentation de l'indice des prix à la consommation.

La détermination exacte de la période de base de manipulation de l'indice posait un problème qui a été, en partie, résolu par l'expérience. Une ligne de conduite presque générale a été adoptée grâce à laquelle tous s'entendent pour prendre comme période de base de calcul de l'indice la date d'expiration du dernier contrat. On tient alors pour acquis, comme dans le cas d'une clause de réouverture des salaires, que les dernières négociations ont tenu compte de tous les facteurs qui influencent la politique des salaires.

Pour atteindre leurs objectifs, les ajustements en regard du coût de la vie doivent se faire sans préjudice et de façon uniforme pour tous les employés. On se sert généralement des taux moyens pour ajuster les salaires à l'indice.

6.4.4   La condition financière de l'employeur

Le critère d'incapacité de payer est différent à plusieurs points de vue. Ainsi, la plupart du temps, l'employeur soutiendra lors des négociations qu'une concurrence serrée nécessite une réduction de son prix de revient, sans suggérer que le fait de ne pas diminuer les salaires l'empêchera de continuer à fonctionner. Le critère «condition financière» de l'employeur comprend trois notions bien distinctes: capacité réelle de payer comme justification à une augmentation de salaire, incapacité totale de payer comme menace de non-service, et plus communément encore une modération dans la politique des salaires pour refléter une condition des affaires moins que satisfaisante.

Prise dans ce sens, la condition financière de l'employeur constitue un critère fréquemment invoqué dans les négociations. La position de profit de l'entreprise influence toujours la politique générale des salaires et l'offre monétaire que fait l'employeur. Du côté syndical, si l'on exclut les deux positions extrêmes, soit la capacité réelle ou l'incapacité totale de payer, on est peu enclin à accorder à l'employeur le bénéfice du doute et dans la majorité des cas on ne tient pas compte de ce critère.

À ce chapitre, il faut se souvenir que le coût de revient du produit fabriqué par l'entreprise est le facteur prépondérant pour déterminer la position financière, et le coût de la main-d'œuvre fait partie intégrante de ce coût de revient. On ne peut savoir précisément si l'entreprise a 5, 10 ou 15 p. cent de difficulté, mais le fait qu'elle est réellement dans une situation difficile doit nécessairement produire un effet sur la politique monétaire et salariale.

Les critères de productivité et de capacité de payer ne sont presque jamais invoqués dans le secteur public, parce que les pouvoirs de taxation des divers ordres de gouvernement sont presque illimités, et que les services fournis aux contribuables sont souvent essentiels pour toute la population.

6.4.5 Certains traits caractéristiques du travail

Sous ce titre général, il y a lieu d'inclure toute une gamme de considérations qui sont susceptibles d'influencer les taux de salaire. On peut diviser ces considérations en deux groupes distincts : dans le premier, on inclut le degré de qualification des travailleurs, les risques inhérents au travail et le paiement de primes pour certaines conditions de travail ; le second comprend la sécurité de l'emploi et la valeur des avantages sociaux.

Le premier groupe contient des critères qui sont surtout importants pour l'établissement de la structure de base des salaires, la détermination des écarts salariaux entre les tâches et l'octroi de primes pour des travaux d'une nature spéciale ou comportant des conditions de travail anormales. L'établissement de la structure de base des salaires nécessite l'élaboration d'un système complet d'analyse et d'évaluation des tâches.

Les facteurs contenus dans le second groupe sont de plus en plus retenus par les parties durant les négociations portant sur les salaires et les clauses monétaires. La sécurité d'emploi est utilisée pour démontrer au syndicat que les employés sont assurés d'avoir un revenu régulier. Ce n'est évidemment pas un critère qui peut aider à préciser un montant exact d'augmentation, et pour cette raison ce critère ne revêt qu'une importance très secondaire. Les avantages sociaux, étant donné leur nombre et leur diversité, sont de plus en plus utilisés par les parties comme arguments influençant le quantum des salaires. Leur importance provient surtout du fait qu'ils peuvent faire varier sensiblement l'état comparatif de deux entreprises et qu'ils sont considérés comme faisant partie intégrante de l'offre monétaire.

6.4.6 La productivité

C'est le facteur le plus controversé sur le plan de sa crédibilité et de son application. Il contribue pourtant à un accord général quant au principe sur lequel il s'appuie. Les parties sont unanimes pour affirmer qu'une productivité croissante est un argument suffisant pour justifier une hausse des salaires. Cependant, la difficulté provient du fait que le concept de productivité est appliqué indifféremment pour deux facteurs distincts : une plus grande production résultant d'un effort plus soutenu de la part des travailleurs d'une part, et une meilleure production comme résultante d'une utilisation améliorée ou mieux ordonnée de tous les facteurs de production d'autre part.

Le premier facteur est basé sur l'effort individuel et est à la base de tout système de paiement à la pièce. Il se mesure simplement par l'addition des unités produites par un travailleur. Il est donc très peu considéré pour déterminer le mouvement général des salaires.

Le second facteur est plus subtil et plus difficilement mesurable. Il suppose une appréciation de la contribution de chacun des facteurs à la productivité générale. La principale technique de mesure utilisée est reliée au produit national brut et consiste à comparer la production totale du secteur privé de l'économie avec le total des personnes/heure qui y ont contribué.

On conçoit facilement les difficultés considérables qu'occasionne l'application de ce critère à chacun des cas particuliers. Les remaniements statistiques qui traitent de ce critère, bien qu'impressionnants par leur qualité, sont presque impossibles à traduire en cents/heure.

En dernier lieu, la principale difficulté d'application de ce facteur provient de l'absence totale d'une formule permettant de répartir équitablement la hausse de productivité entre ceux qui y ont droit. Le consommateur réclame des prix plus bas, le travailleur de meilleurs salaires, les administrateurs des revenus plus élevés et les actionnaires des dividendes plus substantiels. Enfin, comment faut-il procéder lorsque la productivité décline? La réponse est aussi difficile à donner que dans le cas d'une productivité croissante et la conclusion qui suit logiquement est que ce critère, malgré l'intérêt considérable qu'il suscite, n'obtient qu'un rôle secondaire dans la détermination des salaires.

6.4.7 Le niveau de vie

Le principe qui est à l'origine de ce critère consiste dans le fait que les travailleurs et leur famille méritent un niveau de vie qui comporte un minimum de sécurité. Désigné indifféremment par les expressions niveau de vie adéquat ou acceptable, juste salaire, salaire vital, il constitue une notion morale plutôt qu'une notion économique. Comme tel, ce critère devient beaucoup plus un objet de législation qu'un critère de détermination des salaires dans l'entreprise. C'est d'ailleurs la raison pour laquelle les gouvernements ont presque tous légiféré dans ce domaine par la promulgation de diverses législations. Plusieurs agences gouvernementales et comités de recherche construisent des budgets types.

Les représentants syndicaux se réfèrent souvent à ce critère, et les employeurs ne l'invoquent jamais. La première objection réside dans le fait que les données incluses dans ce critère sont très peu pertinentes si on les compare aux différences comprises entre l'offre patronale et la demande syndicale. La seconde réserve se rapporte à la conception et la construction du budget type. D'abord le choix des sujets qui y sont inclus est purement subjectif et souvent sans rapport avec les faits réels. Le volume des facteurs insérés est nécessairement arbitraire, de sorte qu'on peut, par exemple, difficilement prévoir si une famille normale consommera 10, 15 ou 20 livres de beurre par année. De plus, le budget ne tient pas compte des variations de coût d'une ville à l'autre et les budgets disponibles sont rarement adaptés à l'unité concernée. Enfin, on tient pour acquis que le père est le seul gagne-pain de la famille, ce qui n'est pas toujours vrai.

Le dernier désavantage provient du fait que le calcul du salaire vital est établi par référence à l'économie entière, mais on cherche à l'appliquer dans des entreprises particulières. L'employeur peut alors prétendre qu'il est sujet à discrimination car, si le budget établi justifie un salaire minimum donné, tous ceux qui sont rémunérés en deçà de ce minimum ont un droit égal à son obtention.

D'ailleurs, les syndicats sont les premiers à protester lorsque l'employeur invoque le fait que ses employés devraient être payés au taux horaire moyen des usagers de son produit, ou dans le cas d'un service public, au taux horaire moyen des contribuables.

On peut constater que, au cours des dernières années, la plupart des critères cités plus haut ont pris tour à tour une importance prépondérante dans la majorité des négociations des conventions collectives.

Tout dernièrement, les infirmières réclamaient la parité de salaire avec celles de l'Ontario. Dans son offre, le gouvernement du Québec a pris en considération les demandes des infirmières, mais a insisté sur une augmentation de la productivité. D'autre part, une certaine entreprise, dans les offres faites à ses employés, a utilisé le critère «comparaison» mais en tenant compte des avantages sociaux. Dans un autre conflit, les employés justifiaient leurs demandes en faisant état de la perte de leur pouvoir d'achat à la suite de l'inflation, et réclamaient un facteur d'enrichissement. Cette approche était nouvelle puisque, au cours des négociations antérieures, le critère «comparaison» avait été l'argument de base. En dernier lieu, lors des négociations provinciales de 1972 dans le secteur public, les parties avaient conclu un accord basé sur les facteurs «enrichissement» et «coût de la vie».

Tous ces exemples tendent à prouver que l'ordre des critères utilisés pour la fixation des salaires n'est pas immuable et peut varier d'une négociation à l'autre, suivant les circonstances. La deuxième conclusion qui se dégage est que la détermination des salaires doit être faite d'après la considération d'un ensemble de critères, et la question de base consiste alors à déterminer quel poids doit être donné à chacun des critères.

Le pouvoir de négociation est un critère rarement invoqué en négociation, mais la majorité des experts dans le domaine considèrent qu'il joue un rôle important dans la détermination des salaires. Les coûts de l'accord ou du désaccord qu'encourt l'une ou l'autre des parties sont la résultante de ce pouvoir de négociation. Ce facteur joue un rôle déterminant dans le processus de négociation : en plus d'assurer le respect que chaque partie doit avoir pour l'autre, il est la pierre angulaire de toute négociation collective.

En dernier lieu, il importe de souligner que la divergence des intérêts des parties en présence lors d'une négociation, et les problèmes suscités par la fixation d'une politique salariale et monétaire, demandent de la part des parties qui s'engagent dans un tel processus une large part de pragmatisme et de technique qui nécessite, dans son approche, les connaissances et le doigté de spécialistes.

Chapitre 7

Le déroulement

des négociations

7.1 PRÉSENTATION GÉNÉRALE DU PROCESSUS DE NÉGOCIATION

Lors de la négociation d'une première convention collective ou du renouvellement d'un contrat de travail, comme prévu par le *Code du travail*, le syndicat transmet un avis à l'employeur afin de l'informer de son intention de négocier une convention collective.

Une première négociation entre l'employeur et le syndicat est généralement très ardue. Un sentiment de méfiance existe très souvent entre les parties, et ce, même avant le début des négociations. L'employeur, déjà ébranlé par l'adhésion de ses employés à un syndicat, se voit pratiquement voué à la faillite lorsqu'il prend connaissance des demandes syndicales. Le chef d'entreprise sans aucune expérience de la négociation d'une convention collective a le sentiment, devant les demandes du syndicat, qu'il ne pourra administrer son usine adéquatement. N'ayant aucune notion des relations patronales-syndicales, il tient pour aquis que ces demandes sont finales et qu'elles ne peuvent faire l'objet d'un compromis. De plus, s'il n'est pas conseillé adéquatement, l'employeur peut commettre certains actes ou proférer des menaces qui auront souvent des conséquences néfastes dans la poursuite des négociations. On peut prendre l'exemple d'un employeur qui refuse systématiquement tout compromis raisonnable proposé par le syndicat. Si ce dernier a recours à la grève et qu'il obtient plus que le compromis qu'il aurait été prêt à accepter par la négociation, la crédibilité de l'employeur sera minée pour plusieurs années. D'autre part, les employés qui n'ont jamais vécu cette expérience craignent qu'une négociation puisse les entraîner dans une grève, laquelle représente une source de troubles, tant sur le plan familial et personnel que du point de vue de leur sécurité d'emploi.

Le renouvellement d'un contrat de travail se fait généralement d'une manière ordonnée, si l'application de la convention qui vient d'expirer n'a pas soulevé de problèmes sérieux entre les parties. De bonnes relations patronales-syndicales entraînent une atmosphère de compréhension et de confiance, et le respect mutuel des parties facilite le processus de négociation. Par contre, les négociations peuvent être très difficiles si un sentiment de méfiance existe entre les parties, ou si la convention expirée a donné naissance à des conflits majeurs entre l'employeur et le syndicat.

Une menace de grève, et cette menace est omniprésente dans toute négociation, affecte le comportement des employés et de leurs créanciers, ainsi qu'une partie plus ou moins importante de la population de la ville dans laquelle l'usine est située. D'autre part, les actionnaires et le conseil de direction de l'entreprise suivent avec intérêt le déroulement des négociations. Les négociateurs subissent donc une tension considérable et se rendent compte de l'implication de leurs décisions et de leur comportement, puisque la négociation d'une convention collective comporte des enjeux importants pour les deux parties en présence ainsi que pour des tiers.

La négociation est à la fois un art et une science, et les résultats dépendent fortement de la compétence des négociateurs. Les principales exigences requises d'une personne qui planifie et qui dirige une négociation sont les suivantes :

un système de valeurs qui inclut :

— l'intégrité personnelle et le courage nécessaire pour faire valoir ses convictions,

— la persuasion que la négociation collective est une méthode valable pour la prise conjointe de décisions et pour réconcilier des intérêts divergents ;

un jugement judicieux fondé sur la connaissance:

— des principales raisons pertinentes à la prise de position des deux parties en présence,

— des contraintes et des pressions qui influencent les parties;

une habileté à:

— s'exprimer et pouvoir écrire avec précision,

— être un auditeur attentif,

— avoir un esprit créatif,

— inspirer confiance par la prise de bonnes décisions.

Les étapes et le mode de négociation d'une première négociation collective ainsi que le renouvellement de cette dernière font l'objet d'articles précis qui sont contenus dans le *Code du travail*. Le législateur a aussi établi certains délais que les parties doivent respecter, et il a prévu certains mécanismes pour aider l'employeur et le syndicat à conclure un contrat de travail. Le schéma de la page suivante présente les principales étapes du processus de négociation ou de renouvellement d'une convention collective, tel que prévu par le *Code du travail* québécois.

7.2 LES NÉGOCIATIONS DIRECTES

C'est la première et la plus importante phase de négociation d'une convention collective, puisqu'au terme de cette étape les parties peuvent dans un cas déclarer une grève, et dans l'autre, décréter un lock-out. La procédure qu'adoptent les parties au cours de ces discussions est informelle, et rares sont les cas où de tierces personnes peuvent être présentes. L'absence de règles rigides et la liberté d'expression des comités de négociation semblent produire les meilleurs résultats pour les parties en présence. Les porte-parole patronaux ou syndicaux qui peuvent s'exprimer librement ne craignent pas de modifier ou d'abandonner leurs positions originales.

La nature des sujets abordés dans les négociations et la fréquence des réunions sont déterminées par les parties. Les premières rencontres entre les représentants de l'employeur et ceux du syndicat sont habituellement consacrées à explorer et à analyser les propositions respectives, mais lors d'une première convention

SCHÉMA 7.1 : **Processus de négociation collective prévu par le Code du travail**

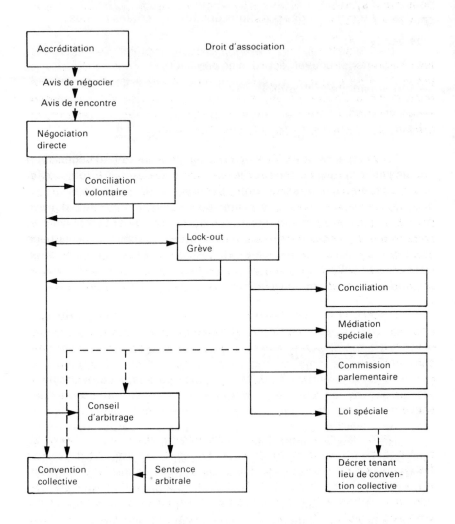

(1)   La raison pour laquelle nous avons placé des lignes pointillées vient du fait que lorsqu'un conflit de travail ne se règle pas directement par les parties, mais qu'il fait appel à l'une des quatre interventions mentionnées plus haut, sa résolution se fera de l'une des trois manières suivantes : décret de l'Assemblée nationale, sentence arbitrale ou retour à la négociation directe. On ne peut jamais prévoir à l'avance laquelle de ces trois voies sera retenue.

collective l'employeur se contente souvent de répondre aux demandes syndicales plutôt que de soumettre lui-même des propositions élaborées. Lorsque les parties ont terminé l'étude des implications des demandes syndicales et des offres patronales, la négociation de la convention débute véritablement.

Tout négociateur expérimenté connaît l'importance de justifier les demandes qu'il formule et les motifs qui l'amènent à refuser une proposition de la partie adverse. De plus, il laisse toute la latitude nécessaire à l'autre partie, afin de lui permettre d'exposer son argumentation. En dernier lieu, il s'efforce de cerner le problème, et propose des solutions lorsque la situation l'exige.

Le rythme et la durée des rencontres varient en fonction de l'importance des sujets discutés et des délais à observer. Lorsque des compromis sont suggérés par les représentants de l'employeur ou par ceux du syndicat, les parties demandent souvent un temps d'arrêt pour leur permettre d'étudier et d'analyser les implications de ces compromis. Ces ajournements sont très utiles puisqu'ils permettent aux parties d'éviter de prendre des décisions hâtives et qu'ils leur donnent l'occasion de discuter en profondeur de la teneur et des répercussions des propositions avancées par l'une ou l'autre partie.

L'acceptation des clauses de la convention peut être faite sur une base parcellaire, c'est-à-dire que chaque amendement ou chaque proposition est discutée séparément. Dans ce cas, les discussions débutent avec les amendements les moins litigieux, et dès qu'une entente est conclue sur un article les parties passent au suivant. Il en est ainsi jusqu'à la conclusion d'une entente sur la convention collective.

Dans le cas où les parties présentent un nombre imposant d'amendements ou lorsque les négociations s'avèrent très difficiles, les négociateurs discutent la valeur de chaque amendement, et s'il n'y a pas entente ils laissent l'article en suspens. Lorsque les négociations tirent à leur fin, l'une ou l'autre partie peut suggérer un compromis global. Dans ce cas, le compromis proposé forme un tout indivisible qui comprend les propositions acceptées et les demandes refusées. Dans cette approche, les parties en présence considèrent qu'il n'y a pas d'acceptation tant que tous les amendements ou toutes les propositions ne sont pas réglées à leur satisfaction. Cette procédure peut s'identifier comme une approche globale en vue du règlement de la convention collective.

Ces deux approches ne sont pas inflexibles, et les parties les combinent fréquemment dans le but de hâter la procédure d'acceptation. Les amendements qui n'ont pas ou presque pas de conséquence sont généralement réglés en premier lieu entre les parties. L'employeur hésitera cependant à accepter une concession majeure avant de connaître la position définitive du syndicat concernant d'autres points importants. La phase cruciale des négociations s'engage lorsque les discussions portent sur les amendements ou les propositions qui ont un intérêt vital pour les parties en présence. Ces dernières soumettent tour à tour des compromis qui comprennent l'ensemble des points en litige, les modifient et en arrivent enfin à une proposition acceptable. À ce moment, une entente est conclue et les négociations sont terminées.

7.2.1 Stratégies et bluff

Certains syndicats et certains employeurs utilisent des données réalistes dans la préparation de leurs propositions et dans la conduite des négociations. L'utilisation de telles données réduit normalement l'écart entre les demandes syndicales et les offres patronales. De plus, cette approche permet aux parties de bien situer leur marge de manœuvre et de réaliser le sérieux des amendements ou des propositions formulées. Cette méthode met l'accent sur les problèmes réels que le syndicat ou l'employeur ont à résoudre, et limite l'exploration des solutions envisagées en vue d'en arriver au règlement d'une convention collective de travail.

D'autre part, on constate depuis plusieurs années un usage croissant de la tactique du *bluff* dans les relations patronales-syndicales, et plus spécialement lors des renouvellements de conventions collectives de travail. Cette stratégie consiste pour les syndicats à exagérer démesurément leurs demandes initiales, et pour les employeurs, à faire des offres minimales qui n'ont aucune relation avec la réalité. De prime abord, cette technique est très discutable et fait l'objet de sérieuses critiques de la part du public.

Une explication plausible de ce jugement défavorable vient du fait que la population présume que la raison et la bonne foi peuvent résoudre tous les conflits de travail ; partant de ce principe, elle juge que le recours au *bluff* est une stratégie déplorable. On doit cependant mentionner que la majorité de la population ignore ce que devrait être le prix raisonnable à payer pour un produit, ou ce qui constitue un juste profit pour une entreprise. Si on connaissait la réponse à ces données, la libre entreprise n'aurait plus sa raison d'être puisque le gouvernement pourrait s'assurer que personne ne pourrait réclamer un prix injuste pour un produit ou s'assurer d'un profit démesuré pour la fabrication de ce produit. D'autre part, un nombre imposant de personnes estiment que les relations patronales-syndicales représentent une situation différente. En effet, nombreux sont ceux qui estiment qu'il n'y a qu'un salaire décent à verser à un employé accomplissant une tâche donnée, et qu'une méthode universelle peut être appliquée pour déterminer les conditions de travail accordées aux employés par voie de conventions collectives de travail. On se trouve donc devant la contradiction suivante : si l'on admet qu'il est très difficile de déterminer avec précision le prix de vente d'une automobile, comment pourrions-nous prétendre connaître la méthode qui permettrait de déterminer le salaire adéquat à verser aux employés qui fabriquent cette automobile [1]?

C'est pourquoi lorsque les négociations patronales-syndicales sont envisagées dans une perspective d'acheteur et de vendeur, les positions extrêmes prises par les parties au début des pourparlers, leurs déclarations fracassantes et toutes les tactiques associées au bluff apparaissent comme une approche de négociation rationnelle. D'ailleurs, la date prévue pour l'acquisition du droit à la grève ou au lock-out force les parties à abandonner graduellement leur tactique du bluff et à rechercher un compromis qui est beaucoup plus réaliste que leurs positions originales. En effet, en règle générale l'employeur et le syndicat ne veulent pas subir les coûts financiers qui font partie intégrante d'une grève, et l'un et l'autre réalisent qu'un arrêt de travail est toujours possible si aucune entente n'a été conclue après l'expiration des délais prévus par la loi.

Les relations patronales-syndicales ne doivent cependant pas être envisagées uniquement comme une simple relation entre vendeur et acheteur. Les employeurs se plaignent souvent du caractère autocratique des syndicats, mais ils sont les premiers à admettre qu'un syndicat est essentiellement une institution politique, contrastant à ce chapitre avec les autres institutions financières et commerciales avec lesquelles un chef d'entreprise a des relations. Le *Code du travail* reconnaît le représentant syndical comme l'égal de l'employeur dans le processus de négociation et d'application de la convention

---

(1)   CULLEN, D.E. *Negociating Labor Management Contract.* New York State School of Industrial and Labor Relations. New York : Cornell University (Ithaca), sept. 1965, p. 6.

collective. Ce représentant ne peut être perçu comme un vendeur quelconque qui offre ou qui vend ses produits à l'entreprise; l'employeur le considère comme le porte-parole d'un groupe d'employés qui doivent quotidiennement obéir à ses ordres ou être à son service. À l'opposé de toute autre transaction qu'il effectue, l'employeur entretient des relations quotidiennes et permanentes avec les employés et leurs représentants lorsque l'entente collective est conclue.

Contrairement à ce que l'on aurait tendance à croire, une entente collective qui satisfait aux exigences des membres mais qui est conclue trop rapidement peut être la source d'une détérioration des relations patronales-syndicales. Un cas assez intéressant, et qui illustre bien l'énoncé précédent, est relaté par Sidney Garfield et William F. Whyte.

Les employés d'une moyenne entreprise ayant obtenu leur accréditation signifièrent à leur employeur leur intention de négocier une convention collective de travail. Ce dernier, étant convaincu de la nécessité de la présence syndicale, manifesta au syndicat son désir de négocier de bonne foi, afin d'arriver à une entente dans les plus brefs délais. Le comité de négociation syndical soumit ses revendications et l'employeur les étudia attentivement. Cette étude lui permit de se rendre compte que ses employés réclamaient des salaires et des conditions de travail comparables à ceux des entreprises similaires qui étaient syndiquées depuis plusieurs années. Lors de la première rencontre de négociation, le chef d'entreprise déclara aux membres du comité de négociation syndical qu'il consentait à accepter leurs propositions et à signer une convention collective sans délai. Cet employeur croyait qu'une telle attitude lui assurerait des relations harmonieuses avec le syndicat. Ce dernier obtint sans effort des gains que d'autres syndiqués, employés dans des compagnies similaires, avaient dû revendiquer pendant de nombreuses années avant de les obtenir.

Tout porte à croire que les syndiqués de cette usine étaient très satisfaits du règlement et que de bonnes relations allaient s'établir avec leur employeur. Malheureusement, ce ne fut pas le cas. Dès que la convention fut signée il y eut une baisse notable de la productivité, et la convention fut constamment une source de conflits entre l'employeur et ses employés [2].

---

(2)   GARFIELD, S. et WHYTE, W.F. «The collective bargaining process : a human relation analysis». *Human Organization*. 1950, vol. 9, n° 2, p. 5.

On pourrait invoquer plusieurs raisons pour expliquer le comportement de ces employés, et l'une d'elles pourrait être que les négociateurs syndicaux, n'étant pas expérimentés, n'ont pas utilisé un certain bluff dans la formulation de leurs demandes et la conduite des négociations. Comme dans toute demande financière où l'offre initiale est acceptée, ces employés n'ont pas été satisfaits puisqu'ils avaient l'impression qu'ils auraient pu obtenir davantage de leur employeur.

Une autre explication, plus importante encore, réside dans les motifs qui incitent les salariés à adhérer à un syndicat. De nombreuses enquêtes ont révélé que l'une des raisons fondamentales est la volonté des employés de contester les décisions unilatérales de l'employeur en ce qui a trait à leurs conditions de travail.

Dans l'exemple rapporté par Garfield et Whyte, la situation peut se résumer comme suit. Les employés avaient fait preuve de beaucoup d'énergie pour former un syndicat et avaient consacré un temps considérable pour formuler leurs demandes. À la première rencontre, se considérant comme l'égal de l'employeur le comité de négociation lui présenta ses demandes, et l'employeur les accepta presque immédiatement. En définitive, les syndiqués n'eurent pas à lutter pour obtenir ce qu'ils demandaient, et l'acceptation immédiate de l'employeur fut interprétée comme une autre décision unilatérale de ce dernier.

De nombreux experts dans le domaine des relations patronales-syndicales prétendent, avec raison, que les deux parties qui négocient une convention de travail s'estiment satisfaites lorsqu'elles ont l'impression d'avoir soutiré certains gains au cours de la négociation, et l'acceptation de l'entente en est facilitée d'autant.

L'analyse du processus d'acceptation des propositions formulées par les parties permet de conclure que la formulation de demandes réalistes de la part de l'employeur ou du syndicat est un signe de maturité, et que l'utilisation de cette méthode ne peut que hâter et faciliter la signature de la convention collective. Le seul risque inhérent à cette approche est le danger pour les représentants de l'une ou l'autre partie d'être blâmés d'avoir démontré une certaine faiblesse, ou d'être soupçonnés injustement de collusion.

D'autre part, même si l'on doit admettre que l'usage du bluff retarde souvent les négociations et peut paraître parfois répréhensible, il faut reconnaître que cette tactique est très bien adaptée aux contexts psychologique et politique dans lesquels se déroule une négociation collective, comme nous venons de le voir dans l'exemple cité plus haut.

7.2.2 Règles de conduite pendant les négociations

L'expérience accumulée par de nombreux négociateurs, tant syndicaux que patronaux, nous incite à présenter certaines lignes de conduite qui apparaissent essentielles à la bonne marche des négociations. Certaines d'entre elles s'adressent aux deux parties, tandis que d'autres concernent plus spécifiquement les représentants de l'employeur ou du syndicat.

a) *Règles à observer par le syndicat et la gérance :*

— La négociation doit être considérée comme un processus de négociation et d'éducation mutuelles. Les dirigeants syndicaux ont l'occasion de faire connaître à l'employeur les besoins réels des employés, leurs aspirations, leurs griefs et leur opinion concernant la gérance de l'entreprise. D'autre part, l'employeur a la possibilité de présenter aux officiers syndicaux et, par le biais de ces derniers, à ses employés les problèmes de production, économiques ou autres, qu'il doit résoudre.

— L'employeur et le syndicat doivent avoir pour objectif de rechercher la solution la plus équitable possible aux problèmes qui les opposent. Les négociations ne visent pas à obtenir de l'autre partie le plus de concessions possible, tout en n'acceptant qu'un minimum de demandes. Les deux parties doivent tenter de résoudre les problèmes plutôt que d'essayer d'obtenir un compromis qui n'apportera qu'une solution partielle.

— Une certaine confiance doit régner entre les parties, et ces dernières doivent considérer la convention collective comme un instrument de travail indispensable dans leurs rapports quotidiens.

b) *Règles à observer par le personnel de gérance :*

— L'entreprise établit et maintient des politiques qui régissent les relations patronales-syndicales. Ces politiques étant acceptées et connues, tous les agents de maîtrise doivent s'y conformer.

— Le syndicat se considère à juste titre comme le mandataire de tous les employés de l'entreprise. L'employeur doit accepter la réalité syndicale sans réserve et la considérer comme une force constructive.

c) **Règles à observer par les dirigeants syndicaux :**

— En regard des droits qui ont été accordés au mouvement syndical au cours des dernières années, l'obligation incombe à chaque syndicat d'éliminer les pratiques frauduleuses et les politiques anti-démocratiques.

— Les dirigeants syndicaux doivent étudier les implications économiques des négociations, et réaliser que certaines de leurs demandes ont une incidence directe sur les ressources financières de l'entreprise.

— Certains dirigeants syndicaux ont tout intérêt à réaliser que leur rôle ne se limite pas uniquement à obtenir des salaires plus élevés et de meilleurs avantages sociaux. Pour obtenir ce qu'ils demandent, ils doivent essayer de convaincre leurs membres d'éliminer le gaspillage et d'améliorer la qualité et la quantité des produits fabriqués ou des services offerts.

7.3 LA CONCILIATION

Malgré tous les efforts sérieux que peuvent déployer les parties, et indépendamment de la quantité de bluff qu'elles utilisent, il se peut qu'elles ne puissent d'elles-mêmes en venir à une entente. C'est ici qu'entre en jeu le recours à une tierce partie appelée communément conciliation. Dans certains cas, on utilisera plutôt les services d'un comité ou d'un conseil de conciliation.

Le conciliateur n'a aucun pouvoir décisionnel, et il se borne à faire certaines recommandations qui ont pour but d'amener les représentants patronaux et syndicaux à un consensus équitable sur les points en litige. Les seuls outils qu'il possède pour accomplir cette tâche sont son niveau de connaissance des relations patronales-syndicales, ainsi que le respect et le degré de confiance qu'il inspire aux parties.

Son rôle ne consiste généralement pas à substituer son jugement à celui des parties pour décider ce qui est bon ou mauvais pour elles. Il se contente de situer ces dernières dans un contexte qui les amènera à percevoir et à comprendre leurs positions mutuelles. Le conciliateur peut à l'occasion faire certaines suggestions, mais il ne cherche pas à obtenir une nouvelle proposition de la part d'une partie sans avoir obtenu au préalable une contreproposition de l'autre partie.

Sa présence à la table de négociation peut avoir, à l'occasion, des résultats très positifs. Le conciliateur n'épousant aucun intérêt dans le litige, chaque partie peut lui faire part de certaines propositions sans craindre qu'elles soient interprétées par l'autre partie comme une concession de sa part. Dans la même veine, le conciliateur peut, à la demande des parties, élaborer des hypothèses de règlement qui peuvent avoir un certain poids moral sur leurs mandataires et qui faciliteront l'acceptation de l'entente.

L'aide que le conciliateur peut apporter aux parties dans le règlement d'un différend du travail dépend largement du désir des parties d'arriver à une entente, puisque la responsabilité première pour parvenir à un règlement repose sur les parties en présence. Son rôle consiste à les assister et à les aider à trouver des avenues de solution au litige.

Au Québec, le recours à la conciliation est maintenant volontaire, à l'exception de certaines situations dont nous reparlerons plus loin. Il semble cependant que ce mécanisme soit utilisé assez fréquemment et que les résultats s'avèrent assez probants, comme l'indique le tableau 7.1.

Deux constatations importantes doivent être soulignées au sujet du tableau 7.1. D'abord, le nombre de cas soumis au conciliateur a diminué dans une proportion substantielle depuis que le *Code du travail* a rendu cette procédure facultative, soit depuis le 3 juin 1978. D'autre part, il faut constater que tout au long de la période mentionnée dans le tableau 7.1, le pourcentage des négociations collectives réglées au stade de la conciliation a été très élevé. Il est cependant trop tôt pour savoir si la nouvelle procédure s'avérera plus efficace que la précédente, puisqu'on ne possède que deux années complètes pour faire les comparaisons.

Une hypothèse plausible serait que le nombre de cas soumis au conciliateur devrait se maintenir à un niveau inférieur à ce qu'il était avant juin 1978, mais que ces cas, une fois soumis, seraient plus difficiles à régler. En effet, certains conciliateurs ont constaté que très souvent les parties attendent qu'un conflit soit imminent ou effectif avant de recourir à la conciliation, alors qu'auparavant le caractère obligatoire de la procédure permettait parfois au conciliateur d'empêcher que ne se déclenchent plusieurs conflits. C'est d'ailleurs la

TABLEAU 7.1 : Cas de conciliation soumis au MTMOSR de 1976-77 à 1980-81 (Période de référence : du 31 mars au 1er avril de l'année suivante)

ANNÉES	1976-77	1977-78	1978-79	1979-80	1980-81
Cas en cours le 31 mars	697	563	619	518	271
Cas reçus durant l'année	1 517	1 242	1 341	783	927
Total	2 214	1 805	1 960	1 301	1 198
Cas réglés durant l'année	1 651	1 186	1 442	1 030	838
Cas en cours au 1er avril	563	619	518	271	360
Pourcentage de cas réglés	74%	66%	73%	78%	70%

Source : Ministère du Travail, de la Main-d'œuvre et de la Sécurité du revenu. *Rapports annuels* pour les années concernées. Gouvernement du Québec.

raison pour laquelle le ministère (MTMOSR) a mis sur pied un service de médiation préventive au moment même où le *Code du travail* rendait la conciliation volontaire. Ce service est intervenu dans certains cas de négociation qui avaient historiquement connu des difficultés, mais il est encore trop tôt pour juger réellement de son efficacité.

Enfin, soulignons que les derniers amendements à la législation du travail permettent maintenant au Ministre de nommer un conciliateur, sans attendre que l'une ou l'autre partie ne le lui demande. De tels conciliateurs ont effectivement été nommés à 23 reprises en 1979-80 et à 17 occasions en 1980-81, et cette démarche témoigne, comme la précédente, de la nécessité de recourir à une approche préventive dans un contexte où les parties peuvent exercer leur rapport de force sans contraintes extérieures, comme c'était le cas lorsque la conciliation était obligatoire.

7.4 L'ARBITRAGE

L'employeur et le syndicat peuvent, avant la déclaration de la grève, soumettre le différend à un tribunal d'arbitrage. Tout comme la conciliation, ce recours est volontaire, et un tel tribunal est formé à la suite d'une demande écrite, adressée au Ministre par les deux parties impliquées. Les seuls cas où l'arbitrage peut être obligatoire concernent la négociation d'une première convention collective de travail ou l'existence d'un différend impliquant les pompiers et les policiers.

Dans le cas de la négociation d'une première convention collective, une partie peut demander au Ministre de soumettre le différend à un conseil d'arbitrage, après que l'intervention du conciliateur s'est avérée infructueuse. Le Ministre n'est pas tenu d'accéder à cette demande, mais lorsqu'il le fait le conseil d'arbitrage peut décider, selon certains critères qu'il n'est pas nécessaire d'expliquer ici, de déterminer le contenu de la première convention collective. Le tableau suivant donne un aperçu des demandes d'intervention de conseils d'arbitrage, formulées entre la date d'entrée en vigueur de cet amendement au *Code du travail* en février 1978 et le 31 décembre 1979.

Ainsi, sur les 99 demandes rapportées au tableau, il y eut 25 cas où le conflit s'est réglé avant même qu'une décision ne soit rendue par le conseil d'arbitrage. Ceci veut dire que, dans au moins

TABLEAU 7.2 : État des demandes d'arbitrage dans les cas de
premières conventions collectives
(Période de référence : de février 1978 à
janvier 1980)

	1978	1979
1. Conflits réglés avant décision	11	14
2. Décisions finales rendues	11	7
3. Syndicats révoqués	11	1
4. Dossiers à l'étude	5	10
5. Dossiers suspendus (ex. : évocation, fermeture d'entreprise)	4	1
6. Demandes rejetées	3	0
7. Désistements de la demande	2	2
8. Dossier devant le Conseil d'arbitrage	7	10
Total	54	45

Source : GIRARD, M. «L'arbitrage des premières conventions collectives». *Le Marché du travail.*
Gouvernement du Québec : Centre de recherche et de statistiques sur le marché du
travail, juillet 1980, vol. 1, no 3, p. 43.

25 p. cent des cas, une médiation informelle efficace ou la simple
menace d'une décision imposée par un intervenant de l'extérieur ont
permis de régler le différend. Par ailleurs, seulement 18 décisions ont
été rendues par des conseils d'arbitrage, ce qui représente un
pourcentage infime par rapport au nombre total de premières conventions collectives signées pendant la même période.

Le tableau précédent, ajouté au fait que le recours à l'arbitrage
sur une base volontaire est à peu près inexistant en temps normal [3],
tend à démontrer que les parties patronale et syndicale préfèrent
régler elles-mêmes leurs négociations, plutôt que de s'en remettre à
des tiers pour trouver des solutions à leurs problèmes. Par contre,
lorsqu'ils sont forcés de recourir à cette procédure parce qu'ils n'ont

---

(3) Entre 1970 et 1978, il n'y aurait eu que deux cas d'arbitrage volontaire, un seul en 1979 et
trois en 1980. Voir à ce sujet :
BLOUIN, R. «Médiations spéciales, commissions parlementaires ou arbitrage des différends».
La Négociation collective en question. Onzième colloque de l'École des relations industrielles de l'université de Montréal, 1980, p. 101.
Il est à remarquer que ces renseignements proviennent d'un tableau que l'on a oublié de
publier avec l'article mais que l'auteur nous a fourni.

pas le droit de grève ni de lock-out, syndicats et employeurs hésitent à conclure leur convention collective en négociations directes, et préfèrent de plus en plus laisser le tribunal d'arbitrage en déterminer le contenu (voir le tableau 7.3).

TABLEAU 7.3 : Règlement de conflits de travail par arbitrage de différends chez les policiers et les pompiers sous juridiction municipale, Québec, 1975-1979

Années	Nombre de conventions collectives expirées	Nombre de requêtes pour arbitrage	% d'utilisation du système d'arbitrage
1975	71	13	18,3
1976	64	27	42,3
1977	35	35	100,0
1978	62	43	69,4
1979	64	37	57,8

Source: Monsieur Rodrigue Blouin, professeur au Département des relations industrielles de l'université Laval, a obtenu ces renseignements d'après les dossiers administratifs du MTMOSR, au Centre de recherche et de statistiques sur le marché du travail, septembre 1980.

Les policiers et les pompiers sont donc les seuls travailleurs pour qui le recours à l'arbitrage est obligatoire, et ils sont de plus en plus insatisfaits de cette procédure même s'ils y recourent fréquemment. En fait, l'utilisation systématique de l'arbitrage doit être considérée comme un indice d'échec de la négociation collective.

Parmi les critiques les plus souvent avancées tant par les employeurs que par les syndicats pour justifier leur désaccord vis-à-vis de l'arbitrage obligatoire, ceux-ci prétendent notamment que les membres d'un conseil d'arbitrage ne peuvent saisir la complexité des problèmes qui leur sont soumis, et ils hésitent à confier à des tiers un pouvoir décisionnel sur des propositions qui peuvent affecter l'efficacité de l'entreprise ou porter de sérieux préjudices aux aspirations des employés.

7.5 LA GRÈVE

Avec ou sans le recours à la conciliation, le processus de négociation suit son cours. Si les parties en viennent à une entente, la convention collective est conclue et les négociations prennent fin. D'autre part, s'il y a encore mésentente après les délais prévus par le *Code du travail*, le syndicat peut déclarer une grève et l'employeur peut décréter un lock-out.

Lorsqu'une telle situation se produit, les négociations entre les parties sont rompues temporairement. Après une période plus ou moins longue, l'employeur et le syndicat se rencontrent à nouveau afin de tenter de trouver un compromis. La reprise des pourparlers n'entraîne pas de changement dans le processus de négociation — mais les conditions antérieures auxquelles étaient assujetties les parties sont changées —, et la pression exercée par la grève constitue un facteur important dans les prises de décision.

7.5.1 Le vote de grève

Dans le but de démontrer sa force à l'employeur, un syndicat peut prendre un vote de grève pendant la durée des négociations directes. Ce vote est en quelque sorte un référendum qui permet de vérifier la réaction des membres vis-à-vis des propositions formulées par le syndicat ou des compromis suggérés par l'employeur. Si les positions syndicales sont accueillies très favorablement par les employés, le comité de négociation peut alors se présenter devant l'employeur en possession d'une plus grande force.

Cependant, lorsqu'un tel vote est pris trop rapidement, cette manœuvre peut être interprétée par l'employeur comme une menace plus illusoire que réelle. C'est pourquoi les dirigeants syndicaux manifestent généralement beaucoup de prudence dans le choix du moment où ce vote de grève se prendra.

Par ailleurs, lorsque la période prévue pour la négociation directe tire à sa fin et que les positions des parties sont encore très éloignées, l'exécutif du syndicat recommande généralement à ses membres de prendre un vote de grève. Dans ce cas, les employés autorisent les officiers syndicaux à déclencher la grève au moment où ces derniers le jugeront opportun, ou bien ils déterminent eux-mêmes le moment précis prévu pour la grève. En prenant un tel vote, les employés ont pour but de faire part à leur employeur qu'ils appuient les dernières revendications de leurs dirigeants et que ce vote constitue un ultimatum, afin qu'il leur suggère dans les plus brefs délais une proposition qui correspondra à leurs aspirations.

Encore une fois, la décision de recourir à ce vote-ultimatum doit être prise méticuleusement, car il n'est pas à l'avantage du syndicat de se présenter devant l'employeur lorsque ses membres sont en désaccord sur les moyens de pression à utiliser dans la négociation.

Le vote de grève, surtout s'il s'agit d'un véritable ultimatum, a des conséquences importantes sur le déroulement des négociations. La menace d'une grève imminente affecte directement le comportement des parties. Lorsque la date du déclenchement de la grève est connue, la pression qu'elle entraîne ne s'exerce plus uniquement sur l'employeur, mais elle influence aussi les prises de décision du comité syndical de négociation. Placé devant une telle éventualité, ce comité réalise que la grève est imminente et que son déclenchement pourra avoir des répercussions plus ou moins sérieuses auprès des membres du syndicat. D'autre part, l'employeur peut durcir ses positions, sachant fort bien qu'il sera appelé à faire d'autres concessions pour assurer le retour au travail de ses employés. Pour ces raisons, l'usage du vote de grève requiert une certaine circonspection, et le syndicat doit faire preuve de flexibilité s'il désire que ce vote soit interprété comme une autorisation de déclarer une grève plutôt que comme le signal du déclenchement de l'arrêt de travail.

7.5.2 Fonction de la grève

Plusieurs personnes ont l'impression que toute grève pourrait être évitée si les parties en présence négociaient de bonne foi, ou si elles prenaient leurs décisions en se basant sur la raison plutôt que sur la force. Le même raisonnement peut, à la limite, s'appliquer aux litiges de toute nature qui surgissent quotidiennement et qui affectent souvent des groupes importants de la population. Les personnes impliquées dans la résolution d'une impasse agissent généralement de bonne foi, mais la ligne de conduite ou les méthodes d'action qu'elles entendent suivre pour solutionner le conflit ne font pas toujours l'objet d'un consensus, et ce manque d'unanimité peut donner naissance à un conflit. La même situation se présente dans la négociation d'une convention collective où deux parties ayant des intérêts divergents tentent de bonne foi d'arriver à une entente en tenant compte de leurs intérêts respectifs.

Ceci étant dit, on peut alors se demander quelle autre possibilité les syndicats pourraient utiliser dans la recherche d'une solution, lors d'une impasse dans la négociation d'une convention collective. Comme c'est le cas dans certains litiges, une avenue possible pourrait être de confier à un tribunal ou à une autre agence gouvernementale la responsabilité de statuer sur le différend. Ce moyen doit être rejeté puisque, comme nous l'avons vu, les deux parties estiment que des tiers n'ont pas la compétence voulue pour déterminer le contenu de la convention; elles n'acceptent donc pas que des personnes de l'extérieur interviennent sur des questions qui ont une importance primordiale pour la survie de l'entreprise ou du syndicat.

C'est pourquoi la grande majorité des praticiens en relations industrielles estiment que la grève et la menace de grève sont les seuls moyens de pression efficaces à la disposition des employés pour établir un certain équilibre entre le syndicat et l'employeur, à l'occasion de la négociation d'une convention collective. En temps normal, la très grande majorité des conventions de travail sont conclues sans avoir recours à la grève, mais cette constatation ne signifie pas que les résultats auraient pu être les mêmes si le droit de grève n'avait pas été accordé aux syndicats.

7.5.3 Ampleur du phénomène de la grève

Le tableau suivant donne un aperçu de l'ampleur du phénomène des grèves au Québec, au cours des quinze dernières années. Comme on peut le constater, la quantité totale de jours-personne perdus à cause des arrêts de travail est beaucoup plus élevé et la grandeur moyenne des groupes concernés est passablement plus grande dans les années coïncidant avec les rondes de négociation du secteur public (1972, 1976 et, dans une certaine mesure, 1979). Par contre, le nombre de grèves a connu un bond prodigieux à partir de 1974, année où l'inflation a connu des progrès notoires. Le déclin relatif du nombre d'arrêts de travail de 1975 à 1977 a cependant fait place à une recrudescence en 1978 et 1979, alors que les conditions économiques ont continué à se détériorer.

Si l'on examine maintenant la situation respective des grèves et des lock-out, on constate d'abord — et il fallait s'y attendre — que le nombre de grèves est plus élevé que le nombre de lock-out, et également que les grèves touchent des groupes d'employés beaucoup plus considérables. Cette constatation confirme l'hypothèse selon

TABLEAU 7.4: Grèves et lock-out au Québec, 1966–1979

Années	Nombre	Travailleurs	Grandeur moyenne	Jours/personne perdus	% de temps de travail perdu
1966	137	90 984	664	2 175 417	0,50
1967	143	145 452	1 017	1 653 370	0,37
1968	128	26 552	207	1 113 906	0,25
1969	141	103 235	732	1 296 639	0,28
1970	126	73 189	581	1 490 690	0,32
1971	134	48 747	364	615 671	0,13
1972	147	352 130	2 395	3 480 144	0,71
1973	199	74 372	374	1 810 343	0,34
1974	390	190 277	488	2 690 483	0,49
1975	362	185 765	513	3 555 558	0,62
1976	315	607 818	1 930	6 583 488	1,15
1977	299	61 466	206	1 433 421	0,24
1978	354	126 026	356	1 869 461	0,33
1979	384	199 714	520	3 658 886	0,60

Sources: De 1966 à 1976 : DELORME, F., LASSONDE, G. et TREMBLAY, L. *Grèves et lock-out au Québec : 1966–1976. Quelques précisions sur les modes de compilation.* Gouvernement du Québec, ministère du Travail et de la Main-d'œuvre, Direction générale de la recherche, octobre 1977, p. 24-25.
De 1977 à 1979 : *Grèves et lock-out au Québec : 1979.* Centre de recherche et de statistiques sur le marché du travail, ministère du Travail et de la Main-d'œuvre, juin 1980, tableau II.

TABLEAU 7.5: Arrêts de travail selon les types de conflits, Québec, 1979

	Nombre	Travailleurs	Jours/personne perdus	Grandeur moyenne
Juridiction provinciale				
Grèves	277	151 463	2 487 825	546,8
Lock-out	56	6 187	327 784	110,5
Grèves et lock-out	25	27 038	474 908	1 081,5
Juridiction fédérale				
Grèves	20	14 410	354 807	626,5
Lock-out	6	616	13 562	102,6
Total	384	199 714	3 658 886	520,0

Source : *Grèves et lock-out au Québec : 1979*. Centre de recherche et de statistiques sur le marché du travail, ministère du Travail et de la Main-d'œuvre, juin 1980, tableau I.

225

laquelle il faut du pouvoir pour s'engager dans un conflit de travail, car on peut supposer que les grèves sont déclenchées le plus souvent par des syndicats regroupant beaucoup de salariés, alors que les lockout sont effectués surtout contre certains groupes d'employés possédant moins de force.

D'autre part, on retrouve un certain nombre de conflits qui sont caractérisés par une situation de grève et de lock-out simultanés. Même si leur nombre n'est pas très considérable, on s'aperçoit par contre que lorsque ces conflits surgissent, ils prennent une envergure considérable.

7.6 PROTOCOLES DE RETOUR AU TRAVAIL, LOIS SPÉCIALES, MÉDIATIONS EXTRAORDINAIRES ET COMMISSIONS PARLEMENTAIRES

7.6.1 Protocoles de retour au travail

À l'occasion de certains conflits, certains membres du syndicat ou représentants de ces derniers peuvent poser des gestes excessifs, par exemple causer des dommages aux biens meubles ou immeubles de l'entreprise quand ce n'est au personnel de gérance lui-même. L'employeur, de son côté, réplique habituellement par des mesures disciplinaires ou des poursuites civiles devant les tribunaux.

Ces situations viennent compliquer le règlement final de la négociation collective car, même après que les parties se sont entendues sur le contenu éventuel de la convention, il reste encore à régler le cas de ces fameuses sanctions. Le syndicat, profitant du fait que ses membres sont encore en grève, exige de l'employeur qu'il retire ses plaintes comme condition *sine qua non* du retour au travail. C'est pourquoi on rencontre souvent des situations où la grève continue même si les employés, réunis en assemblée générale, ont voté en faveur du projet de convention collective. Des négociations s'effectuent alors sur ce qu'il est convenu d'appeler un «protocole de retour au travail».

D'après les responsables de la direction générale des relations du travail au ministère, il semble que le recours à la signature de tels protocoles soit de plus en plus fréquent, et l'on s'entend même pour affirmer que cela fait maintenant partie intégrante du processus de négociation, c'est-à-dire d'une stratégie globale de négociation.

«*De plus en plus, tant du côté syndical que patronal [sic], on négocie une convention collective et, en même temps, on pense à la négociation d'un protocole de retour au travail. Ce que l'on ne pourra obtenir dans la première, on tentera de l'arracher dans le deuxième document qui, normalement, sera déposé au bureau du Commissaire général du travail.*» (4)

Nous reproduisons à l'annexe 1 un exemple d'un tel protocole de retour au travail.

7.6.2 Lois spéciales

Il arrive parfois que certains conflits ayant des répercussions d'intérêt public nécessitent l'intervention de l'Assemblée nationale. On pense automatiquement aux négociations qui mettent en cause l'État-employeur, mais il est bon de se rappeler que le législateur peut également intervenir dans d'autres négociations où l'État n'est pas l'employeur direct ou indirect. Ce fut le cas notamment pour le transport en commun de Montréal, les radiologistes, et même l'industrie de la construction qui est pourtant du ressort du secteur privé. Nous avons d'ailleurs dressé la liste de ces interventions survenues depuis 1964, et le lecteur pourra la consulter au tableau 5.2 du chapitre 5.

Une des caractéristiques importantes de ces lois spéciales, outre le fait bien évident qu'elles ordonnent le retour au travail ou empêchent le déclenchement d'une grève, est que chacune prévoit des façons différentes de solutionner le conflit. Il n'y a donc pas un modèle type d'intervention législative qui pourrait laisser présager la façon avec laquelle le législateur entend solutionner un conflit qui a atteint un tel état de crise.

Certaines interventions prévoient le recours à l'arbitrage obligatoire avec sentence exécutoire si les parties ne s'entendent pas au bout d'un certain temps, avec ou sans l'aide d'un conciliateur. D'aucunes imposent carrément la convention collective. D'autres laissent au gouvernement le soin de trancher le conflit en imposant un décret. Certaines, enfin, ne prévoient aucune façon précise de

(4)   DÉSILETS, R. «Les protocoles de retour au travail». *La Négociation collective en question*. Onzième colloque de l'École des relations industrielles de l'université de Montréal, 1980, p. 26.

dénouer l'impasse, si ce n'est de renvoyer les parties en négociations directes avec ou sans l'aide d'un médiateur.

Les parties sont donc dans l'inconnu total quant au type de mesures qu'adoptera le législateur dans l'éventualité d'une loi spéciale.

7.6.3 Médiations extraordinaires ou spéciales

On entend par médiation extraordinaire l'intervention d'un tiers qui survient en dehors du déroulement normal des négociations collectives. Sa fonction est de tenter de ramener les parties à la négociation et de les rapprocher alors qu'une grève ou un lock-out est généralement en cours. Comme l'indique le tableau 7.6, ce recours demeure exceptionnel puisqu'on note moins d'une vingtaine de cas depuis 1976.

TABLEAU 7.6 : **Liste des médiations spéciales (non exhaustive), de 1976 à 1979**

Années	Entreprises visées
1976	Industrie de la construction
1977	Avico 1970 ltée (Iberville)
	Constructeurs d'ascenseurs
	Agence provinciale Québec (1972)
	Whissell inc.
1978	Société des traversiers
	Mines d'amiante (Thetford)
	Le Soleil ltée
	Hôpital Honoré Mercier
	Pavillon C. Boyer inc.
	Hôpital Général de Sorel
	Commonwealth Plywood
1979	Jos-T. Beaudoin inc.
	C.T.C.U.Q.
	C.T.C.U.M.
	Corporation intermunicipale des transports du Saguenay
	M.L.W. Bombardier ltée

Source : BLOUIN, R. *La Négociation collective en question*. Onzième colloque de l'École des relations industrielles de l'université de Montréal, p. 105.

Une des raisons qui expliquent sans doute le peu de recours à ce type d'intervention est que le ministre du Travail n'accepte de provoquer une médiation spéciale que si le conflit a déjà, ou est susceptible de retenir l'attention du public [5]. De plus, lorsqu'on examine de plus près les dossiers mentionnés au tableau précédent, on constate que les médiations spéciales ont rarement provoqué un règlement immédiat du conflit, en dépit des efforts sérieux déployés par les médiateurs. Ceci est probablement inévitable car de telles interventions surviennent ordinairement à un moment où les positions des parties sont pratiquement inconciliables, et de toute façon celles-ci n'accepteront les propositions d'une tierce personne, aussi compétente soit-elle, que si elles se rapprochent de leurs intérêts respectifs.

Il faut donc considérer la médiation spéciale comme un recours tout à fait exceptionnel dicté par les enjeux «politiques» qui interviennent dans certains conflits.

7.6.4 Commissions parlementaires

Il s'agit encore une fois d'une mesure d'intervention inhabituelle dans le déroulement d'une négociation collective. Le tableau 7.7 révèle que la convocation d'une commission parlementaire — généralement la Commission permanente du travail, de la main-d'œuvre et de la sécurité du revenu —, se fait dans le cadre de conflits qui ont atteint un haut degré de politisation.

Selon Rodrigue Blouin, «*l'examen des dossiers dans lesquels les commissions parlementaires ont élaboré un rapport écrit dans les cas de conflit de travail attestent clairement l'absence d'une quelconque influence sur la solution du conflit* [6]». Qui plus est, on peut même considérer que «*les parties y voient un forum pour politiser le litige tout en cherchant à s'attirer des sympathies, des alliés* [7]». Cependant, ces commissions ont parfois donné l'occasion au gouvernement d'explorer des avenues de solutions.

Comme dans le cas précédent, la convocation d'une commission parlementaire est généralement dictée par des considérations «politiques», le gouvernement se voyant parfois obligé d'utiliser une telle démarche pour apaiser l'opinion publique.

---

(5)   BLOUIN, R. *Op. cit.*, p. 103.

(6)   *Ibid.*, p. 108.

(7)   *Loc. cit.*

TABLEAU 7.7: Liste des commissions parlementaires convoquées dans le cadre d'un conflit de travail, 1975-1979

Années	Entreprises visées	Type de commission
1975	C.T.C.U.M.	Travail, Main-d'œuvre
1977	Sûreté du Québec	Justice
1978	Le Soleil	Travail, Main-d'œuvre
	Commonwealth Plywood	Travail, Main-d'œuvre
	Dentistes du gouvernement du Québec	Affaires sociales
1979	Hydro-Québec	Énergie et Ressources
	C.T.C.U.M.	Travail, Main-d'œuvre
	C.T.C.U.Q.	Travail, Main-d'œuvre

Source: BLOUIN, R. *La Négociation collective en question.* Onzième colloque de l'École des relations industrielles de l'université de Montréal, p. 106-107.

CONCLUSION

Comme nous venons de le constater, il existe toute une panoplie d'interventions qui peuvent survenir dans le déroulement d'une négociation collective. En dernier ressort, c'est aux parties qu'il revient de décider de l'issue de cette négociation. Compte tenu du nombre élevé de conventions collectives qui sont signées chaque année (environ 4 000), on peut affirmer que le système de négociations collectives actuel ne va pas aussi mal qu'on pourrait le croire, même si depuis quelques années la conjoncture économique n'est pas propice à des règlements aussi pacifiques qu'on le souhaiterait.

7.7 LE POUVOIR DE NÉGOCIATION

Nous avons vu que la réalité des relations du travail empêche que les divergences d'intérêts entre employeurs et employés se résolvent uniquement sur la base de la raison, et que les substituts au droit de grève, comme l'arbitrage obligatoire, sont non seulement peu utilisés mais systématiquement désavoués tant par les employeurs que par les syndicats.

La grève ou la menace de grève deviennent donc les seuls moyens de pression efficaces pour amener les parties à juger du bien-fondé des positions qu'elles défendent en période de négociation. D'ailleurs, il est utopique de croire que le retrait du droit de grève à des groupes d'employés sera une garantie de paix industrielle car, lorsque la situation l'exige, plusieurs salariés ne possédant pas ce droit n'hésitent pas à y recourir ou à menacer d'y recourir pour donner du poids à leurs revendications.

En dernière analyse, on doit donc admettre que ce qui déterminera l'issue d'une négociation collective, du point de vue des objectifs divergents que les parties poursuivent, sera leur pouvoir respectif. Voyons donc maintenant ce que certains auteurs ont affirmé sur le concept du pouvoir de négociation, avant d'en aborder les éléments fondamentaux.

7.7.1 La contribution de certains auteurs

Pigou [8] définit le pouvoir de négociation comme étant la capacité de contrôler la détermination des salaires, et ce contrôle s'exerce, à l'occasion, à l'intérieur de certaines limites. Cet auteur poursuit en signalant qu'il existe, à l'intérieur des négociations salariales, une certaine zone imprécise ; il explique ce phénomène en déclarant qu'il y a un salaire au-dessus duquel le syndicat n'exerce pas de pression de crainte d'entraîner du chômage et, dans un même temps, qu'il existe également un taux de salaire au-dessous duquel l'employeur préférera ne pas conclure une entente de crainte de perdre sa main-d'œuvre. La zone d'imprécision se situe à l'intérieur de ces limites.

L'auteur mentionne aussi que, dans certaines situations, le syndicat consent à conclure une entente à des conditions moins avantageuses que celles qu'il s'était fixées au début des négociations, plutôt que de faire face à une grève. Il ajoute que la situation est la même pour l'employeur, puisque ce dernier peut agréer à un compromis qui comporte des augmentations salariales supérieures aux limites qu'il s'était données, et ce, pour la même raison que le syndicat, c'est-à-dire pour éviter un conflit de travail. Si les augmentations offertes par l'employeur sont supérieures aux objectifs minima

---

(8)   PIGOU, A.C. *Economics of Welfare* (4e éd.). London : MacMillan & Co. Ltd, 1938, p. 451–461.

que le syndicat s'était donnés, ou encore si les demandes syndicales sont en deçà de la limite acceptable pour l'employeur, il s'ensuivra très probablement une entente entre les parties.

Ainsi, lors du règlement salarial, la zone d'imprécision établit des limites volontaires à l'utilisation du pouvoir de négociation, et la compétence et l'habileté des négociateurs déterminent l'entente salariale à l'intérieur de cette zone. Les parties prennent également en considération leur pouvoir de négociation ainsi que les coûts inhérents à une grève.

Le professeur Summer Slichter définit le pouvoir de négociation comme étant «*ce que coûte à A d'imposer une perte à B* (9)». Cette définition est quelque peu déficiente puisqu'elle suggère que l'objectif d'une partie est d'imposer une perte à l'autre (et non de retirer elle-même le plus d'avantages), ou qu'une perte encourue par B peut être profitable à A.

Le professeur John T. Dunlop (10) conçoit le pouvoir de négociation comme l'habileté relative de deux parties négociant une entente collective à influencer la détermination des salaires en tenant compte de tous les facteurs pertinents.

Charles E. Lindblom abonde dans le même sens, mais apporte une précision selon laquelle «*le pouvoir de négociation doit inclure toutes les données qui permettent à un acheteur ou à un vendeur l'établissement ou le maintien d'un prix* (11)». Tout comme Dunlop, il est d'avis qu'il y a trois facteurs importants qui déterminent le pouvoir de négociation. Ces facteurs sont les suivants : 1) les objectifs, les buts et les aspirations que poursuivent les parties ; 2) l'habileté des comités de négociation à utiliser des techniques de persuasion ou de coercition ; 3) la réaction des consommateurs et la concurrence.

Le professeur Hicks (12) a une conception très intéressante du pouvoir de négociation. Sa théorie stipule que la volonté des employés de déclarer une grève et celle de l'employeur de résister à cette dernière dépend de ce qui peut survenir lors du déclenchement d'une telle action. La durée de la grève est généralement fonction des gains

(9)   «Good bargain and bad bargain». *Collective Bargaining Contracts*. Washington D.C. : Bureau of National Affairs, 1941, p. 46–48.

(10) *Wage Determination Under Trade Union*. New York : MacMillan and Co., 1944, 231 p.

(11) «Bargaining power in price and wage determination». *Quarterly Journal of Economics*. Mai 1948, vol. 62, n° 2, p. 402-403.

(12) HICKS, J.R. *Theory of Wages*. New York : MacMillan and Co., 1932, 247 p.

obtenus. Le montant d'augmentation salariale réclamé par un syndicat a une relation directe avec la volonté de l'employeur de subir ou non une grève. D'autre part, un syndicat a de fortes chances d'obtenir des gains plus substantiels si ses membres sont prêts à subir une longue grève.

Ce graphique de Hicks illustre les courbes de résistance et de concession des parties en présence.

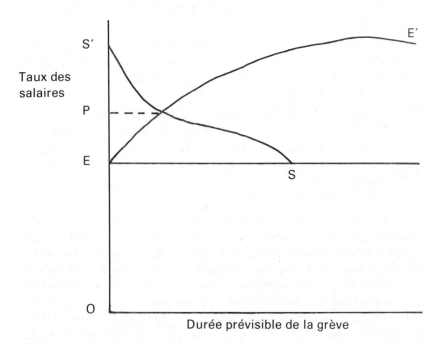

Durée prévisible de la grève

EXPLICATIONS DU GRAPHIQUE

OE   représente le salaire qu'aurait offert l'employeur en l'absence de moyens de pression de la part du syndicat.

EE'   représente la courbe de concession de l'employeur. À un endroit quelconque de cette courbe, les coûts de l'augmentation de salaire ou de la grève seront égaux. On remarque aussi que la courbe a tendance à devenir horizontale, et cette situation est attribuable au fait que l'employeur préfère subir une grève parce qu'il considère les demandes syndicales trop onéreuses.

233

SS' représente la courbe de résistance du syndicat ; comme sur celle de l'employeur, il existe un endroit où les employés préféreront réduire leurs demandes plutôt que de subir une grève de longue durée.

P représente l'endroit où la courbe de concession de l'employeur et la courbe de résistance du syndicat se croisent.

OP représente, théoriquement, l'entente salariale acceptable par les deux parties en présence. L'employeur peut préférer faire face à une grève si les demandes d'augmentation de salaire sont supérieures au niveau OP ; d'autre part, si le syndicat obtient un gain salarial au-dessous de ce niveau, on peut conclure qu'il n'a pas utilisé son pouvoir de négociation jusqu'à la limite.

La tâche des négociateurs dans une négociation salariale est d'identifier où se situe le niveau P. Hicks prétend qu'une grève est causée par une erreur de calcul du pouvoir de négociation de l'une ou l'autre partie, et par l'interprétation erronée des courbes de concession et de résistance.

On doit souligner que ces courbes de concession et de résistance sont conçues à un moment précis des négociations salariales. De plus, cette courbe n'est pas statique mais peut évoluer ou être modifiée selon la durée de la grève. Les courbes de résistance et de concession conçues par Hicks peuvent être interprétées comme une prédisposition de la part des parties en présence à accepter un certain règlement salarial plutôt qu'à subir une grève.

L'observation qui s'impose dans l'explication du pouvoir de négociation tel que conçu par le professeur Hicks est que ce dernier ne tient compte que de la détermination des salaires. L'aspect monétaire, même s'il est très important, ne constitue pas le seul enjeu des négociations collectives. Au contraire, toutes les autres clauses normatives qui régissent les conditions de travail des employés revêtent une importance primordiale lors d'une négociation collective et ont un impact certain sur son déroulement. Le pouvoir de négociation peut être interprété comme un facteur servant à établir une certaine relation économique entre les parties en présence lors d'une négociation, et l'aspect monétaire n'est qu'un des éléments qui s'y rattachent.

7.7.2 Les éléments fondamentaux du pouvoir de négociation : les notions de coûts d'accord et de désaccord

Neil Chamberlain et James W. Kuhn [13] sont sans doute ceux qui ont le mieux réussi à clarifier et à simplifier le concept de pouvoir de négociation. Ils définissent le pouvoir de négociation d'une partie comme étant sa capacité d'obtenir un règlement, ou de s'assurer l'accord de l'autre partie sur ses propres termes. Comme chaque partie cherche à obtenir l'accord de l'autre, chacune doit mesurer les coûts respectifs d'accord et de désaccord avec les propositions offertes.

Ceci veut dire que plus le coût du désaccord est élevé (en termes relatifs) par rapport au coût de l'accord pour une partie, plus le pouvoir de l'autre partie sera grand. Par exemple, si le coût d'une grève est supérieur au coût des demandes du syndicat, alors les chances du syndicat d'obtenir satisfaction sont élevées. Par contre, si le coût du désaccord de l'employeur est plus faible que le coût de l'accord avec les termes du syndicat, alors le pouvoir du syndicat diminue. Le pouvoir de négociation du syndicat sera plus grand que le pouvoir de négociation de l'employeur si le coût du désaccord de l'employeur avec les termes du syndicat est plus grand que le coût de l'accord et si, en même temps, le coût du désaccord du syndicat avec les termes de l'employeur est moindre que le coût de l'accord.

Le pouvoir de négociation pour une partie sera augmenté par tout élément susceptible de diminuer le coût relatif de l'accord de l'autre partie ou d'augmenter le coût relatif de son désaccord. Il y aura entente entre les deux parties lorsque, pour chacune d'elles, le coût de l'accord sera égal ou plus petit que le coût du désaccord. Le conflit persistera si, au moins pour une partie, le coût du désaccord est moindre que le coût de l'accord.

Lorsqu'on parle de «coût d'accord ou de désaccord», il faut l'entendre dans le sens plus large de «désavantage», incluant ainsi à la fois les coûts pécuniaires et les coûts non pécuniaires. Il n'est pas nécessaire de devoir mesurer les coûts en termes arithmétiques pour pouvoir obtenir l'équilibre des coûts projetés dans la définition du pouvoir de négociation. Le coût de l'accord ou du désaccord dépend non seulement de la capacité de faire la grève ou de résister à la grève, mais également des circonstances économiques, politiques et sociales.

---

(13) *Collective Bargaining* (2e éd.). New York : McGraw-Hill, 1965, chap. 7.

La définition que Chamberlain nous donne du pouvoir de négociation dépasse les autres théories citées précédemment. En effet, Chamberlain reconnaît la présence de coûts économiques, mais il va plus loin en incluant dans la notion de coût les matières non quantifiables. Pour lui, le coût du pouvoir de négociation n'apparaît pas comme une somme fixe, déterminée à l'avance, mais plutôt comme quelque chose pouvant varier dans le temps et selon les différentes tactiques employées par l'une ou l'autre partie. Ainsi, des changements dans les conditions économiques, des modifications de l'opinion publique, l'influence gouvernementale, ou encore la nature d'une nouvelle demande ou d'une nouvelle offre peuvent augmenter le coût du désaccord chez l'un, tout en le réduisant chez l'autre. Il faut donc reconnaître le caractère dynamique du pouvoir de négociation que Chamberlain met en évidence, ce qui nous permet de considérer toute une série de variables qui pourront l'influencer.

7.7.3 Facteurs influençant les coûts de désaccord

7.7.3.1 La grève et la menace de grève

La stratégie généralement utilisée par l'employeur et le syndicat qui s'engagent dans un conflit de travail à la suite de l'échec de la négociation collective est de rendre le coût du désaccord le plus onéreux possible. Le moyen ultime utilisé par le syndicat est la grève qui lui permet de suspendre toute production dans l'usine. De son côté, l'employeur peut, à l'occasion, utiliser le lock-out pour forcer les employés à accepter ses offres; en outre, un élément important de son pouvoir de négociation consiste dans sa capacité de subir une grève sans que son entreprise soit trop affectée dans son fonctionnement.

Les stratégies utilisées en période de grève pour tenter de rendre le conflit le plus onéreux possible à la partie adverse ont été étudiées et utilisées tant par les employeurs que par les syndicats. La période de l'année propice au déclenchement d'une grève revêt une importance capitale. Une grève qui débute au début de l'été dans une entreprise qui fabrique des boissons gazeuses est certainement plus efficace qu'en tout autre temps de l'année. C'est pourquoi l'établissement de la date d'expiration de la convention collective devient un élément important dans la stratégie respective des parties.

Si la menace de grève est l'arme ultime dont dispose le syndicat pour obtenir ce qu'il demande, il existe d'autres méthodes plus subtiles qui ont pour but de forcer l'employeur à réaliser l'importance des coûts qu'un désaccord pourrait entraîner. Ainsi, des ralentissements de travail sont souvent organisés par des officiers syndicaux, mais ils peuvent aussi être spontanés, par exemple à la suite de la frustration des employés devant le déroulement des négociations. Il est vrai que les ralentissements de travail sont prohibés par le *Code du travail* mais un fait demeure : même si l'employeur peut prouver qu'il subit un ralentissement de travail de la part de ses employés, les moyens dont il dispose l'empêchent généralement de prendre toute action efficace, qu'elle soit légale ou disciplinaire.

7.7.3.2 Les lignes de piquetage

Pour augmenter l'efficacité de la grève, les syndicats ont aussi recours aux lignes de piquetage. En plus de publiciser la grève, le piquetage est aussi une méthode pour empêcher l'employeur de faire exécuter le travail normalement accompli par les syndiqués qui ont déclenché un arrêt de travail. Dans les cas où il existe plusieurs syndicats accrédités au sein de l'entreprise, le piquetage sert aussi à sensibiliser les membres des autres unités de négociation à la cause des employés en grève. Étant donné que certains syndicats recommandent à leurs membres de ne pas franchir les lignes de piquetage érigées par d'autres travailleurs, il arrive souvent qu'une grève déclenchée par un seul syndicat (si petit soit-il) a pour effet de paralyser les activités de tout un établissement, même si l'employeur a déjà signé ses conventions collectives avec tous les autres syndicats. Par exemple, bien qu'un employeur puisse avoir des stocks importants prêts à livrer au moment du déclenchement de la grève, un syndicat groupant des camionneurs peut refuser de franchir les lignes de piquetage afin de livrer ces marchandises aux clients. Dans un tel cas, le coût du désaccord pour l'employeur augmentera sensiblement, puisqu'il risque de perdre certains clients, de payer de l'intérêt sur les dépenses encourues pour la fabrication des produits ou de perdre des profits parce qu'il ne peut livrer la marchandise.

Au Québec, le coût du désaccord pour un employeur est davantage augmenté, puisque le *Code du travail* prévoit qu'aucun salarié — sauf les agents de maîtrise — ne peut accomplir le travail des membres d'une unité de négociation ayant décidé de recourir à la grève.

7.7.3.3 Le boycottage des produits de l'employeur

Les syndicats peuvent organiser des campagnes de publicité auprès de leurs membres afin que ces derniers boycottent le produit fabriqué par l'entreprise en grève. Il est cependant difficile d'évaluer les répercussions de cette forme de pression, puisque les consommateurs ne sont pas nécessairement tous syndiqués. Le cas le plus connu au cours des dernières années fut le boycottage des produits fabriqués par la firme Fry Cadbury, lorsque les dirigeants de cette dernière décidèrent de fermer leur usine à Montréal pour aller s'établir en Ontario.

7.7.3.4 Le lock-out

Si la grève est l'arme la plus efficace du syndicat dans un conflit de travail, l'employeur utilise parfois le lock-out pour augmenter le coût du désaccord et tenter de contraindre ses employés d'accepter les salaires et les conditions de travail qu'il a offerts en vue de renouveler la convention collective.

L'efficacité du lock-out est difficilement comparable à la grève, puisque son impact dépend de plusieurs facteurs. Prenons comme exemples le cas d'un employeur qui a des stocks assez importants pour lui permettre de subir une longue grève tout en continuant de répondre à la demande des consommateurs, ou encore celui d'une entreprise possédant d'autres usines qui ne sont pas en grève et qui peuvent suppléer au manque de production. Dans ces deux exemples, il y a tout lieu de croire que le lock-out pourra être efficace.

Par ailleurs, il semble à première vue qu'un lock-out ne confère pas à l'employeur le même pouvoir de négociation qu'une déclaration de grève. Au Québec, l'employeur est soumis aux mêmes articles (prévus au *Code du travail*), qu'il subisse une grève ou qu'il décrète un lock-out. Il lui est interdit d'utiliser les services d'une personne pour remplir les fonctions d'un salarié représenté par une association accréditée lorsqu'il décrète un lock-out. À toutes fins utiles, à l'exception des usines familiales, la production cesse dès que l'employeur prend la décision de lock-outer son entreprise.

Lorsqu'un lock-out est décrété, l'employeur a quand même à supporter certaines dépenses. Les pertes de revenus pour les employés peuvent être significatives, mais un lock-out peut aussi causer à l'entreprise des frais considérables, entre autres une perte de production qui pourra entraîner une perte de profits, l'obligation de continuer à payer les frais fixes comme l'assurance sur les bâtisses et la machinerie, le versement des salaires aux agents de maîtrise ainsi que le paiement des intérêts sur les emprunts contractés. Ces raisons expliquent pourquoi un lock-out peut être très efficace dans certaines circonstances et très coûteux dans d'autres mais ne peut, toute proportion gardée, avoir l'impact d'une grève.

7.7.3.5 L'assurance-grève

Dans le but de diminuer les pertes occasionnées par une grève, certaines entreprises contractent une assurance qui leur permet de recevoir un certain dédommagement à l'occasion d'un conflit de travail. Par exemple, lors de la dernière grève de leurs employés, les propriétaires du journal *la Presse* avaient une telle assurance. Ils ont ainsi reçu un montant assez substantiel qui leur a permis d'atténuer les pertes occasionnées par le conflit de travail. Un autre cas assez célèbre est celui de la grève des équipes de baseball survenue en 1981. Les propriétaires des équipes ayant contracté une assurance à ce propos, la compagnie d'assurance a dû verser des sommes considérables aux propriétaires de ces équipes.

7.7.3.6 Changements technologiques et fermetures d'usines

Lorsque la grève cause un préjudice sérieux à la bonne marche de l'entreprise, ou si le coût de règlement justifie des changements technologiques de la part de la compagnie, les coûts de cette grève représentent pour les employés beaucoup plus que la perte de leurs revenus durant le conflit qui les a opposés à l'employeur.

Les grèves qui ont sévi durant plusieurs mois dans deux journaux montréalais, soit le *Montreal Star* et le *Montréal Matin*, en constituent un exemple typique. Pendant la durée de ces conflits de travail, les lecteurs habituels de ces journaux se sont tournés vers d'autres quotidiens, et les compagnies de publicité qui apportaient un revenu très substantiel à ces deux entreprises ont agi de la même façon. À la reprise du travail, les lecteurs de ces deux journaux ayant obtenu l'information qu'ils recherchaient dans d'autres quotidiens n'ont pas jugé bon de renouveler leurs abonnements. Il en fut de même pour les annonceurs et les compagnies de publicité qui avaient décidé d'annoncer dans les autres journaux durant ces grèves, et qui profitèrent de cette occasion pour augmenter leur tirage. Quelques mois à peine après le règlement de la grève, le *Montreal Star* et le *Montréal Matin* subirent des pertes considérables et la direction dut mettre fin à la publication de ces deux journaux. À la suite de ces fermetures d'entreprises, plus de mille cinq cents employés furent remerciés de leurs services.

Un autre exemple concerne la direction du port de Montréal et le syndicat représentant les débardeurs qui ont adopté, il y a quelques années, la manipulation par conteneurs des produits provenant des navires, et ce, pour faire face à la compétition. Ce changement technologique a certainement eu un effet à la baisse sur le nombre d'employés, mais il a assuré la survie et la prospérité de l'entreprise.

7.7.4 Facteurs influençant les coûts de l'accord

L'entente conclue par un syndicat après une grève entraîne généralement un coût. Celui-ci est plus difficile à quantifier qu'un coût monétaire, et il peut avoir de sérieuses répercussions sur la composition du syndicat et l'influence des officiers auprès des membres. En effet, si les employés sont satisfaits de l'accord conclu par leur syndicat, ce dernier en retirera une sorte de bénéfice intangible : la conviction de la part des membres que les actes posés par leurs officiers syndicaux ont été valables. En somme, la solidarité syndicale est proportionnelle au degré de satisfaction des employés.

D'autre part, si le règlement du conflit de travail ne répond pas aux attentes des syndiqués, entraînant ainsi le déclenchement de la grève, le coût de l'accord ne se fait pas sentir immédiatement. Il se développe, à plus ou moins brève échéance, un sentiment de désintéressement de la part des employés vis-à-vis de leur syndicat, et ce détachement peut être à l'origine de conflits internes qui sont susceptibles de miner toute action syndicale efficace ou encore d'entraîner un changement d'allégeance. De plus, lors de négociations futures, les officiers syndicaux auront de grandes difficultés à convaincre leurs membres de déclencher une grève même si la situation le justifie.

Les coûts que doit supporter l'employeur à la suite du règlement ne s'appliquent pas uniquement pour la durée de la convention collective. Les salaires et les avantages sociaux accordés aux employés lors de l'entente finale sont rarement négociés à la baisse lors des négociations subséquentes. Les bénéfices additionnels consentis par l'entreprise sont ajoutés aux coûts de la convention collective qui vient d'expirer et, toute proportion gardée, ils peuvent aussi être interprétés comme une addition de coût pour toutes les conventions collectives subséquentes. L'entreprise qui, par exemple, consent à accorder un plan d'assurance-vie à ses employés, prend en considération que ce nouveau bénéfice est considéré par le syndicat comme un droit acquis et qu'il lui sera pratiquement impossible de le réduire ou de l'abolir.

Les coûts des augmentations salariales et de l'octroi de nouveaux avantages sociaux sont assez faciles à évaluer. En utilisant la méthode du calcul du coût à l'heure de travail (voir chapitre 6), l'employeur peut généralement arriver à faire une estimation assez précise des coûts de l'accord. Cependant, les coûts du règlement ne se limitent pas uniquement à l'aspect monétaire. En effet, certains changements dans les conditions de travail qui entraînent une diminution de la productivité pour l'entreprise sont très difficiles à quantifier monétairement. L'employeur connaît la répercussion de ces changements sur la productivité, mais ne peut en faire qu'une estimation imprécise car les coûts effectifs ne seront connus que plus tard. Si un règlement prévoit qu'une paie de départ sera versée aux employés mis à pied à la suite d'un changement technologique ou de l'abolition d'une fonction, l'employeur n'encourt pas de frais additionnels s'il n'y a pas de perte d'emploi parmi ses employés. Par contre, si l'entreprise entreprend de procéder à des changements technologiques et qu'à la suite de ces changements plusieurs employés sont licenciés, l'employeur peut être obligé de leur verser des montants assez substantiels. Cependant, le coût n'étant pas prévisible, il est difficilement évaluable au moment où l'entente est conclue entre les parties.

S'il y a plusieurs unités de négociation à l'intérieur de l'entreprise, les concessions obtenues par l'une d'entre elles sont généralement exigées, comme condition de règlement, par les autres syndicats, et sont aussi étendues aux agents de maîtrise. Les augmentations salariales ainsi que l'amélioration de certains avantages sociaux peuvent aussi se répercuter sur les entreprises similaires qui doivent renouveler leur convention collective.

En dernier lieu, l'employeur attache une importance particulière à la relation qui peut exister entre le coût du renouvellement de la convention collective et la hausse possible du prix de revient du produit manufacturé. Si les augmentations consenties entraînent une augmentation des prix de vente du produit, les coûts de l'accord sont alors proportionnels au degré de concurrence que l'entreprise est appelée à subir.

7.8 CONSIDÉRATIONS SUR LES SERVICES PUBLICS

Toute la discussion sur le pouvoir de négociation n'a porté jusqu'ici que sur le secteur privé de l'économie. Il est temps maintenant de s'attarder aux éléments fondamentaux du pouvoir des parties à l'occasion de négociations collectives qui se déroulent dans les services publics où les employés possèdent, à toutes fins utiles, à peu près les mêmes droits que les salariés du secteur privé.

Nous préférons utiliser l'expression «services publics» plutôt que «secteur public», parce que la première a une portée plus générale et recouvre autant les services municipaux (police, incendie, transport en commun, etc.) que les services gouvernementaux proprement dits (fonction publique, affaires sociales, régies d'État, éducation, etc.).

7.8.1 Caractéristiques particulières des services publics

Afin de mieux cerner la notion de pouvoir de négociation applicable aux services publics, nous allons présenter certaines caractéristiques propres à ces services, qui sont susceptibles d'influencer le déroulement des négociations collectives. On peut regrouper ces distinctions selon trois types principaux : notion de profit et pouvoir de taxation, nature du produit ou du service offert dans chaque cas, et nature spécifique des employeurs respectifs.

7.8.1.1 Notion de profit VS pouvoir de taxation

L'employeur du secteur privé a une motivation orientée vers le profit ; s'il ne peut réaliser des profits, il sera à plus ou moins long terme obligé de cesser ses activités. L'employeur d'un service public n'est pas guidé par le profit : en général, il recherche la satisfaction de la population qu'il dessert à des coûts moindres, parce que c'est sa vocation première de fournir certains biens ou services de nature publique.

En principe, il n'y a pas de limite à la taxation, alors qu'il y a des limites au profit étant donné les contraintes économiques auxquelles les employeurs privés font face. Même si, de plus en plus aujourd'hui, les employeurs publics réalisent que le fardeau fiscal du citoyen est très élevé, ce qui pose une sérieuse contrainte pratique à leur pouvoir légitime de taxation, ils ne font pas face aux mêmes exigences de rentabilité que les entreprises privées. À la rigueur, ils peuvent toujours cesser de fournir certains services ou en réduire la qualité, plutôt que d'imposer de nouvelles augmentations de taxes.

D'un autre côté, la part des salaires et des avantages sociaux des employés dans les coûts totaux d'exploitation des différents services publics n'est pas la même chez tous les employeurs publics. Par exemple, ce pourcentage est de moins de 20 p. cent au fédéral alors qu'il se situe entre 50 p. cent et 55 p. cent au provincial et à presque 70 p. cent au niveau municipal. Il est donc facile de constater qu'une hausse de salaire importante n'aura pas le même impact sur la structure de taxation de chacun de ces types d'employeurs. Une telle contrainte peut être atténuée dans le cas de certains services qui peuvent, en partie, s'autofinancer (comme le transport en commun). Mais encore là il faudra calculer les répercussions, sur la population, d'une éventuelle hausse du prix demandé ou d'une réduction de service.

Ce premier élément de distinction nous amène à voir le problème du pouvoir de négociation dans les services publics sous un angle politique, tout en nous sensibilisant aux types de contraintes particulières auxquelles fait face l'employeur public.

7.8.1.2 La nature du produit

Alors que l'employeur privé fait face ordinairement à une demande de son produit plus ou moins «élastique» (c'est-à-dire qu'étant donné la possibilité pour le consommateur de se trouver un produit substitut, l'employeur privé ne peut pas exiger un prix supérieur à celui de ses concurrents sans risquer de perdre sa clientèle), l'employeur public, pour sa part, est la plupart du temps en situation de demande très «inélastique» pour son produit. En effet, les employeurs publics assurent généralement la responsabilité de services pour lesquels il n'y a pas de substitut dans le secteur privé. Les usagers de ces services monopolistiques constituent donc une clientèle captive.

Une telle situation, dans la mesure où elle concerne des services jugés essentiels par la population (services d'incendie, de police, d'hôpitaux, d'électricité, etc.), place l'employeur public en état de très grande vulnérabilité vis-à-vis des syndicats de ses employés.

7.8.1.3 Nature de l'employeur

Il faut distinguer ici entre deux types d'employeurs bien distincts : ceux qui possèdent les attributs de la souveraineté — c'est-à-dire ceux qui ont le pouvoir de faire des lois (gouvernements provincial et fédéral) — et ceux qui, tout en étant malgré tout élus par la population, ne possèdent pas cette souveraineté (gouvernements municipaux, commissions scolaires, conseils d'administration des centres hospitaliers).

La souveraineté est le pouvoir ultime au-dessus duquel il n'y a plus d'appel possible. Dans toute société, le gouvernement promulgue des lois auxquelles tous les citoyens sont assujettis, et qui régissent les rapports que ces derniers ont entre eux. Dans le cas du premier type d'employeurs mentionné plus haut, il est évident que l'État peut exercer cette souveraineté dans les relations qu'il entretient avec les syndicats représentant ses employés, pouvoir que ne possède pas le second type d'employeurs.

D'autre part, il ne faut pas oublier que cette souveraineté s'exerce sur tous les citoyens et sur tous les groupes, tant privés que publics. C'est dire que même si l'intervention législative semble interférer souvent dans le déroulement des négociations collectives impliquant l'État-employeur, une telle intervention est également susceptible de survenir dans le secteur privé de l'économie. On peut d'ailleurs citer les cas des manutentionnaires de grains et de céréales, des marins des Grands Lacs, des employés des chemins de fer et des ouvriers de la construction au Québec comme des exemples d'interventions dans le déroulement de négociations collectives du secteur privé.

En fin de compte, c'est essentiellement la notion d'intérêt public qui détermine le besoin d'une intervention étatique, et seul l'État est en mesure, dans notre système gouvernemental démocratique, de déterminer à quel moment l'action de certains groupes menace l'intérêt public. Il est évident que les règles du jeu peuvent sembler faussées lorsque cette intervention de l'autorité souveraine survient dans les négociations collectives où l'État-employeur est impliqué, mais on n'y peut rien.

7.8.2 Les coûts d'accord et de désaccord dans les services publics

7.8.2.1 Les coûts économiques

L'analyse des coûts supportés par les parties en présence, lors du déclenchement d'un conflit de travail, permet d'établir certaines différences significatives qui existent entre le secteur privé et les services publics. Les principaux points de comparaison quant aux coûts du désaccord se situent sur les plans politique, économique et social.

L'employeur du secteur privé fabrique certains biens de consommation dans le but de rentabiliser son entreprise et de maximiser ses profits. Une grève dans ces secteurs d'activités prive les employés de leur salaire, et la cessation de la production peut entraîner pour l'entreprise une diminution sensible des profits ou des pertes plus ou moins considérables.

Les employeurs des services publics fournissent à la population les services essentiels dont elle a besoin. Contrairement à l'entreprise privée qui a pour objectif de maximiser ses profits, les services offerts sont souvent déficitaires et le but que poursuivent les gouvernements est d'assurer un certain bien-être collectif. Lorsqu'une grève cause la cessation de ces services, les coûts monétaires sont supportés par les grévistes et par le public en général. Si l'on prend comme exemple la dernière grève des postes canadiennes, les coûts monétaires de cet arrêt de travail ont dû être supportés par les grévistes qui ne recevaient pas de salaire, par la population et par les entreprises privées qui n'avaient plus accès au service postal. Le coût monétaire assumé par le gouvernement fédéral a été minime puisque les opérations du service postal sont déficitaires depuis plusieurs années. Lorsqu'une grève est déclenchée dans un service public, l'État peut donc réaliser certaines économies puisque les crédits ou les fonds disponibles ne peuvent être utilisés.

D'un autre côté, une grève dans les services publics n'entraîne pratiquement aucune perte de revenu, puisque les contribuables continuent de payer leurs impôts ou leurs taxes durant ou après un conflit. On peut prétendre que l'État possède un pouvoir de taxation illimité, mais il est aussi plausible d'affirmer que la capacité de paiement de ces impôts par le public a une certaine limite. Le coût de l'accord dans les services publics a généralement comme résultat d'obliger l'État à augmenter les taxes, et si ces dernières dépassent une limite raisonnable le gouvernement n'a d'autre choix que de réduire ou de supprimer certains services offerts à la population.

L'employeur qui subit un préjudice financier important durant un conflit de travail ou qui peut difficilement concurrencer ses compétiteurs, après qu'une convention collective est conclue avec le syndicat, peut remédier à cette situation en procédant à des changements technologiques. Lorsque cette solution est impossible, il peut à la limite être obligé de cesser ses activités. Dans un cas comme dans l'autre, certains employés subissent la perte de leur emploi.

Contrairement à ce qui se produit parfois dans le secteur privé, une grève ne peut avoir pour conséquence la fermeture de l'entreprise, puisque les services dispensés sont généralement d'utilité publique. De plus, l'étude des conventions collectives dans les services publics révèle que les salariés permanents, à l'emploi de la majorité des services publics, bénéficient d'une sécurité d'emploi qu'on ne retrouve pas dans le secteur privé. L'État peut cependant réduire le nombre de ses salariés, en diminuant la quantité et la qualité des services offerts. Cette réduction peut aussi s'effectuer en limitant l'embauchage et en ne remplaçant pas les employés qui quittent leur emploi ou qui prennent leur retraite.

7.8.2.2 Les coûts politiques

Étant donné les caractéristiques spécifiques déjà identifiées —notamment l'absence de profit et le financement des programmes publics par le biais de la taxation, la nature du produit qui place l'État en situation de monopole vis-à-vis d'un service souvent essentiel pour lequel il n'y a pas de substituts, ainsi que le type particulier d'employeur qu'est l'État ou tout autre corps public —, on peut facilement entrevoir que les plus importants coûts à supporter seront de nature politique.

L'expérience passée prouve que la plupart des grèves affectant un service public sont impopulaires. Pour pallier à cette situation, les deux parties en présence mettent en œuvre toute une gamme de stratégies plus subtiles les unes que les autres dans le but de gagner la faveur de l'opinion publique, puisque cette dernière est à toutes fins utiles le tribunal de dernière instance dans ce genre de conflit. Si l'opinion publique est défavorable aux décisions ou aux actions prises par le gouvernement lors du déclenchement d'un conflit de travail, le parti au pouvoir est blâmé et subit à coup sûr une perte de popularité. Cette dernière sera proportionnelle au degré d'insatisfaction de la population devant l'attitude de l'État durant le déroulement de la grève. D'autre part, si l'opinion publique penche en faveur des décisions prises par le gouvernement, ce dernier rencontrera beaucoup moins d'obstacles pour mettre fin au conflit par voie législative, ou encore l'acceptation des offres patronales par les syndicats sera d'autant plus facilitée.

Tout comme c'est le cas pour l'État, les coûts politiques d'une grève dans les services publics peuvent être assez significatifs pour les syndicats concernés ou pour les centrales auxquelles ils sont affiliés. La carence des services essentiels affecte le public, et ce dernier compte un nombre imposant de personnes syndiquées qui se prononcent sur le bien-fondé de la grève, puisqu'elles souffrent aussi de l'absence de ces services. À la suite d'une grève impopulaire de la part des syndicats, l'opinion publique pourrait, par exemple, inciter le gouvernement à repenser ou à amender le mécanisme du droit de grève dans le secteur public. Qu'il suffise de rappeler que les enquêtes faites régulièrement par certains médias de masse et par des organismes spécialisés en relations du travail révèlent qu'une forte majorité de la population québécoise est en faveur de l'abolition du droit de grève dans les secteurs publics. De plus, une grève impopulaire auprès des syndiqués qui ne sont pas impliqués dans un tel conflit peut entraîner une désapprobation et même une réprobation de la part des membres d'une centrale qui appuie les grévistes, et peut, à la limite, restreindre l'adhésion de nouveaux membres.

La population qui est appelée à subir les effets d'un conflit de travail dans un service public, se forme une opinion sur la validité des positions et des justifications des parties en présence d'après les renseignements qui lui sont fournis. Ce besoin d'information s'est toujours manifesté au cours des diverses rondes de négociation, et son importance est toujours croissante.

«... *l'information a pris une place de plus en plus grande au fil des négociations. D'une négociation à caractère plutôt privé au début, on en est rendu, à la fin, à publiciser ses offres dans les journaux et à discuter de la présence aux tables d'un représentant d'organismes de parents et de d'autres organismes.*»[14]

---

(14) Conseil d'information sur les négociations dans les secteurs public et parapublic. *Rapport final d'activités*. Montréal, 1980, p. 22.

Dans le cas des services où l'État provincial agit comme employeur direct (fonction publique) ou indirect (affaires sociales, éducation, régies publiques de juridiction provinciale), il existe une autre différence notoire par rapport au secteur privé : il s'agit de la centralisation à outrance des structures de négociation. Alors que près de 90 p. cent des conventions collectives en vigueur dans le secteur privé sont négociées et administrées par chaque usine ou chaque entreprise, il n'en est plus de même aujourd'hui dans le secteur public québécois, même si en 1964, lorsque fut adopté le *Code du travail*, on avait prévu un processus de négociation analogue pour les deux secteurs.

La formation d'un front commun par les diverses centrales syndicales impliquées, ainsi que l'importance toujours croissante des répercussions monétaires et politiques de négociations collectives affectant plus de la moitié du budget de l'État ont amené ce dernier à favoriser une centralisation toujours croissante des prises de décision. Dans les secteurs de l'éducation et des affaires sociales le gouvernement, par le biais de législations spécifiques [15], s'est nommé partenaire patronal des associations provinciales respectives, telles la Fédération des commissions scolaires catholiques du Québec et l'Association des hôpitaux du Québec, pour n'en nommer que deux. Ces mêmes législations ont également prévu que la négociation des éléments essentiels des conventions collectives (salaires, heures de travail, avantages sociaux, etc.) s'effectuerait au niveau provincial et non plus au niveau local ou régional, comme c'est généralement le cas dans les autres provinces du Canada et comme ce l'était au Québec jusqu'en 1968.

Malgré ce caractère bicéphale de la partie patronale (État et associations patronales respectives), l'État en vient de plus en plus à accaparer le rôle déterminant, et il ne fait plus aucun doute maintenant qu'aucune convention collective provinciale ne peut être signée sans que le représentant du Conseil du Trésor n'ait donné son approbation définitive.

---

(15) Il s'agit des lois suivantes :

Loi du Régime de négociations collectives dans les secteurs de l'éducation et des hôpitaux. L.Q. 1971, C.12.

Loi sur les Négociations collectives dans les secteurs de l'éducation, des affaires sociales et des organismes gouvernementaux. L.Q. 1974, c. 8.

Loi sur l'Organisation des parties patronale et syndicale aux fins des négociations collectives dans les secteurs de l'éducation, des affaires sociales et des organismes gouvernementaux. L.Q. 1978, c. 14.

Laissons plutôt Lysianne Gagnon nous tracer un portrait assez fidèle de ce qui s'est passé lors des dernières négociations de 1979 :

«*Côté patronal : la structure est centralisée, comme jamais auparavant, sous l'autorité du Conseil du trésor. Mais les rapports de force et les tensions internes continuent d'exister. Premier champ de conflit : entre le puissant Conseil du trésor, qui détient les cordons de la bourse, et les ministres concernés (fonction publique et surtout Éducation et Affaires sociales) qui peuvent avoir d'autres priorités et veulent chacun une plus grosse part du gâteau. Second terrain d'affrontement : entre le gouvernement et ceux qu'on appelle les "partenaires" (collèges, commissions scolaires, hôpitaux, etc.), lesquels ont le pouvoir juridique et plutôt théorique de décider des matières "normatives" (ce qui n'est pas monétaire)... mais qui en réalité doivent plier devant celui qui paie, c'est-à-dire l'État.*

Côté syndical, là aussi les rivalités internes sont fortes. Premier champ de conflit : entre ceux qui font partie du Front commun et ceux qui, comme le syndicat des fonctionnaires, des "professionnels" et des infirmières, s'en sont dissociés. Ces syndicats ont tout intérêt à montrer qu'on peut faire des gains en faisant cavalier seul, et c'est peut-être pourquoi ce sont ceux-là qui ont été depuis un an les champions des grèves et des mesures de pression. La tactique, notons-le, achoppe toujours du fait que la partie patronale négocie les principaux "pattern" avec le Front commun, pour d'évidentes raisons d'efficacité.» [16]

À la lueur de ce qui précède, trois constatations ressortent. D'abord, les coûts subis par les parties sont davantage politiques qu'économiques dans les services publics. Le graphique de la page suivante illustre sommairement la différence entre les services publics et le secteur privé.

Ensuite, et ce sont là deux conséquences du phénomène précédent, la durée des négociations ainsi que la durée des arrêts de travail sont inversement proportionnelles dans les deux secteurs. Le tableau 7.8 fournit des données assez révélatrices à ce sujet :

---

(16) *La Ronde des bureaucrates. La société blessée.* Sainte-Foy : université Laval, Département des relations industrielles, 1980, p. 2-3. (Collection tirée à part, n° 24.)

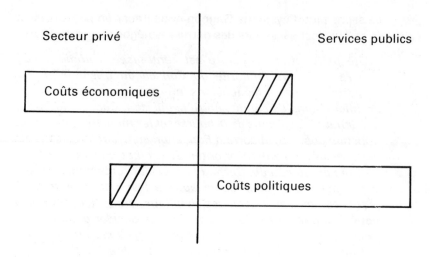

Secteur privé | Services publics

Coûts économiques

Coûts politiques

TABLEAU 7.8 : **Durée des négociations après échéance et durée des grèves, en jours, secteurs privé et public 1967-1975**

	Total	Privé	Public
Durée des négociations	100	67	148
Durée des grèves	33,7	36,5	15,8

Source : Données inédites de Travail Canada et estimation des auteurs : COUSINEAU, J.-M. et LACROIX, R. *La Détermination des salaires dans le monde des grandes conventions collectives : une analyse des secteurs privé et public.* Ottawa : Approvisionnements et Services Canada, 1977, p. 15.

Conclusion sur le pouvoir de négociation

On ne peut qu'appuyer tous les auteurs qui affirment que le pouvoir de négociation est appelé à jouer un rôle important dans le déroulement d'une négociation collective. Cependant, les différents concepts élaborés sur le pouvoir de négociation ne peuvent être interprétés comme une règle générale s'appliquant à toutes négociations.

Les circonstances ou les considérations qui peuvent modifier, affecter ou déplacer le pouvoir de négociation que possède chaque partie en présence sont innombrables, et il n'existe pas de mesure connue qui permet de quantifier et d'évaluer l'impact que chacun de ces facteurs peut avoir sur le pouvoir de négociation. Les comités décisionnels et les négociateurs doivent, dans tout renouvellement ou toute négociation collective, faire une évaluation aussi précise que possible du pouvoir de négociation que peut avoir l'une ou l'autre partie en présence, et en tenir compte dans leur estimation du coût de l'accord ou du désaccord.

Le pouvoir de négociation est conçu comme un concept variable et ne peut être interprété par les parties, si elles exercent ce pouvoir, comme une assurance d'un gain total ou partiel. De nombreux conflits prouvent que l'exercice du droit de grève par le syndicat et la capacité de résistance de l'employeur à une telle tactique ne confèrent ni à l'une ni à l'autre partie un pouvoir ultime de négociation.

Le pouvoir de négociation contribue à influencer le comportement et les décisions des négociateurs patronaux ou syndicaux. Ces derniers peuvent utiliser diverses tactiques, incluant le bluff, pour essayer de laisser croire à l'autre partie qu'ils possèdent une force de frappe qui permettra à la partie qu'ils représentent de subir avec succès un conflit de travail. Cependant, une analyse factuelle de la situation permet généralement au syndicat et à l'employeur de situer le pouvoir de négociation à son juste niveau, et une étude sérieuse permet aussi aux parties en présence de faire des estimations raisonnables sur le coût de l'accord ou du désaccord.

Chapitre 8

Administration de la convention collective

INTRODUCTION

Lorsque les parties se sont entendues sur le contenu du contrat de travail, elles doivent veiller à son application. Ce chapitre aura donc pour objet d'illustrer les principales phases de l'administration d'une convention collective, en insistant particulièrement sur la procédure utilisée lorsqu'il y a violation de ladite convention.

Nous présenterons d'abord le contenu type et la nature de la convention collective ; puis, nous définirons ce qu'est un grief tout en présentant une typologie des griefs exposés habituellement ainsi que les motifs invoqués par les salariés ; enfin, nous aborderons le mode de règlement des griefs en insistant surtout sur les premières étapes de ce que l'on pourrait appeler la « procédure interne ».

8.1 CONTENU TYPE D'UNE CONVENTION COLLECTIVE

Le *Code du travail* n'impose aucune restriction sur le contenu d'une convention collective, si ce n'est que cette dernière ne doit pas être contraire à l'ordre public. Même si le contenu d'une convention peut varier d'une entreprise à l'autre, il est quand même possible d'identifier un certain nombre de clauses présentes dans la plupart des situations. Ces clauses peuvent être regroupées de deux façons : selon les grands sujets couverts par la convention collective ou selon l'importance qu'elles revêtent pour les parties.

8.1.1 Les grands sujets couverts par la convention collective

a) Structure de la convention collective

Les articles qui peuvent faire partie de cette catégorie sont : le but de la convention, la durée de l'entente, la prohibition du droit de grève ou du lock-out pendant la durée de la convention et les pénalités qui sont prévues pour la partie qui ne respecte pas cette clause, ainsi que la procédure de règlement des griefs.

b) Le statut et les droits du syndicat et de l'employeur

Cette catégorie inclut les droits de gérance, la reconnaissance et la retenue syndicale, les activités syndicales durant les heures et sur les lieux de travail.

c) Les clauses monétaires

Ces articles sont : les salaires à verser, la méthode de paiement si le travail est rémunéré aux pièces ou à bonis et la participation du syndicat à ce système, la méthode de rémunération des nouvelles tâches ou de celles qui sont modifiées, les augmentations de salaire versées selon l'ancienneté ou le mérite, et les contributions versées pour les avantages sociaux tels que : assurance-santé et assurance-vie, régime de rentes, congés payés, fêtes chômées et payées, primes pour le travail d'équipe, indemnité de licenciement.

d) Sécurité d'emploi

Cette catégorie inclut tous les articles traitant du processus utilisé pour combler les postes vacants ; ce sont les clauses ayant trait à l'embauchage et au licenciement, aux périodes d'apprentissage, aux promotions, aux mutations, à la mise à pied et au réembauchage, ainsi qu'à la méthode employée pour la préparation de la liste d'ancienneté.

e) *Normes et méthodes de travail, et conditions physiques de travail*

Dans cette catégorie, on inclut généralement les articles relatifs à la rapidité avec laquelle le travail doit être exécuté, les normes de travail, les méthodes de travail, la quantité de travail à accomplir durant une certaine période de temps, le nombre d'employés à affecter à une tâche, et toutes les clauses des conditions de travail traitant de la santé, de la sécurité, de l'hygiène, de la ventilation, etc.

8.1.2 L'importance des diverses clauses pour les parties

Chacune des clauses d'une convention collective a une importance pour les deux parties en présence. D'une part, les dirigeants syndicaux désirent assurer la survie et la stabilité de leur syndicat à l'intérieur de l'entreprise. Ils veulent aussi exercer un droit de regard sur toute décision de l'employeur qui peut affecter le bien-être de leurs membres. D'autre part, les représentants patronaux prétendent que le syndicat ne peut avoir ce droit de regard que sur le contenu de la convention collective. Il est impossible d'analyser toutes les clauses contenues dans les principales conventions collectives et de dégager les conséquences que chacune d'elles peut avoir sur les employés, le syndicat et l'employeur. C'est pourquoi il y a lieu de tenter de regrouper certaines de ces clauses en fonction des parties impliquées.

8.1.2.1 Clauses traitant des formules de sécurité et de retenue syndicales

L'étude de nombreuses conventions collectives permet de conclure que chacune d'entre elles contient sous une forme ou sous une autre un article traitant de la sécurité et de la retenue syndicales.

Les clauses ayant trait à la sécurité syndicale peuvent se définir comme suit :

Atelier *fermé*

Cette formule oblige l'employeur à n'embaucher et à ne garder à son emploi que des membres en règle du syndicat. L'embauchage de nouveaux employés doit se faire par l'intermédiaire du syndicat et, si ce dernier ne peut fournir à l'employeur la main-d'œuvre nécessaire, tout nouvel employé devra devenir membre du syndicat à la date de son embauchage.

Atelier *syndical parfait*

Cette formule permet à l'employeur d'embaucher un candidat qui n'a aucune allégeance syndicale. Cependant, après une certaine période, cet employé sera tenu d'adhérer au syndicat. De plus, tous les employés sont tenus d'adhérer au syndicat à la signature de la convention, et ce, comme condition d'emploi.

Atelier *syndical imparfait*

L'unique différence entre cette formule et la précédente consiste dans le fait que les employés qui n'étaient pas membres du syndicat lors de son accréditation ou du renouvellement de la convention ne sont pas tenus de joindre les rangs du syndicat après la signature du contrat de travail. Comme dans l'autre formule, les employés membres du syndicat doivent le demeurer pendant toute la durée de la convention.

Dans toutes les conventions collectives nord-américaines, des formules de retenue de la cotisation syndicale s'ajoutent aux clauses de sécurité syndicale. La plupart du temps, les employés peuvent révoquer leur autorisation de retenir cette cotisation, dans une période agréée entre les parties à l'expiration de la convention collective.

La formule de retenue syndicale qui retient de plus en plus l'attention et qui a fait l'objet d'une législation s'appliquant à toutes les entreprises au Québec est celle du *précompte syndical obligatoire*. En vertu de cette formule, tout employé inclus dans l'unité de négociation doit payer une somme équivalant à la cotisation syndicale, qu'il soit membre ou non de cette organisation. L'imposition générale d'une telle clause est justifiée par le raisonnement suivant : le syndicat négocie des avantages qui s'appliquent à tous les membres de l'unité de négociation et pas uniquement à ses seuls membres.

8.1.2.2 Clauses de droit de gérance

Le fait que le champ de négociation s'est considérablement élargi et que le pouvoir des syndicats se manifeste de plus en plus, incite le milieu patronal à être plus prudent sur tout ce qui touche le droit de gérance. De plus, les dirigeants d'entreprise craignent que les conventions collectives contiennent certaines dispositions allant à l'encontre des politiques traditionnelles qui régissent la gestion de l'usine. Ils sont d'avis que certains droits de gérance sont essentiels à un employeur ; selon eux, la négociation de tels droits ne permettra pas de faire fonctionner son usine d'une manière efficace et rentable.

Une enquête conduite par l'American Management Association révèle que les employeurs désirent avoir une complète liberté dans certains secteurs d'activités. Ils revendiquent des droits, entre autres :

— le droit d'édicter et de faire appliquer les politiques relatives au domaine de la finance, des taux d'intérêts, des emprunts à effectuer, etc. ;

— le droit de déterminer quelles sont les politiques de vente et les structures organisationnelles ;

— le droit de choisir le matériel requis, les méthodes de production et les produits à manufacturer ;

— le droit de choisir le site des usines ;

— le droit de décider quel équipement est requis pour la fabrication de tel ou tel produit ;

— le droit de déterminer les programmes de production.

8.1.2.3 Clauses relatives à la gestion des ressources humaines

Les clauses traitant de l'embauchage, des mutations, des promotions, des changements technologiques, du licenciement et de la discipline sont inhérentes à la gestion de la main-d'œuvre.

Les clauses de non-discrimination dans l'embauchage ont été insérées dans les conventions collectives bien avant que la *loi des Droits de la personne* soit promulguée par le gouvernement. Ayant droit de regard sur les descriptions de fonctions et les exigences requises pour les remplir, le syndicat s'assure en quelque sorte que les personnes embauchées satisferont à ces exigences. De plus, si des employés ayant de l'ancienneté sont mis à pied en raison d'un manque de travail, la totalité des conventions prévoit que l'entreprise doit rappeler ces employés au travail avant de procéder à l'embauchage d'un nouvel employé. D'autre part, plusieurs conventions collectives prévoient un programme d'apprentissage afin de permettre aux employés de se perfectionner et d'avoir accès à des postes plus importants.

À la suite de l'embauchage, la convention prévoit généralement un mécanisme qui assure au syndicat un droit de regard sur les décisions de l'employeur relativement à la mobilité de la main-d'œuvre. À l'origine, les clauses d'ancienneté avaient pour but d'assurer aux employés ayant le plus d'ancienneté au sein de l'entreprise une sécurité d'emploi et une protection contre des mises à pied arbitraires. Depuis plusieurs années, l'application de cet article s'est considérablement étendue, et tout le mécanisme de mutation et de promotion est aujourd'hui étroitement lié aux droits d'ancienneté. Cependant, les conventions prévoient généralement que l'employé muté ou promu doit posséder les qualités requises à l'accomplissement de la tâche. De plus, les droits d'ancienneté sont un facteur important dans l'attribution des autres avantages sociaux contenus dans les conventions collectives : régime de rentes, congés payés, choix des quarts de travail, etc.

En ce qui a trait à la discipline, le syndicat a aussi acquis un pouvoir de contrôle, sinon sur la politique disciplinaire de l'employeur, du moins sur son application. Faisant partie intégrante de la procédure des griefs, cette politique doit être uniforme et non discriminatoire. À cet égard, la jurisprudence, par voie d'arbitrage, a évolué de telle façon que l'employeur se voit imposer deux obligations principales. La première consiste à sanctionner les employés pour des motifs valables, qu'il doit démontrer, preuve à l'appui ; la seconde consiste à appliquer des mesures disciplinaires raisonnables en relation avec l'infraction commise. Les conventions collectives prévoient généralement que l'arbitre des griefs a juridiction pour maintenir ou annuler les mesures disciplinaires, et pour rendre toute autre décision qui peut lui sembler plus juste dans les circonstances.

8.1.2.4 Clauses relatives aux salaires et aux heures de travail

La négociation des clauses salariales et des heures de travail constitue une question de fond de toute négociation collective.

La multiplicité du contenu de ces clauses rend impossible l'élaboration d'un principe général qui s'appliquerait à l'ensemble des négociations collectives. On note cependant que les taux individuels de salaires ont disparu. En effet, les employés ont été groupés selon unè classification précise, et ils sont rémunérés selon un taux de salaire établi pour chacune des classes prévues à la convention.

Les plans de description et d'évaluation des tâches, négociés et administrés conjointement par le syndicat et l'employeur, sont une autre étape importante qui s'est développée au cours des dernières années. Dans un tel système, le syndicat peut généralement contester l'évaluation ainsi que la description de la fonction, et s'il y a mésentente un grief est soumis à un tribunal d'arbitrage. Le syndicat est aussi impliqué dans la détermination des salaires au rendement ou à bonis; il est consulté sur l'établissement des normes de production, sur les taux de base et le montant des primes attachées au rendement, et exerce un contrôle sur le système qui est en vigueur.

Quant aux heures de travail, les dispositions d'une convention collective régissent la durée de la journée ou de la semaine de travail, l'assignation et la répartition des heures supplémentaires, les primes accordées pour certaines tâches, les périodes de repos et l'obligation ou la liberté pour les employés d'accomplir le travail supplémentaire.

8.1.2.5 Clauses relatives aux avantages sociaux

L'amélioration des avantages sociaux fut une des principales préoccupations des dirigeants syndicaux au cours des dernières années et toute une série d'avantages sociaux ont été accordés aux employés depuis quelques années.

Au début des années 1950, la majorité des employés n'avaient comme avantages sociaux qu'un nombre restreint de jours chômés et payés, un plan de congés payés plus ou moins adéquat, tandis que d'autres, plus favorisés, contribuaient à un plan d'assurance-santé et à un régime de rentes. À la lumière d'une enquête publiée par la firme

Thorne, Stevenson & Kellogg [1], l'analyse de la situation présente révèle qu'en 1980 le coût moyen des avantages sociaux accordés aux employés pour l'ensemble des entreprises canadiennes a atteint 33,09 p. cent du coût de la main-d'œuvre. Cette enquête révèle aussi que cette tendance est à la hausse. Au cours des deux dernières années, le coût de ces avantages sociaux a augmenté de 20 p. cent et représente un déboursé annuel moyen de 6 025,00 $ par employé.

Les avantages sociaux octroyés aux employés peuvent être subdivisés en deux catégories. Dans la première, l'entreprise paie des salaires aux employés pour certaines périodes où ils n'effectuent aucun travail productif. C'est le cas des congés payés, des jours chômés et payés, des périodes de repas, des pauses café et des congés sociaux. Dans l'autre catégorie, l'entreprise inclut ses contributions aux régimes des rentes, aux plans d'assurance-vie et d'assurance-santé, aux paies de départ, à la fourniture des vêtements de travail et aux avantages sociaux décrétés par les législations, tels les versements à la Commission d'assurance-chômage, au Régime des rentes du Québec et à la Commission des accidents du travail. À ce chapitre, on inclut aussi tout autre avantage social qui n'a pas un aspect monétaire tangible pour les employés mais qui représente un déboursé de la part de l'employeur, comme les subventions accordées aux cafétérias ou à la fourniture de terrains de stationnement pour les employés.

8.1.2.6 Clauses relatives à la sécurité et à la santé

Les représentants de l'entreprise et ceux du syndicat ont toujours fait état de l'importance de la sécurité de l'employé sur les lieux de travail. À cet effet, on inséra dans les conventions collectives des articles prévoyant que la compagnie devait prendre toutes les mesures nécessaires afin d'assurer la sécurité, la santé et le bien-être des employés au travail. À cette fin, un comité de prévention des accidents était formé et avait comme mandat d'examiner toutes les questions concernant la sécurité et la santé des employés. Ce comité était aussi mandaté pour soumettre au personnel de maîtrise les recommandations qu'il jugeait pertinentes. Au Québec, depuis la promulgation de la *loi sur la Sécurité et la santé au travail* [2], la

---

(1) *Employee Benefit Costs in Canada, 1979-80.* Thorne, Stevenson et Kellogg, Toronto, Ont., 1982.

(2) L.Q. 1979, c. 63.

participation des syndicats aux programmes de santé et de sécurité dans l'entreprise n'est plus uniquement reconnue, par voie de convention collective, mais est devenue obligatoire. Le législateur est donc intervenu dans ce domaine pour imposer à tous les employés et à toutes les entreprises des programmes de sécurité et de santé au travail.

8.2 NATURE DE LA CONVENTION COLLECTIVE

La convention collective, incluant généralement les clauses mentionnées plus haut, définit les droits et les obligations des parties signataires. C'est pourquoi il semble naturel de l'envisager comme une sorte de contrat qui détermine à quelles conditions (surtout salariales) les employés présents ou futurs exécuteront leur travail dans l'entreprise.

Par ailleurs, employeurs et syndicats ont constaté depuis fort longtemps que les problèmes ayant trait aux relations du travail ne sont pas tous résolus par la signature d'une convention collective. Dans cette optique, le contrat de travail peut aussi être comparé à une loi (une constitution, selon Chamberlain et Kuhn [3], qui régit l'entreprise et ses salariés. Le syndicat est alors considéré comme le mandataire des employés, et il assume un droit de regard sur toute décision patronale pouvant affecter les aspirations et le bien-être de ses membres. Les questions traitant des salaires, des avantages sociaux ou d'autres aspects monétaires sont des sujets primordiaux lors des négociations collectives, mais on attache une importance presque équivalente à toute nouvelle condition de travail pouvant affecter les employés. Même si le champ de la négociation s'est constamment élargi depuis plusieurs années, les parties en présence ne peuvent jamais prévoir toutes les situations ou tous les problèmes qui surgiront pendant la durée d'une convention. C'est pourquoi la convention collective ne peut être envisagée uniquement comme un contrat se limitant aux clauses qui y sont contenues. Pour cette raison, elle doit prévoir des mécanismes qui permettront que son administration et son application soient réalisées le plus efficacement possible.

---

(3) CHAMBERLAIN, N.W. et KUHN, J.W. *Collective Bargaining*. New York : McGraw-Hill, 1965, chapitre 5.

Par conséquent, chaque convention contient une clause intitulée «Procédure de règlement des griefs» dont nous expliquerons le fonctionnement, mais non sans avoir au préalable défini ce qu'est un grief et présenté différents types de griefs susceptibles de survenir dans l'application de la convention collective.

8.3 DÉFINITION, TYPES DE GRIEFS ET MOTIFS INVOQUÉS PAR LES SALARIÉS

8.3.1 Définition

Le *Code du travail* définit un grief comme «*toute mésentente relative à l'interprétation ou à l'application d'une convention collective*». L'étude du contenu des conventions collectives révèle que les parties ont accepté d'élargir la définition prévue au *Code du travail*. C'est ainsi qu'un employé qui se croit lésé dans ses droits peut soumettre un grief même si la plainte qu'il formule ne provient pas d'une violation ou d'une mauvaise interprétation de la convention collective.

C'est ainsi que l'on retrouve dans plusieurs conventions des clauses de cette nature :

«*C'est le ferme désir de la compagnie et du syndicat de régler équitablement et dans le plus bref délai possible tout différend, grief ou désaccord, litige ou mésentente, relatif aux salaires et aux conditions de travail.*»

On constate que, selon la procédure prévue à la convention collective, une telle clause donne aux parties la possibilité de régler pratiquement toutes les plaintes que peuvent formuler les employés. On doit cependant ajouter que le règlement des mésententes ou des désaccords qui ne constituent pas des griefs selon le *Code du travail* doit intervenir entre les parties, puisque l'arbitre de grief n'a généralement pas l'autorité d'amender ou de modifier la convention collective.

Les syndicats reconnaissent habituellement à la direction de l'entreprise le droit de décider et d'appliquer les décisions concernant le congédiement, la suspension ou toute autre mesure disciplinaire. L'exercice de ce droit n'est cependant pas unilatéral, et le syndicat le restreint par le biais de la procédure de grief. La totalité des conventions collectives prévoit que tout employé qui est l'objet de mesures disciplinaires peut soumettre son cas à la procédure régulière des griefs et, s'il y a lieu, à l'arbitrage. Dans ces cas, l'employeur a le fardeau de la preuve et l'arbitre a juridiction pour maintenir le congédiement ou la mesure disciplinaire, de l'amender ou de rendre toute autre décision qu'il juge équitable dans les circonstances. L'employeur doit alors prouver hors de tout doute que l'employé a réellement commis une offense et que la mesure disciplinaire imposée est proportionnelle à l'offense commise.

8.3.2 Types de griefs

Les griefs présentés par l'une ou l'autre partie peuvent être regroupés dans l'une ou l'autre catégorie suivante :

— *La violation des dispositions d'une convention collective*

Les griefs de cette nature sont soulevés à l'occasion d'une prise de décision qui va à l'encontre d'un ou des articles contenus dans le contrat de travail.

— *Les mésentes portant sur l'interprétation d'une ou de quelques clauses d'une convention*

Certains contrats de travail contiennent des clauses ambiguës, et ce manque de précision donne naissance à une multitude de mésentes qui doivent être réglées par voie de griefs.

— *Les griefs relatifs au mode d'application de la convention*

Très peu de négociations prévoient, lors du processus de négociation, les modes d'implantation des clauses ou des amendements apportés au nouveau contrat de travail. Ces omissions donnent naissance à plusieurs griefs.

— *Les griefs ayant trait aux mesures disciplinaires*

À ce chapitre, l'employé peut contester la validité de la mesure disciplinaire imposée ou présenter un grief stipulant que la mesure disciplinaire prise contre lui est injuste, compte tenu de la nature de l'offense.

— *Les griefs relatifs aux charges de travail*

On retrouve dans plusieurs conventions collectives des stipulations qui prévoient que l'employeur ne peut exiger d'un employé plus qu'une journée normale de travail, telle que définie par des normes reconnues du génie industriel. Les griefs de cette nature sont présentés lorsqu'un ou des employés prétendent que l'employeur exige une somme de travail qui dépasse les normes reconnues. L'arbitre appelé à trancher ce genre de différend est généralement un ingénieur industriel.

— *Les griefs relatifs aux taux de salaire à verser lors de la création d'une nouvelle fonction ou lorsque le contenu d'une tâche est modifié*

Dans ces cas, les employés concernés peuvent présenter un grief s'ils estiment que le salaire payé pour une nouvelle fonction ou pour une fonction modifiée ne correspond pas aux responsabilités assumées, ou que le taux de salaire n'est pas proportionnel aux fonctions existantes, similaires ou comparables. Dans ces cas, l'arbitre désigné par les parties est généralement un expert dans les systèmes d'évaluation des emplois.

8.3.3 Motifs invoqués pour formuler un grief

Avant d'examiner la procédure de règlement des griefs et les responsabilités qui incombent aux représentants des parties dans le fonctionnement de cette procédure, il est bon de prendre connaissance des motifs généralement invoqués par les employés ou leurs représentants lors de la formulation d'un grief.

Le schéma suivant donne un aperçu général de la situation :

Nature des griefs	Motifs invoqués par l'employé
1. *Salaires*	
a) Demande d'augmentation faite par un employé	Il n'est pas rémunéré suffisamment pour le travail qu'il accomplit.
b) Plaintes concernant la classification de sa fonction	Sa fonction est plus importante et plus complexe que l'employeur le prétend, et devrait être réévaluée.

2. *Supervision*

a) Plaintes concernant l'administration de la discipline

Le contremaître prend parti contre lui et le discrime.

Les représentants de l'employeur exercent certaines pressions indues parce qu'il est militant syndical.

Les erreurs commises sont dues à un manque d'entraînement.

b) Plaintes concernant un contremaître en particulier

Le contremaître fait preuve de favoritisme.

Le contremaître n'attache aucune importance à la solution des problèmes.

Le contremaître est anti-syndical.

c) Plaintes émanant de la méthode de supervision

Les règlements d'atelier sont trop complexes.

Les règlements ne sont pas affichés et ne sont pas appliqués d'une manière uniforme.

3. *Ancienneté, mutation, licenciement*

a) Perte d'ancienneté

Il a perdu ses droits d'ancienneté pour des raisons qu'il juge futiles.

b) Interprétation des droits d'ancienneté

Les clauses traitant de l'ancienneté ont été mal interprétées par la compagnie.

c) Congédiement ou suspension

La pénalité imposée par l'employeur n'est pas juste, ou il la juge trop sévère.

La compagnie voulait le congédier à cause de son militantisme syndical ou pour d'autres raisons qui n'ont aucune relation avec sa conduite.

d) Promotion

Les clauses d'ancienneté n'ont pas été respectées.

265

La compagnie lui refuse la promotion parce qu'il est militant syndical.

Il y a de la discrimination contre lui par le personnel de supervision.

e) Affectation à des travaux ou à des horaires de travail peu intéressants

Il a eu plus que sa part de travail difficile et ennuyeux.

D'autres employés devraient être affectés aux quarts de soir ou de nuit.

4. *Conditions de travail*

a) Sécurité et santé

L'humidité, le bruit, les gaz nocifs ainsi que d'autres conditions de travail sont dangereuses ou déplaisantes.

Les heures supplémentaires ne sont pas nécessaires.

Il doit attendre trop souvent le matériel requis pour exécuter son travail.

Les salles de repos ou les cafétérias sont inadéquates.

5. *Convention collective*

a) Violation du contrat de travail

L'entreprise ne se préoccupe pas de la solution des griefs, et les délais sont trop longs lorsqu'il y a une réponse.

b) Règlement des griefs

Les contremaîtres n'ont pas l'autorité nécessaire pour formuler des compromis.

Il existe un manque de continuité dans l'application de la convention.

L'employeur n'a pas pris de sanctions contre un contremaître qui a commis un acte répréhensible à l'endroit de l'employé.

8.4 LA PROCÉDURE DE RÈGLEMENT DES GRIEFS

8.4.1 Évolution historique

À l'époque où les relations entre employeurs et syndicats n'avaient aucun encadrement légal, les employeurs, devant les revendications de leurs employés, acceptaient parfois de conclure une entente avec les syndicats, mais sans avoir vraiment le désir de maintenir une relation contractuelle. Par le fait même, lorsqu'une mésentente survenait quant à l'application de l'accord conclu, les employés devaient fréquemment recourir à la grève pour assurer le respect des termes de cet accord, puisqu'il n'y avait aucun mécanisme de prévu pour résoudre ce genre de conflit.

La *loi des Différends ouvriers* de 1901 définissait alors un conflit industriel comme étant «*tout différend portant sur les salaires, les dommages causés à un travail, les diverses conditions de travail et le renvoi d'un ou de plusieurs employés faisant partie d'une association ouvrière*». Cette Loi ne faisait aucune distinction entre un conflit d'intérêt et un conflit de droit, en n'établissant aucune ligne de démarcation entre le processus de négociation et l'administration d'une convention collective. De plus, ces ententes étaient conclues pour une période indéterminée, et chaque partie pouvait, à l'occasion d'un conflit, y mettre fin sans donner de préavis.

La *loi des Relations ouvrières* de 1944, pour sa part, prévoyait l'arbitrage obligatoire avant que les parties ne puissent déclarer une grève ou un lock-out. Elle stipulait cependant que la sentence arbitrale n'était pas exécutoire et elle ne faisait pas plus de distinction que la loi précédente entre conflit de droit et conflit d'intérêt. C'est ainsi que, lorsqu'un employeur et un syndicat ne pouvaient s'entendre sur l'interprétation d'une convention collective et qu'aucune procédure d'arbitrage n'était prévue à la convention, les parties devaient demander l'assistance d'un conciliateur. Celui-ci intervenait alors en vertu des dispositions de la *loi des Différends ouvriers*, et lorsqu'une entente s'avérait impossible le cas était soumis à un tribunal d'arbitrage.

La multiplicité des conventions collectives conclues entre les employeurs et les syndicats a finalement amené les parties à rechercher activement un mécanisme visant à solutionner les conflits découlant de l'application des contrats de travail (conflits de droit).

D'une part, les employeurs qui avaient signé une convention collective avec des syndicats recherchaient une procédure qui aurait pour effet de leur permettre d'assurer une certaine stabilité dans leurs relations avec les syndicats, et d'éviter les conflits sporadiques de travail qui avaient pour effet de freiner leur production. D'autre part, les employés et leurs syndicats voulaient s'assurer que les termes des ententes conclues seraient respectés. C'est ainsi que les parties en vinrent de plus en plus à s'engager mutuellement à respecter les sentences, et à ne pas faire la grève ou décréter un lock-out pendant la durée de la convention collective. Cette pratique, de plus en plus répandue, a amené le législateur en 1961 à amender la *loi des Relations ouvrières* de façon à rendre la sentence arbitrale obligatoire et à prohiber la grève et le lock-out pendant la durée de la convention.

8.4.2 Fonctionnement type d'une procédure de règlement des griefs

Les différentes conventions collectives actuellement en vigueur peuvent contenir des clauses relativement différentes, quant aux diverses étapes à suivre et aux délais à respecter dans le cheminement d'un grief, selon le type ou l'importance de l'entreprise. Elles ont cependant toutes le même objectif : apporter une solution définitive à tous les conflits issus de l'application ou de l'interprétation de la convention collective. On trouvera ci-dessous un exemple type d'une telle procédure de règlement des griefs.

EXEMPLE TYPE D'UNE CLAUSE DE RÈGLEMENT DES GRIEFS

1. Le syndicat et la direction conviennent que les griefs et les mésententes doivent être réglés le plus promptement possible.

2. Tout employé ou tout groupe d'employés qui se croit lésé par suite de l'application ou de l'interprétation des termes de cette convention, ou qui croit avoir subi un traitement injuste peut formuler par écrit le grief ou la mésentente et le soumettre pour étude et règlement en donnant la description du grief ou de la mésentente et en indiquant le règlement demandé. Tout grief ou toute mésentente doit être soumis par écrit par le ou les employés concernés dans les quarante-deux (42) jours suivant la date de l'événement qui lui a donné naissance.

3. La procédure d'étude et de règlement des griefs et des mésentes est la suivante :

A) L'employé accompagné de son délégué syndical soumet, pour discussion, son grief ou sa mésentente à son supérieur immédiat. Lorsqu'un grief ou une mésentente relative à un même événement concerne un groupe d'employés, ces derniers peuvent utiliser une seule formule de grief sur laquelle doit apparaître la signature des réclamants. Le supérieur fait connaître sa décision par écrit, avec copie au directeur du comité de griefs de la région ou du siège social, selon le cas, dans les quatorze (14) prochains jours.

B) Si la décision du supérieur immédiat n'est pas jugée satisfaisante, ou si telle décision n'est pas rendue dans les quatorze (14) jours, le comité de griefs soumet, dans les sept (7) jours suivants, le grief ou la mésentente écrit(e) au chef de service ou à son délégué. Dans les quatorze (14) jours de la réception du grief ou de la mésentente, ce dernier doit rencontrer le comité pour discuter du cas. Sa décision est communiquée dans les sept (7) jours suivant la date de la rencontre avec le comité de griefs. Au sens de cette disposition, le titre « chef de service » comprend également celui de gérant et de surintendant.

C) Si la décision du chef de service ou de son délégué n'est pas jugée satisfaisante, ou si telle décision n'est pas rendue dans les délais prescrits, le comité de griefs soumet, dans les sept (7) jours suivants, le grief ou la mésentente écrit(e) au directeur du service ou à son délégué. Dans les quatorze (14) jours suivant la réception du grief ou de la mésentente, le directeur du service, ou son délégué, fait connaître sa décision par écrit.

D) Si la décision du directeur de service ou de son délégué n'est pas jugée satisfaisante, ou si telle décision n'est pas rendue dans les délais prévus et que le grief en cause concerne l'application ou l'interprétation des termes de la présente convention, ledit grief peut être soumis à un arbitre dans un délai maximum de trente-cinq (35) jours à partir de la date de la décision du directeur ou, à défaut de celle-ci, de l'expiration du délai prévu à cet effet.

4. A) Le syndicat peut soumettre par écrit au directeur du Service des relations du travail, ou à son délégué, dans les quarante-deux (42) jours suivant l'événement qui lui a donné naissance :

a) tout grief ou toute mésentente en rapport avec une décision à portée générale, et tout grief relatif à un même événement qui concerne un groupe d'au moins dix (10) employés — dans ce dernier cas, le nom des employés impliqués doit apparaître sur la formule de grief — ;

b) nonobstant les dispositions de l'alinéa D) du paragraphe 3, une mésentente relative à la modification de toutes conditions de travail non prévues dans la présente convention.

B) Dans les quatorze (14) jours de la réception du grief ou de la mésentente, le directeur du Service des relations du travail ou son délégué peut, s'il le juge nécessaire ou si le syndicat en fait la demande, rencontrer le comité de griefs pour discuter du cas. Sa décision écrite est communiquée dans les vingt et un (21) jours suivant la date de la réception du grief ou de la mésentente. Si la réponse n'est pas rendue dans les délais ou si elle n'est pas jugée satisfaisante, le grief ou la mésentente prévu(e) à l'alinéa 2 ci-dessus peut être soumis(e) à un arbitre dans un délai maximum de trente-cinq (35) jours suivant la date de la décision du directeur ou, à défaut de celle-ci, de l'expiration du délai prévu à cet effet.

5. La direction peut soumettre par écrit au syndicat tout grief. Si dans les quatorze (14) jours suivant la réception du grief le syndicat n'a pas donné de réponse écrite, ou si celle-ci n'est pas jugée satisfaisante par la direction, cette dernière peut, dans les trente-cinq (35) jours suivants, soumettre le grief à l'arbitrage.

6. Nonobstant les dispositions du paragraphe 2 et des alinéas A), B) et C) du paragraphe 3, l'employé suspendu indéfiniment ou congédié doit, s'il veut se prévaloir du présent article, soumettre par écrit son grief dans les vingt-huit (28) jours suivant sa suspension de durée indéfinie ou son congédiement au directeur du service ou à son délégué. Dans les quatorze (14) jours suivant la réception du grief, le directeur du service, ou son délégué, doit rencontrer le comité de griefs pour discuter du cas. La décision écrite est communiquée dans les sept (7) jours suivant la date de la rencontre. Les dispositions de l'alinéa D) du paragraphe 3 sont alors appliquées.

7. Lorsqu'une décision de la direction se rapporte à la promotion, à la mutation, à la rétrogradation ou au rappel d'un employé, et si les griefs de plusieurs plaignants concernant le même poste sont soumis à l'arbitrage, il y a audition du grief d'un seul plaignant à

la fois. La décision de l'arbitre concernant ce grief doit être rendue avant de passer à l'audition du grief du prochain plaignant.

8. Les délais mentionnés au présent article se calculent en jours civils, et ne peuvent être prolongés que par entente écrite entre les représentants concernés de la direction et du syndicat.

9. Toute erreur technique dans la présentation d'un grief ne l'invalide pas mais doit être corrigée, et la direction doit en être informée au moins quatorze (14) jours avant la première séance d'arbitrage.

10. Nonobstant les dispositions contraires prévues au paragraphe 2, dans le cas d'une erreur technique sur le salaire il n'y a pas de délai exigé pour soumettre un grief.

11. Si, au cours de la discussion d'un grief, le syndicat demande d'obtenir des renseignements pertinents relatifs au grief, qui se trouvent dans le dossier du ou des employés concernés par le grief, la direction doit communiquer ces renseignements au syndicat. Il est bien entendu que tout renseignement d'ordre purement confidentiel n'a pas à être communiqué au syndicat.

12. Tout règlement intervenu à l'un des stades de la procédure doit faire l'objet d'un écrit signé par le représentant du syndicat et le représentant de la direction. Il est convenu que cet écrit lie les parties.

13. Concernant l'application ou l'interprétation des termes de la présente convention collective de travail, seuls les griefs qui n'ont pas été réglés au cours de la procédure des griefs mentionnés à l'article précédent peuvent, en dernier ressort, être soumis, dans un délai maximum de trente-cinq (35) jours à partir de la date de la décision du directeur ou, à défaut de celle-ci, de l'expiration du délai prévu à cet effet, à un arbitre avec copie à l'autre partie. Le même délai s'applique aux griefs soumis à un arbitre par la direction.

14. Les parties conviennent que, pour la durée de la présente convention, les dix (10) personnes agissent comme arbitres à tour de rôle.

Si l'arbitre en tête de liste ne peut agir, c'est celui dont le nom suit qui le remplace. Si ce dernier ne peut agir, c'est le troisième qui agit comme arbitre, et ainsi de suite. Si aucun des arbitres ne peut siéger, les parties tentent conjointement de s'entendre pour nommer un substitut, à défaut de quoi les parties demandent au ministre du Travail et de la Main-d'œuvre de la province de Québec de désigner une tierce personne pour remplir cette fonction.

15. Dans le cas de congédiement, les parties conviennent que l'arbitre en tête de liste procédera à l'audition de ce grief, avant tout autre grief déjà soumis à l'arbitrage.

16. A) Les pouvoirs de l'arbitre sont limités à régler les griefs suivant la lettre et l'esprit de cette convention. Il n'a aucune juridiction pour ajouter, soustraire, modifier ou amender quoi que ce soit dans cette convention.

    B) S'il s'agit d'une mésentente au sens de l'alinéa 2 du paragraphe 4A), le pouvoir de l'arbitre est limité à confirmer la modification de la condition de travail concernée ou à annuler telle modification s'il la juge déraisonnable, eu égard aux circonstances.

17. Dans les cas de griefs relatifs à des suspensions ou à des congédiements, l'arbitre a juridiction pour maintenir, réduire ou annuler la suspension ou le congédiement.

    Dans les cas où l'arbitre ne maintient pas la décision de la direction, il a compétence pour lui ordonner de réinstaller l'employé dans ses fonctions avec tous ses droits et de l'indemniser, à son taux de salaire régulier, pour les heures régulières de travail perdues : l'indemnité doit toutefois tenir compte de ce que l'employé a gagné ailleurs, depuis son renvoi.

18. Sauf entente contraire, l'arbitre désigné doit tenir la première séance d'enquête dans les vingt-huit (28) jours suivant la date à laquelle le grief a été soumis. Il doit rendre sa décision écrite et justifiée dans les trente-cinq (35) jours suivant la date où la preuve a été fournie, et dans les vingt et un (21) jours dans le cas de congédiement. Cette décision est exécutoire et lie les parties.

19. Les honoraires, les frais de déplacement et de séjour de l'arbitre sont payés à part égale par la direction et le syndicat.

Cet exemple révèle que le processus habituel de règlement d'un grief comporte à la fois une procédure interne et une procédure externe. La procédure interne implique d'une part différents responsables syndicaux, tels les délégués d'atelier et les membres de comités de griefs, et d'autre part certains représentants de l'employeur à divers niveaux de la structure organisationnelle, tels les contre-maîtres, les cadres, le directeur d'usine. Quant à la procédure externe, elle met en cause des tierces personnes appelées «arbitres», qui ont le pouvoir de trancher le désaccord lorsque la procédure interne s'est avérée incapable d'y parvenir.

Cependant, avant de commenter plus en détail le fonction-nement de ces mécanismes, il importe de souligner que la toute première démarche à effectuer en vue d'une administration efficace de la convention collective consiste à fournir au personnel de maîtrise et aux délégués d'ateliers toutes les informations pertinentes sur le contenu de la convention collective ou sur les amendements qui y ont été apportés. À ce chapitre, il y a lieu de souligner que les expressions ou les termes utilisés par les parties pour rédiger la convention ou tout amendement à la convention doivent être précis, et qu'ils doivent aussi refléter l'intention qu'avaient les parties lors de la signature du contrat de travail. Les termes ambigus insérés dans les clauses d'une convention collective sont l'une des principales sources de conflits et de griefs.

Les contremaîtres et les délégués d'ateliers ne participent généralement pas aux négociations de la convention collective, mais ils sont appelés, par la force des choses, à jouer un rôle déterminant dans l'interprétation et l'application du contrat de travail. La nature des relations entre les contremaîtres, les employés et les délégués d'ateliers peut avoir un impact considérable sur la saine administration de la convention collective. Le rôle dévolu à ces personnes nécessite une connaissance approfondie des articles du contrat de travail. C'est pourquoi, lorsqu'une entente est conclue, les parties ont tout intérêt à fournir aux personnes impliquées dans l'administration de la conven-tion collective les explications sur les termes et sur la portée des clauses du contrat de travail ou des amendements qui ont été apportés à ce dernier.

La connaissance des articles de la convention ainsi que des droits et des obligations qui incombent à chaque partie permet aux délégués d'ateliers et aux contremaîtres de solutionner un nombre imposant de problèmes qui touchent des salariés. L'absence de décision à cette étape entraîne inévitablement l'intervention d'autres personnes qui ne possèdent pas toutes les données du problème, et ce manque de renseignements complique le règlement du grief ou de la plainte.

8.4.2.1 Les premières étapes de la procédure interne

Les premières étapes d'une procédure de règlement des griefs donnent la possibilité aux parties de rechercher une solution aux conflits qui les opposent. L'expérience prouve que la très grande majorité des plaintes formulées par les employés se règlent entre les délégués d'ateliers et les membres du personnel de maîtrise. Dans cette optique, il est important d'apporter certaines précisions sur le rôle que les délégués d'ateliers sont appelés à jouer dans l'administration de la convention collective, et de faire certains commentaires sur les responsabilités qui incombent aux représentants de l'employeur.

A) Rôle des délégués d'ateliers

La principale fonction d'un délégué d'atelier est de s'assurer du respect des termes de la convention collective de la part de l'employeur, de présenter et de défendre les griefs soumis par les employés d'un département auprès de leurs supérieurs immédiats. On doit se rappeler que les délégués syndicaux ne sont pas désignés par le syndicat pour représenter ses intérêts dans ses relations avec l'employeur; ils sont généralement élus par les employés qui travaillent dans leur secteur ou dans leur département pour les représenter adéquatement. L'absence ou la carence de représentation amène inévitablement le remplacement de certains délégués d'ateliers par d'autres personnes qui se font un devoir de défendre les intérêts des travailleurs.

L'employeur et ses représentants ne peuvent se prononcer sur la candidature d'un employé comme délégué syndical, mais la convention collective prévoit que ce dernier doit être considéré comme le représentant légitime des employés dans les relations avec les cadres de l'entreprise. Agissant à ce titre, la convention collective permet au délégué d'atelier de contester toute action ou toute décision prise par un agent de maîtrise qui aurait pour effet d'entraîner une violation de la convention collective. De plus, plusieurs contrats de travail prévoient que les délégués syndicaux peuvent s'absenter temporairement de leur travail, sans perte de salaire, afin de procéder à une enquête sur le grief formulé par l'employé, de rencontrer ce dernier et de tenter d'obtenir un règlement avec le personnel de maîtrise. En dernier lieu, plusieurs conventions confèrent aux délégués syndicaux une ancienneté préférentielle, afin de leur permettre d'être disponibles durant les heures régulières de travail.

Le droit de représentation conféré aux délégués d'ateliers constitue une forme de contrôle de la part du syndicat sur toutes les actions ou décisions, prises par le personnel de cadre, qui sont en relation avec les clauses contenues dans la convention collective, ou qui peuvent affecter les conditions de travail des employés. On doit noter que les délégués d'ateliers sont tous des employés de l'usine, puisque ce droit de représentation s'exerce au lieu de travail des employés de l'entreprise.

Le réseau mis en place par le syndicat pour s'assurer une saine gestion de la convention collective comprend aussi les membres et les officiers syndicaux. L'action concertée de ces personnes fournit, à l'intérieur de l'entreprise, une chaîne de communication qui vise à étudier, à analyser et à contester, si le besoin s'en fait sentir, tout désaccord ou toute action, prise par un représentant de l'employeur, qui pourrait porter atteinte aux droits conférés aux employés par la convention collective.

B) *Responsabilités des représentants de l'employeur*

La responsabilité d'administrer la convention collective qui incombe à l'employeur nécessite de ses représentants une connaissance approfondie du contenu du contrat de travail, et un certain doigté dans l'art de solutionner les plaintes ou les griefs formulés par les employés ou par leurs représentants. L'expérience prouve qu'une saine administration du contrat de travail ne peut qu'apporter des dividendes à l'entreprise, et pour obtenir ce résultat le personnel de maîtrise doit attacher une importance particulière à la recherche d'une solution adéquate dans le règlement des griefs formulés par les employés. L'absence d'une telle politique peut entraîner un sentiment d'insatisfaction de la part des employés, et peut être la source de conflits plus ou moins sérieux entre l'entreprise et ses salariés. En effet, une carence sérieuse dans le règlement des griefs peut engendrer des ralentissements de travail, des arrêts de travail ou des grèves illégales. Ces actions peuvent s'expliquer facilement, puisque les employés peuvent être portés à croire qu'il n'y a pas d'autre méthode pour obtenir un règlement équitable de leurs griefs légitimes. En tenant compte de ce qui précède, on doit conclure que l'employeur ou ses représentants ont tout intérêt à régler des griefs d'une manière équitable et à leur apporter toute l'attention qui s'impose.

L'expérience a prouvé que le rôle des contremaîtres dans la solution des griefs ou des mésententes peut s'avérer d'une importance capitale. En effet, les décisions que prennent ces derniers peuvent prévenir et régler de nombreux problèmes qui pourraient éventuellement devenir un sujet de mésentente ou une source de conflits sérieux entre les parties. La connaissance du contenu de la convention collective peut être un outil de travail très précieux pour les contremaîtres, mais cette connaissance ne constitue pas l'unique gage de succès dans l'administration du contrat de travail. En effet, certaines techniques s'avèrent très utiles dans le processus du règlement des plaintes ou des griefs formulés par les employés, et les représentants patronaux ont tout intérêt à considérer sérieusement certaines suggestions qui leur seront d'une certaine utilité. La procédure habituelle se compose de quatre étapes, et chacune d'entre elles doit faire l'objet d'une attention spéciale. Ces étapes sont les suivantes :

— recevoir le grief convenablement ;

— rechercher les faits qui ont causé le grief ;

— prendre la décision ou procéder à l'action qui s'impose ;

— vérifier si la décision ou l'action prise a été exécutée.

En voici l'explication :

Recevoir le grief convenablement

Il faut admettre qu'il n'est pas toujours agréable pour un contremaître de constater qu'un employé lui soumet un grief contestant une décision ou une action qu'il a prise. En fait, l'expérience démontre que plusieurs contremaîtres considèrent un grief comme une attaque contre leur intégrité personnelle. En dépit de cela, le contremaître doit rencontrer l'employé, et l'aspect que revêt cette rencontre peut faciliter le règlement de la plainte ou du grief. C'est pourquoi, lorsqu'un grief ou une plainte est présentée, il est important de suivre la procédure suivante :

    i) *Permettre à l'employé de s'exprimer librement. Lorsqu'un salarié présente un grief, le représentant de l'employeur doit lui consacrer toute son attention. Si l'employé s'emporte, le contremaître doit conserver son calme et faire preuve de patience afin de permettre à l'employé de donner sa version.*

    ii) *Si le besoin s'en fait sentir, il y a lieu de demander à l'employé de reprendre son interprétation des faits. La* première version de l'employé permet au contremaître de consacrer toute son attention au problème qui lui est soumis et de diagnostiquer les sources de friction. Lorsque l'employé donne sa deuxième version, le contremaître peut prendre note des faits importants et lui poser certaines questions qu'il juge pertinentes.

iii) *La troisième étape consiste à vérifier avec l'employé les causes qui ont donné naissance au grief, et à s'assurer qu'il y a une compréhension mutuelle du problème.*

iiii) *Lorsque le contremaître est en possession de toutes les informations pertinentes, il peut facilement décider de la méthode à utiliser pour régler le grief ou la plainte. Si la solution lui apparaît évidente, il doit prendre immédiatement les mesures qui s'imposent pour régler la plainte formulée par l'employé. D'autre part, s'il existe un certain élément de doute, le contremaître doit prendre le temps requis pour la vérification des faits ou pour consulter ses supérieurs, si le besoin s'en fait sentir. Dans tous les cas, il est souhaitable que le contremaître laisse savoir à l'employé quand il sera en mesure de lui fournir une réponse, laquelle doit être rendue dans les plus brefs délais possibles.*

La recherche des faits

L'étape la plus importante dans la procédure du règlement des griefs est la recherche des faits et des causes qui ont occasionné le grief. Pour faire cette recherche adéquatement, il y a lieu de suivre les étapes suivantes :

i) *Le contremaître doit en premier lieu vérifier les implications que peut avoir le grief qui lui est présenté. Comme le contremaître est sur les lieux du travail, il peut facilement s'enquérir des moindres détails sur les causes ou les circonstances qui ont donné naissance au grief. De plus, cette enquête devrait être consignée, puisqu'elle s'avérera très utile si le grief est soumis à l'arbitrage.*

ii) *Le représentant de l'employeur doit ensuite vérifier le contenu de la convention collective. Généralement, dans les griefs d'interprétation, le contremaître avisé consulte un représentant du service des relations industrielles pour vérifier si l'interprétation qu'il donne est conforme à la jurisprudence ou aux stipulations contenues dans la convention collective.*

iii) *En troisième lieu, le contremaître doit consulter les politiques de l'entreprise. L'importance de se conformer à ces dernières ne doit pas être minimisée; pour ce faire, il peut toujours consulter un cadre supérieur qui le renseignera sur la teneur de ces politiques.*

iiii) *Si un employé commet une offense qui peut entraîner une mesure disciplinaire, son contremaître a tout intérêt à consulter le dossier du salarié. Cette procédure lui permet de vérifier le rendement de l'employé concerné, et lui fournit tous les renseignements sur son attitude au travail depuis qu'il est à l'emploi de l'entreprise. Ces informations apportent une aide valable au contremaître dans sa prise de décision concernant le degré des mesures disciplinaires à imposer à un employé.*

Prendre les mesures qui s'imposent

Lorsque le contremaître a recueilli toutes les données du grief ou d'une plainte soumise par un employé, il devrait être en mesure de rendre une décision. À ce chapitre, il a avantage à considérer les points suivants :

i) *Si l'étude du grief révèle qu'il y a eu effectivement une violation ou une mauvaise interprétation de la convention collective, ou si une plainte formulée par un employé est justifiée, le contremaître doit, dans les plus brefs délais possibles, apporter les correctifs nécessaires.*

ii) *D'autre part, si le contremaître estime que sa décision est conforme à la convention collective ou aux politiques de l'entreprise, il doit la maintenir et expliquer à l'employé les raisons qui l'amènent à rejeter le grief. Lorsqu'un employé ou un délégué d'atelier n'accepte pas ce verdict, il doit être avisé de soumettre le grief ou la plainte à l'étape ultérieure. Dans de tels cas, il est souhaitable que le contremaître soumette un rapport écrit contenant tous les faits et toutes les circonstances qui ont donné naissance au grief. L'expérience prouve qu'un tel rapport s'avère un instrument très utile lors de l'audition du grief à l'arbitrage.*

Cette dernière étape constitue un point capital pour assurer la crédibilité et l'autorité du contremaître ou de tout autre représentant de l'entreprise qui est appelé à se prononcer sur un grief soumis par un employé. Si la solution proposée n'est pas mise à exécution, le succès de la procédure de règlement des griefs peut être sérieusement compromis. La situation peut se détériorer à un tel point que, par la suite, les employés ignoreront complètement le contremaître pour le jugement de leurs plaintes ou de leurs griefs. Cette attitude de la part des employés peut avoir des effets sérieux sur la bonne marche de l'entreprise. On peut aussi souligner qu'un agent de maîtrise efficace s'efforce d'éliminer les sources de friction, et tente d'apporter certains correctifs à des situations qui peuvent engendrer l'insatisfaction parmi les employés.

8.4.2.2　L'étape finale de la procédure interne

Lorsque le grief n'a pas été réglé aux premières étapes de la procédure, il est généralement acheminé à un comité syndical nommé à cet effet. Ce comité est composé habituellement du président du syndicat, de certains membres de l'exécutif et d'un conseiller technique, ou agent d'affaires, désigné par la centrale ou l'organisme auquel le syndicat est affilié. Le rôle de ce comité est d'étudier les faits qui se rattachent au grief, et de vérifier si ce dernier constitue réellement une violation ou une interprétation erronée de la convention collective. Si le comité décide de poursuivre l'étude du grief, il est alors présenté aux membres du personnel supérieur de maîtrise et éventuellement au directeur de l'usine ou à son représentant.

Lors de ces discussions, le conseiller syndical et le représentant de l'entreprise passent en revue les faits qui ont donné naissance au grief, vérifient s'il y a eu une violation ou une mauvaise interprétation de la convention collective, et étudient la jurisprudence qui a été établie par des arbitres dans des cas similaires. La teneur des discussions et l'atmosphère qui se dégage de ces réunions sont beaucoup plus formelles qu'aux premiers stades de la procédure de règlement des griefs.

On doit souligner que, à cette étape, les représentants des parties ne se bornent qu'à discuter du bien-fondé des griefs en fonction des dispositions contenues dans la convention collective. Ils n'ont pas le pouvoir de modifier les dispositions de la convention collective. Lorsque les deux parties constatent que la convention doit être amendée, la modification souhaitée doit être soumise à l'exécutif syndical et aux autorités supérieures de l'entreprise pour approbation. La modification envisagée est ensuite soumise aux membres du syndicat, lors d'une assemblée générale tenue à cet effet. Lorsque les deux parties acceptent le changement proposé, une entente est signée et une copie de cette dernière doit être transmise au ministre du Travail et de la Main-d'œuvre. Si les parties ne parviennent pas à s'entendre ou si les membres de l'une ou l'autre des parties refusent la modification proposée, la convention collective prime, pour fins d'interprétation.

8.4.2.3 La procédure externe

Il est évident que toutes les mésententes ne peuvent être solutionnées par la procédure interne de règlement des griefs, et ce, malgré tous les efforts que déploient les parties dans la recherche d'un règlement.

Lorsque l'impasse persiste, même si les conventions collectives stipulent que le grief doit être soumis à une procédure externe — l'arbitrage —, il se peut que des employés décident de recourir à une épreuve de force dans le but d'amener l'employeur à accepter leur interprétation de la convention collective ou à accueillir les plaintes qu'ils formulent. Une telle pratique est illégale, puisque le *Code du travail* interdit la grève pendant la durée de la convention collective [4], et les officiers syndicaux doivent alors inciter les employés à retourner au travail et à soumettre leurs revendications selon les procédures prévues par la convention collective.

Dans ces circonstances, l'employeur peut déposer une plainte pénale, et des sanctions sont prévues au *Code du travail* à l'endroit de tout représentant syndical ou tout employé qui participe à l'arrêt de travail illégal. L'employeur peut aussi demander une injonction dans le but de forcer les employés à reprendre le travail et à respecter la procédure prévue par la convention collective. Enfin, s'il y a eu des dommages importants causés à l'entreprise, l'employeur peut égale-

_____

(4) On peut signaler cependant que plusieurs organisations syndicales revendiquent actuellement le droit de grève permanent, c'est-à-dire un retour à la situation légale qui prévalait avant 1961.

ment entamer des poursuites au civil contre les employés ou le syndicat.

Ces épreuves de force dans le règlement des griefs sont heureusement peu fréquentes, et les parties respectent habituellement la procédure prévue par la convention collective en soumettant la mésentente à l'arbitrage. En effet, l'étude des conventions collectives révèle que certaines d'entre elles prévoient qu'un grief peut être soumis à un tribunal d'arbitrage, tandis que d'autres stipulent que le grief peut être présenté à un arbitre unique. Un tribunal d'arbitrage est composé de trois personnes dont l'une représente l'employeur, la deuxième, le syndicat, et la troisième, qui est choisie par les deux autres représentants, agit comme président du tribunal. S'il y a désaccord sur le choix de cette personne, les représentants des parties s'adressent au ministre du Travail et de la Main-d'œuvre, afin que ce dernier procède au choix du président. Certains employeurs et certains syndicats semblent favoriser la formation d'un tel tribunal, alléguant que le président doit être en possession de toutes les données lui permettant de saisir la complexité des problèmes qui lui sont soumis ; les explications qui s'imposent lui sont transmises par les représentants de chaque partie. En dépit de ce qui précède, le recours à la formation de tels tribunaux diminue, et on note que la très grande majorité des griefs sont confiés à un arbitre unique. Les délais accordés pour la formation d'un tel tribunal ainsi que le rôle assumé par le président sont à l'origine de cette tendance.

Lorsqu'une mésentente est soumise à un arbitre unique, ce dernier est choisi par les deux parties en présence, qui ont la liberté la plus complète pour exercer ce choix. Certaines conventions collectives contiennent une liste de personnes qui sont appelées à agir à tour de rôle comme arbitre unique. Cette liste est généralement dressée à l'occasion des négociations de la convention collective. Par contre, d'autres contrats de travail prévoient qu'il doit y avoir entente sur la nomination de l'arbitre pour chaque grief qui est porté à l'arbitrage. Lorsqu'il y a mésentente sur le choix de l'arbitre, les parties font appel au ministre du Travail et de la Main-d'œuvre, et ce dernier désigne généralement une personne dont le nom figure sur une liste d'arbitres recommandés par le Conseil consultatif du travail et de la main-d'œuvre.

Les représentants de l'employeur et ceux du syndicat doivent apporter une attention spéciale à la préparation des griefs qui seront soumis à l'arbitrage. Une telle préparation facilite la compréhension du grief, et permet à l'arbitre de disposer de tous les renseignements nécessaires pour rendre une décision équitable. L'American Arbitration Association [5] suggère de suivre les étapes suivantes dans la préparation d'un grief qui doit être soumis à l'arbitrage :

— *Étudier attentivement les énoncés du grief et passer en revue tous les développements qui sont survenus aux diverses étapes de la procédure de règlement des griefs.*

— *Étudier la formulation du grief et vérifier si l'arbitre a juridiction pour statuer sur ce dernier. On se rend compte, par exemple, qu'un grief peut porter sur plusieurs aspects mais que l'arbitre n'a juridiction pour rendre une décision que sur certains d'entre eux.*

— *Passer en revue toutes les clauses de la convention collective. À certaines occasions, on peut croire que certaines clauses n'ont aucune relation avec le grief formulé, mais après étude, on constate qu'il existe une relation entre les deux.*

— *Rassembler tous les documents qui sont nécessaires lors de l'audition du grief ou qui seront soumis à l'arbitre. La partie qui soumet ces documents prépare généralement des copies pour les représentants de la partie adverse.*

— *Si l'une ou l'autre partie croit qu'une visite de l'usine s'impose, il est préférable de la planifier à l'avance. Dans de tels cas, l'arbitre est accompagné par le représentant de chaque partie.*

— *Conduire une entrevue avec tous les témoins afin qu'ils situent le grief et qu'ils saisissent l'importance de leur déposition au regard de ce dernier.*

— *Préparer un sommaire écrit des témoignages de chaque témoin afin de s'assurer qu'aucun détail n'est omis devant l'arbitre.*

— *Étudier les arguments avancés au regard de la contre-preuve qui peut être présentée. Cette préparation aidera l'une ou l'autre partie à réfuter les arguments invoqués par la partie adverse.*

---

(5)   American Arbitration Association. *Labor Arbitration : Procedure and Techniques*. New York : The Association, 1947, p. 17-18.

— *Discuter le dossier avec les représentants de la partie syndicale ou patronale, selon le cas. Cette discussion peut permettre de découvrir certains points faibles ou certains détails qui ont pu être omis.*

— *Consulter la jurisprudence rendue dans des cas similaires. L'étude de cette jurisprudence n'est pas un gage de succès auprès de l'arbitre mais peut l'aider à clarifier sa pensée sur certains points en litige.*

Le lecteur qui veut en connaître davantage à ce sujet pourra consulter l'ouvrage intitulé *l'Arbitrage des griefs au Québec* [6], rédigé par messieurs Fernand Morin et Rodrigue Blouin. Ce volume analyse en détail le processus d'arbitrage et l'impact que ce mécanisme peut avoir sur les salariés, les syndicats et les employeurs.

Conclusion

Comme on a pu le constater, l'administration de la convention collective, par le biais de la procédure des griefs, est le prolongement naturel du processus de la négociation d'une convention collective. Si l'on tient pour acquis que l'employeur a la responsabilité d'administrer le contrat de travail, on doit admettre que le syndicat a le devoir de représenter adéquatement tous les membres de l'unité de négociation. En effet, ayant été reconnu comme mandataire de tous les employés lors des négociations qui ont eu comme résultat de déterminer le contenu de la convention collective, le syndicat doit, dans l'administration du contrat de travail, faire tous les efforts pour s'assurer que l'employeur ou ses représentants le respectent intégralement.

En dépit du fait que l'esprit du *Code du travail* est de faire du syndicat le seul interlocuteur valable devant l'employeur ou l'arbitre, le respect de la convention collective est assuré par tous les salariés, et ce, indépendamment du fait qu'ils soient uniquement des membres ou qu'ils soient appelés à remplir des fonctions syndicales. En effet, la participation d'un salarié à la formulation d'une plainte ou d'un grief lui est généralement assurée par les procédures de griefs prévues dans les conventions collectives de travail. De plus, la procédure des griefs prévoit qu'un salarié, à la suite d'une réclamation, peut demander et recevoir l'assistance de différents représentants syndicaux. Ce

---

(6)   MORIN, F., BLOUIN, R. *L'Arbitrage des griefs au Québec.* Québec : PUL, 1975. Cet ouvrage a été réédité en 1980.

sont généralement les délégués d'ateliers, les responsables du syndicat et le conseiller technique de ce dernier.

Dans cet ordre d'idée, toutes les actions ou toutes les décisions des représentants de l'entreprise sont passées attentivement en revue et peuvent faire l'objet de griefs, surtout dans le cas où le salarié ou son délégué d'atelier prétend qu'il y a pu avoir violation de la convention collective de travail.

D'autre part, les représentants de l'employeur sont déterminés à atteindre le plus haut degré d'efficacité. Si ce but ne peut être atteint, l'entreprise sera en difficulté dans un délai plus ou moins rapproché. Une saine administration de la convention collective par l'employeur contribue donc à améliorer la satisfaction des employés au travail et engendre de bonnes relations patronales-syndicales.

ANNEXE 1
Protocole de retour au travail

Les parties conviennent de ce qui suit :

1. La compagnie n'exercera aucune mesure disciplinaire, aucunes représailles ni aucune discrimination en raison d'actes posés relativement au conflit de travail, contre les salariés représentés par le syndicat ou contre tout représentant syndical.

2. La compagnie rayera de ses dossiers toute mesure disciplinaire déjà prise contre des salariés représentés par le syndicat, en raison d'actes posés relativement au conflit de travail.

3. La compagnie n'exercera aucun recours judiciaire au civil, en raison d'actes posés relativement au conflit de travail, contre les salariés représentés par le syndicat ou ses représentants.

4. Les parties conviennent que la durée du conflit de travail ne constitue en aucune façon une interruption de l'expérience accumulée par chacun des salariés représentés par le syndicat.

5. Immédiatement après l'acceptation de l'entente de retour au travail par les deux parties, la compagnie s'engage à reprendre à leur affectation régulière tous les salariés représentés par le syndicat, qui étaient à son emploi avant le début du conflit.

6. La compagnie s'engage à verser aux salariés représentés par le syndicat les montants de rétroactivité convenus, suivant les modalités prévues par la convention collective, et ce, dans les dix-huit (18) jours suivant la signature de la convention.

7. De plus, il est entendu que le calendrier de vacances de ces salariés ne sera en aucune façon modifié à cause de l'arrêt de travail.

8. Les salariés représentés par le syndicat ont droit à une période de soixante-douze (72) heures suivant le rappel mentionné ci-dessus pour se présenter au travail.

ANNEXE 2
Cas type de négociation collective simulée

INTRODUCTION

Nous présentons ici quelques éléments utiles pour permettre à un groupe de personnes de tenter l'expérience d'une négociation collective simulée. Cependant, avant d'aborder le contenu spécifique des clauses du contrat de travail à négocier, il importe de bien préciser certaines règles du jeu.

RÈGLES DU JEU

1. Le nombre de tables de négociation sera fonction du nombre de participants désirant tenter l'expérience. Il est souhaitable que chaque table comporte quatre représentants syndicaux et quatre représentants patronaux. Si le nombre total de participants du groupe ne constitue pas un multiple de huit, il est préférable de former des équipes de cinq membres plutôt que des équipes de trois.

2. Un observateur ou arbitre est également requis pour s'assurer du bon déroulement des négociations et de l'observation des règles du jeu. Cet observateur peut aussi jouer le rôle de conciliateur si la simulation est organisée de façon à inclure une telle procédure. La conciliation n'est cependant pas indispensable pour que l'exercice soit valable.

3. L'observateur ou arbitre aura également pour fonction de recevoir les résultats définitifs des négociations et d'évaluer les performances de chaque groupe.

4. Il n'y a généralement qu'un porte-parole pour chaque partie à la table de négociation. Cependant, lors d'une négociation simulée, il est préférable que chaque participant soit le porte-parole officiel d'une ou de quelques clauses spécifiques. Cette méthode assure une distribution équitable du travail et donne l'occasion à chaque personne de participer activement à la discussion.

5. Un délai relativement court est alloué aux négociateurs pour leur permettre d'arriver à une entente. Dans le cas de groupes qui se réunissent une fois par semaine à raison de trois heures à chaque occasion, ce délai peut être de quatre à cinq semaines.

6. Les participants sont avisés qu'au terme de cette période il doit y avoir une entente, à défaut de quoi un conflit de travail surviendra.

7. Lorsqu'il n'y a pas eu d'entente, chaque partie doit expliquer par écrit les motifs qui l'ont amenée à une impasse car, dans l'évaluation des performances, l'arbitre prendra en considération ces motifs.

8. Lorsqu'il y a entente, l'évaluation est établie en fonction de la nature des compromis acceptés par chaque partie et des intérêts que les membres du comité sont appelés à défendre.

ÉLÉMENTS DU DOSSIER DE NÉGOCIATION

Il faut prendre comme postulat que la négociation concerne une entreprise du secteur privé qui emploie environ 500 employés. Cette entreprise doit fonctionner sur une base continue, c'est-à-dire 24 heures par jour et 7 jours par semaine.

Les propositions syndicales et patronales sont présentées par chaque équipe avec quelques éléments d'argumentation pour justifier ses positions. Ces éléments sont donnés à titre d'exemples, et ils n'épuisent pas toute l'argumentation qui peut être développée pour chacune des clauses. Ils permettent également de retracer le contexte dans lequel chacune des clauses a évolué dans le passé, tout en précisant la situation particulière dans laquelle l'entreprise se trouve actuellement.

ANNEXE 3
Dossier patronal

Vous trouverez dans ce dossier quelques arguments que vous pourrez faire valoir auprès du syndicat durant les négociations.

Les demandes que la partie patronale formule ont surtout pour but d'améliorer l'efficacité des opérations. Il est évident que certains amendements sont plus importants que d'autres, et il est impensable que le syndicat accepte toutes les demandes de l'employeur. Il est donc très important que vous fassiez la part des choses afin d'arriver à un compromis.

1. Droit au paiement des jours fériés

A) *Clause actuelle*
Ces journées seront payées à l'employé (sauf dans le cas où il s'est absenté sans autorisation) : la dernière journée où il devait se présenter au travail avant le congé et la première journée où il devait travailler après le congé.

B) *Demande syndicale*
Statu quo.

C) *Demande patronale*
Ces journées seront payées à l'employé (sauf dans le cas où il s'est absenté sans autorisation) : le jour férié, ou la dernière fois qu'il devait se présenter au travail avant le congé, ou la première fois qu'il devait travailler après le congé.

D) *Remarques*
Les employés de cette entreprise bénéficient de quinze (15) jours de maladie par année. Ces jours sont actuellement payables à l'employé dès la première journée d'absence. Au cours de la dernière convention, l'employeur a noté que la très grande majorité des absences d'un jour survenait la veille ou le lendemain des jours fériés. Comme le travail doit s'effectuer, les employés «malades» sont remplacés à un taux majoré de moitié. De plus, à quelques occasions, l'employeur n'a pu trouver la main-d'œuvre nécessaire et a dû «souffrir» des retards de production.

En dernier lieu, il s'est avéré très difficile de déterminer si un employé était réellement malade ou s'il se servait de ce prétexte pour prendre une «longue fin de semaine».

2. Droit de la compagnie de formuler un grief

A) *Clause actuelle*

C'est le ferme désir de la compagnie et du syndicat de régler équitablement et dans le plus bref délai possible tout différend, grief, désaccord, litige ou mésentente relative aux salaires et aux conditions de travail.

Tout employé accompagné du représentant syndical de son département devrait, avant de soumettre un grief, tenter de régler son problème avec son supérieur immédiat. À défaut d'entente, l'employé peut soumettre son grief remontant à six (6) mois ou moins, de la manière prévue à la présente convention.

B) *Demande patronale*

C'est le ferme désir de la compagnie et du syndicat de régler équitablement et dans le plus bref délai possible tout différend, grief, désaccord, litige ou mésentente relative aux salaires et aux conditions de travail.

a) Nonobstant toute disposition contraire, le syndicat a le droit de soumettre directement au Service des relations industrielles, dans les trois (3) mois suivant l'événement qui y donne lieu, tout grief, différend, désaccord, litige ou mésentente relative au salaire et aux conditions de travail. Les cas de griefs qui regardent une collectivité de salariés pourront être soumis au directeur du service concerné.

b) La compagnie peut formuler un grief au syndicat, en l'adressant par écrit au président du syndicat dans les trois (3) mois suivant l'événement qui y donne lieu. Le syndicat doit donner sa réponse à la compagnie dans les trente (30) jours civils qui suivent la réception du grief. À défaut de réponse ou si la réponse n'est pas jugée satisfaisante, la compagnie avise le syndicat, dans les quinze (15) jours du délai prévu ci-dessus, de son intention de soumettre ou non le grief à l'arbitrage.

C) *Demande syndicale*

C'est le ferme désir de la compagnie et du syndicat de régler équitablement et dans le plus bref délai possible tout différend, grief, désaccord, litige ou mésentente relative aux salaires et aux conditions de travail.

Tout employé assujetti à la présente convention qui se croit lésé par suite d'une prétendue violation, d'une mauvaise interprétation, d'une application erronée ou d'une mésentente relative aux traitements et aux conditions de travail prévus ou non dans cette convention, peut soumettre un grief.

D) *Remarques*
Dans l'ancienne convention, il n'y avait aucune clause sur le port obligatoire des vêtements de travail et de sécurité.

Plusieurs employés ayant été pris à ne pas porter leur vêtement de travail, l'employeur a dû imposer des mesures disciplinaires. Le syndicat prétend que l'employeur n'a pas le droit d'imposer des mesures disciplinaires dans ces cas.

La situation s'étant détériorée, l'employeur a décidé de formuler un grief pour qu'un tribunal d'arbitrage statue sur le bien-fondé de sa position.

Le syndicat conteste alors le droit de l'employeur de formuler un grief, et conteste la juridiction de l'arbitre devant la Cour supérieure. La cause n'ayant pas été entendue au début des négociations, la partie patronale inclut un amendement dans le but de faire reconnaître son droit au grief.

3. *Clause de non-grève et de non-lock-out durant la convention*

A) *Clause actuelle*
Aucune.

B) *Demande syndicale*
Statu quo.

C) *Demande patronale*
Le syndicat reconnaît que, tant et aussi longtemps qu'une convention collective sera en vigueur entre les parties, il n'y aura aucune grève ou cessation concertée de travail, aucun refus de travailler ou de continuer de travailler de la part des employés de façon concertée ou non, aucun ralentissement ou autre action concertée ou non de la part des employés de façon à restreindre ou à limiter la production. Lors de tels événements, le syndicat, ses dirigeants et son exécutif prendront tous les moyens nécessaires pour rétablir la situation. Aucun dirigeant ou représentant du Syndicat ne consentira, ne supportera ni n'encouragera de telles actions illégales au cours de la présente convention.

D) *Remarques*
Durant la durée de la convention collective, deux (2) arrêts de

travail sont survenus. Ces arrêts ont causé des dommages importants à l'employeur. Ce dernier aurait pu poursuivre les employés et les dirigeants syndicaux en vertu du Code du travail, mais les peines prévues ne sont pas proportionnelles aux dommages subis à la suite de ces débrayages.

De plus, l'employeur ajoute qu'il veut être assuré qu'il n'y aura pas d'autres interruptions de la production. S'il y a récidive, il prendra les mesures qui s'imposent non seulement en vertu du Code du travail mais aussi en vertu de la convention. S'il est vrai que le syndicat ne supporte pas ces arrêts de travail, les dirigeants ne devraient pas s'objecter à l'inclusion d'une telle clause dans la convention.

4. Clause de promotion

A) *Clause actuelle*
Les promotions seront accordées à l'employé qui a le plus d'ancienneté et qui satisfait aux exigences de la tâche.

B) *Demande syndicale*
Statu quo.

C) *Demande patronale*
Les promotions seront accordées en tenant compte des facteurs suivants : compétence, scolarité et ancienneté.

D) *Remarques*
La compagnie prétend que, contrairement à ce que préconise la convention actuelle, l'ancienneté n'est pas le principal facteur à considérer pour une promotion. D'autre part, durant la durée de la convention, certains employés promus se sont avérés incapables d'accomplir leur nouveau travail. De plus, dans d'autres cas l'employeur a refusé d'attribuer des promotions, et le syndicat a insisté pour que les employés concernés soient soumis à une période d'essai. Pour en arriver à un compromis la compagnie a accepté, mais ces employés ont dû retourner à leur ancien poste, ce qui s'est traduit par une perte de production et de nombreuses difficultés administratives. En outre, les employés qui avaient posé leur candidature pour les postes à nouveau vacants ont dû eux aussi retourner à leur ancienne fonction, ce qui a créé un malaise parmi ces employés.

5. *Travail exécuté à forfait*

A) *Clause actuelle*

Tout travail ou service exécuté présentement par des employés visés par le certificat d'accréditation ne devra, en aucun cas, être donné à forfait ou en sous-traitance, en partie ou en entier, à une compagnie ou à un entrepreneur individuel.

B) *Demande patronale*

La compagnie se réserve le droit de donner à forfait des travaux de nouvelles constructions ou d'entretien exigeant un équipement spécial ou des qualifications spécifiques que le personnel régulier ne possède pas. De plus, lorsque le travail requis est d'une nature irrégulière ou occasionnelle, la compagnie pourra également faire appel à des sous-traitants.

C) *Position syndicale*

Statu quo de la convention.

D) *Remarques*

Au cours de la convention collective, la compagnie a donné en sous-traitance des travaux pour lesquels elle n'avait pas l'équipement nécessaire.

Le syndicat a formulé un grief et, lors de l'arbitrage, la compagnie a invoqué un cas de force majeure et a prétendu qu'à l'impossible nul n'est tenu.

L'arbitre, bien que favorable à l'argumentation de la compagnie, a maintenu le grief et a ordonné à la compagnie de cesser d'octroyer en sous-traitance l'exécution de tels travaux.

Les dirigeants de l'entreprise allèguent qu'il en va de la survie de la compagnie, et donnent à leurs négociateurs un mandat très ferme à ce sujet.

6. *Congés payés en cas de maladie*

A) *Clause actuelle*

Il est accordé à tout employé un crédit cumulatif d'une (1) journée et quart (0,25) de maladie par mois complet de service (15 jours ouvrables par année) payée à son taux quotidien de salaire régulier. Le salaire de l'employé absent lui est payé jusqu'à la limite des jours de maladie ainsi accumulés à son crédit; le droit à un tel paiement est acquis dès la première journée de maladie.

B) *Demande patronale*
Remplacer les mots : « le droit à un tel paiement est acquis dès la première journée de maladie », par les mots : « le droit au paiement du salaire de l'employé absent débutera à compter de la deuxième journée complète et consécutive d'absence ».

C) *Position syndicale*
Statu quo de la convention collective.

D) *Remarques*
Lors des négociations, les représentants de la compagnie ont exposé aux représentants syndicaux les différents problèmes causés par le taux d'absentéisme anormalement élevé des employés.

Les statistiques compilées par la compagnie révèlent que depuis quatre ans le taux d'absentéisme augmente d'année en année, et que les absences de courte durée représentent environ 70% de l'ensemble des absences.

Devant les coûts élevés de l'absentéisme et les difficultés qu'il engendre dans l'organisation du travail, la compagnie a donné un mandat très ferme à ses représentants pour qu'ils modifient la convention collective au chapitre des congés payés en cas de maladie.

7. *Salaires*

Depuis plusieurs années, les parties se sont toujours comparées à une entreprise concurrente. En 1976, les salaires étaient équivalents.

Cependant, lors des négociations de 1977 à 1979, les salaires de votre entreprise ont subi une baisse constante en comparaison de l'entreprise concurrente. Cette situation s'explique par le fait que, à compter de 1977, vous avez pris en considération les coûts des avantages sociaux et des conditions de travail qui prévalaient dans chaque compagnie.

Les coûts de ces avantages sociaux et de ces conditions de travail sont les suivants:

Votre entreprise		Entreprise concurrente	
1977	45%	1977	38%
1978	47%	1978	41%
1979	48%	1979	45%
1980	48%	1980	45%

Le salaire moyen de vos employés est présentement de 7,00 $ l'heure, et celui des employés de l'entreprise concurrente est de 7,75 $ l'heure depuis le 1er janvier 1980.

Le syndicat réclame la parité salariale en alléguant que, la compétition pour ces deux entreprises étant la même, les salaires devraient être les mêmes.

De plus, les représentants syndicaux mettent en doute les pourcentages fournis par l'employeur, puisqu'ils ne peuvent les vérifier dans l'entreprise concurrente. L'employeur se dit prêt à leur fournir la preuve de ce qu'il avance et à leur fournir toutes les explications nécessaires.

À ce stade des négociations, les offres patronales sont:

1. augmentation générale de 6%;
2. jour chômé et payé: coût 0,5%;
3. amélioration des congés payés: augmentation de 1%.

D'autre part, le syndicat demande:

1. augmentation générale de 0,75 $ l'heure;
2. acceptation de l'offre patronale concernant les jours chômés et payés;
3. amélioration des congés payés: augmentation de 2% au lieu de 1% comme l'a offert la compagnie.

Les parties sont en désaccord quant au mode d'augmentation. La compagnie désire que les augmentations soient versées en pourcentage, tandis que le syndicat insiste pour une augmentation égale pour tous.

Finalement, après plusieurs mois de négociation, les parties se sont entendues sur le principe de l'indexation des salaires au coût de la vie, mais des divergences profondes demeurent quant aux modalités de l'indexation.

ANNEXE 4
Dossier syndical

Vous trouverez dans ce dossier le contenu des demandes formulées par votre syndicat ainsi que quelques arguments que vous pourrez faire valoir à la compagnie durant les négociations. Les demandes formulées par le syndicat ont surtout pour but d'améliorer la sécurité d'emploi des membres et de leur assurer de meilleures conditions de travail. Certains amendements sont plus importants que d'autres, et il est impossible que la compagnie accepte tout ce qui a été soumis par le syndicat.

Il est donc important que vous fassiez la part des choses afin d'arriver à un compromis.

1. *Mise à pied*

A) *Clause actuelle*
En cas de réduction de main-d'œuvre, les droits d'ancienneté s'appliquent comme suit :

a) Ceux qui subissent la réduction ont le droit de déplacer — soit dans l'équipe de jour, soit dans l'équipe de soir, soit dans l'équipe de nuit — tout employé dans leur groupe d'ancienneté qui a moins d'ancienneté qu'eux, à moins qu'ils ne puissent satisfaire aux exigences normales de la fonction concernée.

b) L'employé ainsi déplacé a le droit de déplacer à son tour tout autre employé qui a moins d'ancienneté que lui avec la réserve prévue au paragraphe a). La même procédure se continue jusqu'à ce que les employés les moins anciens, n'ayant plus personne de moins ancien qu'eux à déplacer, soient mis à pied.

B) *Demande syndicale*
En aucun cas la compagnie n'effectuera de mise à pied par manque de travail, et elle s'engage à replacer à l'intérieur des différents départements les employés qui pourraient être affectés par un manque de travail, et ce, sans perte ni réduction de salaire.

C) *Demande patronale*
Statu quo de la convention.

D) *Remarques*
Au cours de la présente convention, plusieurs employés ont été mis à pied par manque de travail. En une autre occasion, les

employés d'un département ont eu à subir une mise à pied par suite d'une grève dans un autre département dont les employés sont membres d'un autre syndicat mais dont les opérations concernent directement leur travail. De plus, certains employés ont été mis à pied parce que la compagnie prétendait qu'ils n'étaient plus en mesure de s'acquitter efficacement de leur travail régulier.

En assemblée générale, les membres ont insisté pour que leur syndicat formule des demandes afin de les protéger contre cet état de chose. Les employés prétendaient qu'il était injuste qu'ils subissent une mise à pied à la suite d'une grève dans un autre département.

De plus, ils ont blâmé sévèrement l'employeur parce qu'il avait congédié certains employés qui étaient malades.

En dernier lieu, lors de la mise à pied par manque de travail, plusieurs employés avaient été déplacés. Les employés demandent d'insérer une clause pour éliminer cette situation ou, à tout le moins, de trouver un mécanisme qui assurerait les membres ayant le plus d'ancienneté de demeurer au service de l'employeur.

2. *Changements technologiques*

A) *Clause actuelle*
En cas de changements technologiques, l'employeur donnera un avis de deux (2) mois au syndicat. Au cours de cette période, les parties se rencontreront afin de trouver certains mécanismes qui permettront aux employés affectés de s'adapter à ces changements. S'il y a un surplus de personnel, la clause de mise à pied s'appliquera.

B) *Demande syndicale*
Abroger la dernière phrase de la clause actuelle et la remplacer par celle-ci : « En aucun cas, il n'y aura de mise à pied ».

C) *Position patronale*
Statu quo de la convention.

D) *Remarques*
Au cours de la dernière convention, l'employeur a introduit certains changements technologiques. La compagnie et le syndicat ont mis sur pied un programme de recyclage pour permettre aux employés concernés de s'adapter à ces changements. Ce pro-

gramme a eu un certain succès et plusieurs employés ont pu conserver leur emploi. Cependant, certains employés qui avaient beaucoup d'ancienneté n'ont pu se qualifier parce qu'ils n'avaient pas les connaissances de base nécessaires pour absorber les connaissances requises. Ces employés ont subi une baisse de salaire tandis que d'autres ont été licenciés.

Cette situation a donné lieu à une prise de position extrêmement ferme de la part des employés. Ces derniers prétendent que l'employeur peut planifier ces changements à plus longue échéance. De plus, ils craignent que tôt ou tard d'autres changements les touchent.

Les dirigeants syndicaux ont souligné à leurs membres que ces changements étaient nécessaires pour la survie de l'entreprise, mais ces derniers ont rejeté toute explication et ont exigé qu'une telle situation ne se répète plus.

3. Prime pour les employés travaillant à plus de huit (8) pieds de hauteur

A) *Clause actuelle*
Aucune.

B) *Demande syndicale*
Une prime de 0,50 $ l'heure sera payée à tous les employés qui travaillent à plus de huit (8) pieds de hauteur.

C) *Demande patronale*
Statu quo de la convention.

D) *Remarques*
Des employés se plaignent qu'ils travaillent souvent dans des échelles. Ce travail est fatigant et dangereux. En conséquence, ils demandent à leur syndicat d'exiger la demande formulée plus haut.

4. Aucun délai pour soumettre un grief

A) *Clause actuelle*
C'est le ferme désir de la compagnie et du syndicat de régler équitablement et dans le plus bref délai possible tout différend, grief, désaccord, litige ou mésentente relative aux salaires et aux conditions de travail.

Tout employé accompagné du représentant syndical de son service devrait, avant de soumettre un grief, tenter de régler son problème avec son supérieur immédiat. À défaut d'entente, l'employé peut soumettre son grief remontant à six (6) mois ou moins, de la manière prévue par la présente convention.

B) *Demande syndicale*
C'est le ferme désir de la compagnie et du syndicat de régler équitablement et dans le plus bref délai possible tout différend, grief, désaccord, litige ou mésentente relative aux salaires et aux conditions de travail.

Tout employé assujetti à la présente convention qui se croit lésé par suite d'une prétendue violation, d'une mauvaise interprétation, d'une application erronée ou d'une mésentente relative aux traitements et aux conditions de travail prévus ou non dans cette convention, peut soumettre un grief.

C) *Demande patronale*
Nonobstant toute disposition contraire, le syndicat a le droit de soumettre directement au Service des relations industrielles, dans les trois (3) mois de l'événement qui y donne lieu, tout grief, différend, désaccord, litige ou mésentente relative au salaire et aux conditions de travail. Les cas de griefs qui regardent une collectivité de salariés pourront être soumis au directeur du service concerné.

La compagnie peut formuler un grief au syndicat en l'adressant par écrit au président du syndicat dans les trois (3) mois suivant l'événement qui y donne lieu. Le syndicat devra donner sa réponse à la compagnie dans les trente (30) jours civils qui suivent la réception du grief. À défaut de réponse ou si la réponse n'est pas jugée satisfaisante, la compagnie avise le syndicat, dans les quinze (15) jours du délai prévu ci-dessus, de son intention de soumettre ou non le grief à l'arbitrage.

D) *Remarques*
Au cours de la dernière négociation, certains griefs furent rejetés par des arbitres parce que les délais prévus dans la convention n'avaient pas été respectés.

Au cours de l'assemblée des membres, certains d'entre eux ont discuté longuement de ces cas et sont arrivés à la conclusion que leur cause était bonne et qu'il était injuste de l'avoir perdue à cause des délais.

De plus, ils ont refusé unanimement la demande patronale de raccourcir ces délais.

5. *Garantie minimum*

A) *Clause actuelle*
Tout employé travaillant au salaire horaire régi par la présente convention a droit à un minimum de huit (8) heures par jour de travail à son taux de salaire régulier, pourvu qu'il se présente au travail aux heures indiquées et qu'il accomplisse le travail assigné. Pour les employés dont la journée régulière de travail est inférieure à huit (8) heures, la garantie ne vaut que pour le nombre d'heures régulières de leur journée de travail.

B) *Demande syndicale*
Abroger les mots : « et qu'il accomplisse le travail assigné ».

C) *Demande patronale*
Statu quo de la convention.

D) *Remarques*
Les dirigeants syndicaux ont proposé cet amendement à leurs membres parce que, selon eux, la clause actuelle n'est pas claire. Ils ont de plus déclaré aux employés que leurs droits seraient mieux protégés. Les membres ont voté unanimement pour cette proposition.

6. *Heures supplémentaires facultatives*

A) *Clause actuelle*
Les heures supplémentaires sont d'abord offertes aux employés qui ont déjà commencé le travail aux heures régulières et qui ont le plus d'ancienneté.

Si les employés demandés en vertu du précédent paragraphe ne sont pas disponibles, ceux qui ont moins d'ancienneté mais la compétence nécessaire doivent exécuter le travail requis pendant des heures supplémentaires, et cela, à tour de rôle.

B) *Demande syndicale*
Dans le deuxième paragraphe, remplacer les mots « doivent exécuter » par les mots « exécutent s'ils le désirent ».

C) *Position patronale*
Statu quo de la convention.

D) *Remarques*

Au cours de la convention collective, plusieurs employés ont été obligés de faire beaucoup d'heures supplémentaires, et dans certains cas lors de journées où ils avaient d'autres engagements. De plus, certains employés ont subi des mesures disciplinaires lorsqu'ils étaient au travail durant des heures supplémentaires.

En assemblée générale, plusieurs membres ont cité des entreprises où les heures supplémentaires sont facultatives, ce qui n'empêche pas ces entreprises de bien fonctionner.

7. *Salaires*

Depuis plusieurs années, les parties se sont toujours comparées à une entreprise concurrente qui fabrique le même produit. En 1976, les salaires étaient équivalents.

Cependant, lors des négociations de 1977 à 1979, les salaires de vos membres ont subi une baisse constante en regard de l'entreprise concurrente.

Le salaire moyen de vos membres est de 7,00 $ l'heure, et celui des employés de l'entreprise concurrente est de 7,75 $ depuis le 1er janvier 1980.

En assemblée, vos membres ont demandé un rattrapage des salaires, et de plus ils allèguent que l'augmentation de 6% qu'ils avaient reçue en 1979 a été nulle, compte tenu de l'augmentation du coût de la vie. En fait, ils prétendent que leur pouvoir d'achat a sensiblement diminué, et ils réclament un réajustement et une clause d'indexation des salaires au coût de la vie, dont les modalités doivent être élaborées par les négociateurs syndicaux.

Concernant les autres offres monétaires, les membres :

1. acceptent un jour chômé et payé, offert par la compagnie, dont le coût est estimé à 0,5 de 1% ;

2. demandent des améliorations plus sensibles du régime des vacances, qui coûteraient 2% à la compagnie. Cette dernière consent toutefois à offrir des améliorations de 1%.

Les membres réclament une augmentation égale pour tous, tandis que la compagnie offre une augmentation en pourcentage de 6%.

Finalement, après plusieurs mois de négociation, les parties se sont entendues sur le principe de l'indexation des salaires au coût de la vie, mais des divergences profondes demeurent concernant les modalités de l'indexation.

INDEX

303

NOTES

NOTES

NOTES

NOTES

COMPOSÉ AUX ATELIERS
GRAPHITI BARBEAU, TREMBLAY INC.
À SAINT-GEORGES-DE-BEAUCE

IMPRIMERIE
L'ÉCLAIREUR
BEAUCEVILLE